suhrkamp taschenbuch 4032

Alexander Kluge ist Autor und Regisseur von bislang 23 Filmen und zahllosen TV-Sendungen, doch »mein Hauptwerk«, so hat er einmal gesagt, »das sind meine Bücher«. Fast unübersehbar scheinen die Tausende von Geschichten, die er in fünf Jahrzehnten geschrieben hat. Mit rund hundert Erzählungen bietet dieses Lesebuch erstmals eine repräsentative Auswahl und damit einen idealen Einstieg in Kluges literarisches Werk.

Es geht darin um die unterschiedlichsten Themen und Motive – um den Kosmos als Kino und um die Sehnsucht der Zellen, um die Hinrichtung eines Elefanten und um das Projekt Homunkulus, um eine seltsame Robinsonade und um wunderbare Rettung aus der Tiefe. Aber immer steht ein Gedanke im Mittelpunkt: Das Glück ist flüchtig, doch der geborene Hoffnungsträger Mensch sucht es hartnäckig, halsbrecherisch und unter den widrigsten Umständen. Ein aktuelles Gespräch mit dem Autor über die Prinzipien seiner Poesie rundet den Band ab.

Alexander Kluge
Glückliche Umstände, leihweise

Das Lesebuch

Herausgegeben von
Thomas Combrink

Suhrkamp

Umschlagfoto: Andreas Pohlmann

suhrkamp taschenbuch 4032
Erste Auflage 2008
© dieser Zusammenstellung
Suhrkamp Verlag Frankfurt am Main 2008
Satz: Memminger MedienCentrum AG
Druck: Druckhaus Nomos, Sinzheim
Printed in Germany
Umschlag: Göllner, Michels, Zegarzewski
ISBN 978-3-518-46032-0

1 2 3 4 5 6 – 13 12 11 10 09 08

Glückliche Umstände, leihweise

Das Lesebuch

Inhalt

Unsere Vorfahren, die Sterne

Was ein Mensch ist

Glückssucher

Projektemacher

In Gefahr und größter Not

Wer immer hofft, stirbt singend

Unsere Vorfahren, die Sterne

Abb.: Milchstraße

20 Milliarden Jahre v. Chr.

Aus der Äonen-Chronik des Mönchs Andrej Bitow

20 Milliarden Jahre v. Chr.
  Ein mit Energie geladener Ur-Ozean, in der Energie ko-existieren Materie und Antimaterie.

11 Milliarden Jahre v. Chr.
  Starke Abkühlung. Übergang von einem undurchsichtigen zu einem transparenten Universum.

14 Milliarden Jahre v. Chr. – 4,9 Milliarden Jahre v. Chr.[1]
  Kosmischer Prozeß, in dem sich das Sonnensystem bildet.

1 Chronist Andrej Bitow bemängelt bei Bearbeitung dieser Chronik die Bezeichnung »v. Chr.«. Auf dieses Datum bezieht sich keines der Ereignisse, die Kosmos und Erde so früh begründen.

4 Milliarden Jahre

In Guyana bildet sich ein ältestes Gestein, bestehend aus Eisensilikat und Magnesium.

3,8 Milliarden Jahre

Die Temperatur der Erdoberfläche sinkt unter den Siedepunkt des Wassers. Sintflutartig kondensieren die Wassermassen und bilden den ersten Ozean. Der bedeckt fast die gesamte Erdoberfläche. »Unbelebtes Leben.«

3,3 Milliarden Jahre

Die Umlaufbahn des Mondes stabilisiert sich.

3 Milliarden Jahre

Entstehung eines einheitlichen Kontinents, umgeben von einem riesigen Ozean. Älteste Diamanten. Kokken in den Ozeanen bilden kugelförmige Haufen, Akaryonten.

1 Milliarde Jahre

Durch Beschuß der oberen Atmosphäre durch eine Flut von Sonnenwinden entsteht die Ozonschicht. Dieser Schatten ersetzt den Schutz, den bis dahin die Wasserschichten des Ozeans dem Leben gaben. Amphibische Versuche.

800 Millionen Jahre

Aktivität großer Vulkane auf dem Mars. Vulkan Olympus aktiv.

680 Millionen Jahre

Erste Medusen.

550 Millionen Jahre
Die Erde dreht sich rasch. Im Kambrium hat der Tag 21 Stunden, das Jahr 420 Tage.

380 Millionen Jahre
Blattpflanzen. Arachniden = Festlands-Spinnen. Der Komoren-Quastenflosser.

300 Millionen Jahre
Pangäa. Stufe »Stefan«. Die ersten Wälder.[2]

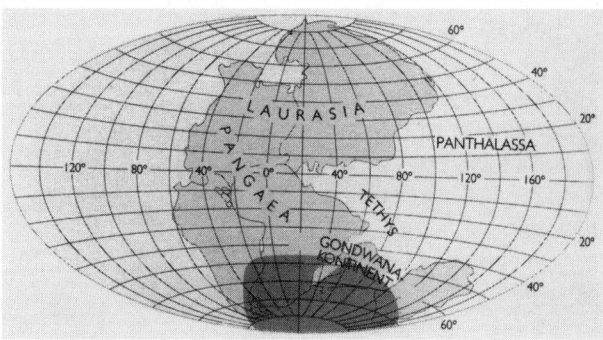

Abb.: Pangäa

245 Millionen Jahre
»Eoraptus«, 7 cm großes saurierartiges Reptil. Erste planetarische Naturkatastrophe. 98 % der Artenvielfalt vernichtet.

200 Millionen Jahre
Das Thetysmeer. In Grönland wachsen Palmen, in

2 Heute im Besitz arabischer Scheichs.

Alaska Nadelbäume. Dinosaurier. Körpergröße unserer Vorfahren zwischen fünf und zwanzig Zentimeter.

90 Millionen Jahre

Madagaskar trennt sich von Ostafrika, vereinigt sich mit Indien. Drift nach Nordosten. Schlangen der Kreidezeit.

55 Millionen Jahre

Indien löst sich von Madagaskar und schließt sich Eurasien an. Die indische Kontinentalscholle wandert 3000 km nordwärts.

15 Millionen Jahre

Antarktis wird von Südafrika abgetrennt. »Eisschrank der Erde«.

12 Millionen Jahre

»Oreopithecus bamboli«, ein Vorfahr, lebt in der Toskana.

Ich muß, schreibt der Mönch Bitow, bei Bearbeitung dieser Chronik einem Irrtum entgegenwirken, dem viele meiner Kollegen folgen. Es scheint in einer zeitlich gestaffelten Chronik so, als verschwänden die »vergangenen Zeiten« in der »Gegenwart«. Die neuen Zeiten folgen jedoch nicht einmal kausal auf die alten, sondern sie sind VERNETZT. Woher ich das weiß? Aus ältesten Texten. So besteht der erwähnte Ur-Ozean seit 20 Milliarden Jahren fort. Was macht er? Wenn man bei einem solchen Riesenwesen von *machen* sprechen kann? Wo unser Universum diesen Ozean berührt, entsteht Materie. In jedem Moment neu. Würde sich das Universum, die Sternenwelten, die wir sehen, einen Moment von diesen »Wassern«, dem

Ur-Ozean, lösen, wären wir ein Nichts, weil wir in jedem Moment neu entstehen. Dies ist, dem Kirchenvater Diodorus zufolge, für uns Chronisten die Erlaubnis, von den fehlerhaften Zeitangaben im Alten Testament abzuweichen, weil die Auferstehung nicht in der Zukunft liegt, sondern zu einem jeglichen Zeitpunkt (und zwar nicht in der Gestalt des Herrn Jesus Christus) die Äonen und das, was wir für Materie halten, neu erzeugt. Die Materie ist immer einen Augenblick da und einen Augenblick nicht da.

Unsere griechisch-orthodoxe Kirche, fährt Andrej Bitow fort, kennt kein Ausschlußverfahren. Es ist auf dem Weg von Byzanz nach Rußland verlorengegangen. Andernfalls wäre ich, als Heide im Mönchsgewand, nicht mehr im Amte. Ich bin nämlich keineswegs bereit, die wunderbaren Paradoxa, die meine Chronik zeigt, die Mitgift (Diodorus sagt: »Wie angeschwemmtes Gut an den Küstenlinien unseres Wissens, das von gescheiterten Schiffen erzählt«), auf die WILLKÜR EINES EINZELNEN zurückzuführen. Ich würde mich vor allen Kontaktpartnern im Internet blamiert fühlen.

Es sind jedoch im Text der Natur genügend Wunder versteckt. Ich nenne nur die Tatsache, daß das Universum (und jetzt meine ich nicht bloß unseren Kahn, sondern alle Universen, die aus dem Ur-Ozean hervorgehen) zum Zeitpunkt Null Verhältnisse voraussah, die sich erst nach 10 Milliarden Jahren entwickelten. Wie konnte es so früh das PASSENDE vorgesehen haben, wenn es nicht über sämtliche Zeiten hinweg, von Anfang bis Ende, vernetzt war? Ich erwähne die Energie-Niveaus von Kohlenstoff, Beryllium und Helium. Weil sie aufeinanderpassen, sind wir Chronisten lebendig. Ich habe 40 phylogenetisch verschiedene Insektenarten gezählt, deren Vorfahren auf der Erdkugel niemals miteinander in Kontakt gewesen sein können und die das gleiche Steuerungs-Gen für den Aufbau des Auges besitzen. Fernlenkung? Durch wen, wenn nicht durch die Tiere selbst? Ich nenne dies, schreibt Bitow, das Erinnerungsvermögen innerhalb der Chronik. Es macht »alle Zeiten neu«.[3]

2,4 Millionen Jahre
Ende des postvulkanischen Winters. Der älteste uns bekannte Mensch. Von kleiner Gestalt, zwischen 1,20 und 1,60 Meter groß, Gehirnvolumen 700 ml, mit geraden Oberschenkelknochen.

700 000 Jahre
»Homo loquens« oder »Atlanthropus« in Algerien. Wahrscheinlich der erste Mensch, der eine grob artikulierte Sprache sprach. Zehn Konsonanten und drei vokalähnliche Laute.

100 000 Jahre
Entdeckung der Umlaufbahn der Erde um die Sonne. Leichter Treibhauseffekt. Zwergelefanten sterben.

8000 Jahre
»Die Sahara wurde Sumpf.«

---

3 Wir modernen Mönche vertrauen den Kräften der Selbstregulierung. Ich erinnere an das Experiment von Fermi. In Chicago erzeugt er ein Photonenpaar. Er trennt die Zwillinge, fixiert die beiden in getrennten Behältern, von denen der eine mit dem Flugzeug so rasch wie möglich nach Tokio gebracht, der zweite in Chicago aufbewahrt wird. Danach hat Fermi den Zustand des in Chicago befindlichen Zwillings verändert. Telegrafisch meldet der Kollege aus Tokio die gleiche Veränderung bei dem Tokioter Zwilling. Das kann nicht ein Finger Gottes gemacht haben. Wir glauben an Selbstregulierung.

7683 Jahre

Der älteste Baum, dessen Jahresringe gemessen wurden. Später wird ein noch älterer Baum bekannt: Tasmanien, 10 500 v. Chr. In Steinen versteckt gibt es in 2000 Meter Tiefe 20 000 Jahre alte Pilze. 200 000 Jahre alt sind Bakterien, die im Steinsalz in Schlesien gefunden wurden (Entdecker: Knappig).

3000 Jahre

Von Soll und Haben. Papyrus-Papier aus dem dreieckigen Stengel der Papyruspflanze. Der Stengel wird in Streifen geschnitten, in Wasser eingeweicht, zu einer klebrigen Masse verarbeitet, kreuzweise aufgeschichtet und durch Hämmern zu einer Schreibfolie geformt.

2000/1400 Jahre

14 Sprachgruppen: Aryo-Indisch, Iranisch, Anatolisch, Thokarisch, Armenisch, Gallisch, Italisch, Keltisch, Germanisch, Slowakisch, Baltisch, Albanisch, Thrako-Phrygisch, Venetoillyrisch. Minoisch-kretische Hieroglyphenschrift: Lineatur B.[4]

4 Die Vielfalt der Welt drückt sich, schreibt Bitow, derzeit durch 6000 Sprachen aus. In Asien 2034, in Afrika 1995, im pazifischen Raum 1341, in Amerika 949, in Europa 209. Die Extravaganz der kaukasischen Sprachen ist dabei Asien zugerechnet. Die Hälfte aller Sprachen hat weniger als 10 000 Sprecher, hiervon ⅔ weniger als tausend Sprecher. Eine Rettungsexpedition ist erforderlich, um die verborgenen Nachrichten über die Vergangenheiten der Menschheit aus diesen vom Aussterben bedrohten Sprachgattungen zu sichern.
Im Internet ist Englisch mit 57,4 % Häufigkeit dominant, ergänzt Xaver Holtzmann, mit dem Bitow häufiger im Internet konferiert. Chinesisch ist mit bloß 4,4 % Häufigkeit das für Computer brauchbarere System. Portugiesisch, Niederländisch und Französisch mit 4,2 bis 1,5 % sind ohne Dominanz. Gesprochen ist Mandarin mit 885 Millionen Sprechern häufiger gegenüber 470 Millionen (einschließlich Zweitsprache) und 332 Millionen, die Spanisch sprechen.
Für die eigentliche Sprache Europas im Jahre 1000 (192 000 Sprecher)

753 v. Chr.
Gründung Roms. Legende.

643 v. Chr.
Geschliffene optische Linsen in Kleinasien.

531 v. Chr.
Erste Automaten entwickelt. Adytas v. Tarent, Philon v. Byzanz.

1 n. Chr.
Gallien hat 25 Millionen Einwohner.

3 n. Chr.
Erste Weltgeschichte in 14 Bänden.[5]

zählt Holtzmann weltweit 10 800 Lateinschüler und Teilnehmer im Internet.

5 Noch für das 3. Jahr n. Chr. zitiert Bitow deshalb einen hellenistischen Autor, einen Heiden mit weit zurückreichenden Kenntnissen. Die Kirche, schreibt Bitow, ist ein Sproß des Kosmos, der erst nach Aufkommen des Papyrus (3000 Jahre v. Chr.), zunächst als Heidenkirche, eine Chance hat. Sie ist zu jung, um das SELBSTBESTIMMUNGSRECHT DER ZEIT zu beachten, das dem Selbstbestimmungsrecht der Völker vorausgeht.

Unsere Vorfahren, die Sterne

> »La rotation de cent millions de globes
> autour d'un million de soleils,
> l'activité de la lumière, la vie des animaux,
> sont des miracles perpétuels.«
> *Voltaire, Dictionnaire Philosophique* (1764/70)

Chance dazu, daß Molekülwolken ATTRAKTION aufeinander ausüben, so daß sie sich binnen Äonen zu Sonnenkörpern fügen, haben nicht jene Zonen, in denen sich viel Materie bereits befindet und die deshalb »heiß« sind. Nein, weit entfernt davon, in kühlen, armseligen Gefilden des Weltalls, erhalten sich jene UNREGELMÄSSIGKEITEN IM HOCHVAKUUM, aus denen sich später die Sterne entwickeln. Es bilden sich BLAUE RIESEN, die sich verschwenden. In drei Millionen Jahren sind diese gewaltigen Gasbälle ausgebrannt. Ihre Partikel zerstreuen sich in alle Horizonte.

Von den kühlen, unbetonten Rändern her bildet sich erneut ein Stern. Diese zweite Generation der Himmelskörper besitzt bereits gewisse SCHWERE ELEMENTE. Aber auch dieser Stern muß leben, sterben und explodieren, um im Gelände des Universums die reiche Masse von schweren und leichten Atomen zu zerstreuen, die sich dann zu UNSERER SONNE zusammenzieht. Ein durchschnittliches Gestirn. Wenig Eigenschaften, welche die Alchimisten entzücken.

– Drei Sterne müssen vergehen, daß unsereins entsteht?
– Sie meinen, etwas viel Aufwand?
– Wieso?
– Z.B. verglichen mit dem Anhören eines Unterhaltungs-Programms von Radio Leipzig an einem Samstag im Jahr 1939?

Abb.: Mächtige Seitenansicht einer Galaxie: Messier 101; Aufnahme des Hubble-Teleskops. Die Spirale enthält eine Trillion Sonnen. Sie liegt in Richtung des Großen Bären. Wir sehen sie so, wie sie vor 25 Millionen Jahren aussah. Die Spiralarme rechts und links enthalten Pulks von Blauen Riesen.

– Um dem Programm zuzuhören, brauchen Sie ein Ohr. Es ist ein kostbares Organ, unabhängig davon, *was* es hört.

Man hörte dort:
»Auf dem Dach der Welt, da liegt ein Storchennest /
Da liegen hunderttausend Babys drin /
Und wenn dir eins gefällt und du mich heiratest – –«
Die beiden Gelehrten von der Bauhaus-Universität Weimar, die sich über die Herkunft der Menschheit aus der Explosion von zwei Sonnen und der feierlichen Schöpfung einer dritten auseinandersetzten, stießen sich daran, daß Newton in seiner Schrift *OPTICKS* (1704) nach Beschreibung des Uhrwerks von Kausalitäten, das den Kosmos beherrsche, einen Anfangspunkt nenne, der geistiger Natur sei:
»Till we come to the VERY FIRST CAUSE,
which certainly is NOT MECHANICAL.«
Was heißt hier »geistiger Natur«? Der erste der beiden Gelehrten von der Bauhaus-Universität Weimar säte Zweifel. Kühle, extrem zerstreute Materie hat einen Grund, sich (quasi aus Not) zu versammeln. Das ist mechanischer Natur. Wie sollte ein Dämon durch »geistige Anstöße« ein solches FILIGRANES NETZWERK DER URSPRÜNGLICHEN KONFÖDERATION, das sich über Milliarden Jahre nach seinen eigenen Gesetzen herstellt, in seiner für Dämonen charakteristischen Ungeduld erzeugen? »Geistige«, d.h. nicht-mechanische Kräfte hätten dazu, meinte er, nicht genügend Atem.

Auch der zweite der beiden Gelehrten, ein Anhänger der Aufklärung, zeigte Besorgnis. Die Erschaffung von drei Sonnen, damit etwas Bescheidenes oder etwas Relatives wie das Menschengeschlecht entsteht, könne, sagte er, als eine besondere Begünstigung durch die Vorsehung mißdeutet werden. Das führe, behauptete er, zu einer Überschätzung des Menschengeschlechts.

Es ist nicht leicht, als Aufklärer mit einem Wunder umzugehen. Es ist ja, entgegnete der erste der beiden Gelehrten, wenn man die Einzelheiten betrachtet, nirgends ein Wunder. Es ist nur zeitlich eine extrem langgestreckte Chance.

»Prince, subject, father, son, are things forgot,
For every man alone thinks he hath got
TO BE A PHOENIX – –«

Sternenwinde

> »Bei der Entstehung von Sternen sind im Frühstadium
> Schockwellen von Bedeutung. Sie durchstoßen die äo-
> nenweite Trägheit der verstreuten Partikel. Durch den
> Stoß fangen diese an, zu kollabieren, und bilden die
> schönsten Sterne.«
>
> *Fritz Zwicky*

Junge Sterne, die sich auf dem Weg befinden, Blaue Riesen
zu werden, besitzen starke Sternenwinde. Protonen und
Elektronen, getrennt, verlassen die Sternoberfläche und
durchdringen den Raum.

Diese Winde treffen auf umgebende Gaswolken, ioni-
sieren sie. Sie verursachen »expandierende Schockwellen
im interstellaren Medium«.[1]

Auch alte Sterne, Rote Riesen, zeigen zum Ende ihres
Lebens starke Sternenwinde. O-Sterne verlieren bis zu
10 % ihrer Masse in wenigen Jahren.

Der Astronom Fritz Zwicky glaubte, wenn er sein Auge
von dem gleichmäßig roten Licht der Zentralregion einer
Spiralgalaxie zu einem der Spiralarme lenkte (das sind im
Refraktor tausendstel Millimeter) und dort die fleckige
Verteilung von hellen blauen Sternen und vom Wind zum
Leuchten gebrachter Nebel sah, eine Art VIOLINMUSIK
zu hören, die der heftige Prall der Sternenwinde dort gewiß hervorbrachte. Es half nichts, daß es ausgeschlossen
war, über diese Entfernung hin, und über das Hindernis
des schalltoten intergalaktischen Raums, so etwas zu *hö-*

---

1 Eine galaktische Schockwelle ist die Grenzfläche oder Aufprallwand, bei
deren Durchbrechen die Materie eine Zustandsänderung erfährt. Diese
Änderung ist irreversibel. Es wird z. B. Strömungsenergie in thermische
Energie umgewandelt. Was wir leuchten sehen, ist die Metamorphose
(auf der einen Seite der Schockfront ist die Temperatur jeweils höher).

ren. Es genügte, daß Zwicky es zu hören meinte. Was dort und hier *wirklich* ist, kann niemand mit Sicherheit sagen.

Ras Algethi, der Prächtige

Ras Algethi, arab. »Kopf des Knieenden«. Der Vorfahrstern im Sternbild Herkules. Der Rote Riese besitzt den gleichen scheinbaren Durchmesser wie eine Pfennigmünze in siebzig Kilometer Abstand.

Leider ist die Entfernung des Sterns nicht genau bekannt. Bei 490 Lichtjahren Distanz hätte er etwa den fünfhundertfachen Sonnendurchmesser.

Was entspräche dieser Zahlenangabe? fragte die Journalistin. Das entspricht etwa dem Durchmesser der Erdbahn um die Sonne, antwortete der Astronom. Das ist ziemlich groß, bestätigte die Journalistin. Sie hatte davon gehört, daß auch unsere Sonne in einigen Milliarden Jahren ein Roter Riese sein würde, dessen Hitzegürtel die Erde verschlingt. Sie ging davon aus, daß der Leser ihres Blattes, das sonntags umsonst verteilt wurde (das war ein neuer Marketingeinfall des Medienkonzerns), zu dem sie gehörte, sich nicht in einen so entfernten Nachfahren einfühlen würde, der dies noch erlebte. Insofern stocherte sie nach weiteren Informationen, die leserfreundlicher wären. Ras Algethi, fuhr der Astronom fort, hat einen hellen Begleiter mit einer Umlaufzeit von 4000 Jahren.

Das heißt, er braucht 4000 Jahre, um gemeinsam mit dem Roten Riesen um einen gemeinsamen Schwerpunkt zu kreisen, einem leeren Fleck im All, dem Zentrum der Schwerkraft? fragte die Journalistin. Ein so exzessiv einsamer Ort schien ihr interessant. Auch weniger gefährlich, als im Schlund eines Roten Riesen verschlungen zu werden. Da zwei Sonnen diesen Punkt umkreisen, würde ein Raumschiff, das nach Art eines Treibhauses dort parkte, auch Licht und Wärme erhalten.

– Der Begleiter von Ras Algethi ist einerseits ein Doppelstern, fuhr der Astronom fort.
– So daß jetzt schon DREI dort kreisen.
– In Schlangenlinien. Ein sehr komplexes System.
– Könnte man es als TANZ DER GESTIRNE beschreiben?
– Das Merkwürdige ist, daß wir eine vom Hauptstern ausgehende expandierende Gashülle beobachten, die alle drei Sterne umgibt.
– Großzügig?
– Man schätzt, daß der Rote Riese pro tausend Jahre etwa ein Millionstel seiner Größe verliert.
– Das wurde schon von den Arabern beobachtet, die dem Stern den Namen gaben?
– Die Einzelheiten nicht, die Pracht dieses Sterns ja.
– Überschrift meines Artikels: Ras Algethi, der Prächtige, kann man das sagen?
– Mit Gewißheit. Dieser Stern stirbt. Er hat zu diesem Zeitpunkt seinen höchsten Glanz.
– Bald schon?
– In nur zwei Millionen Jahren.
– Das geht ja relativ schnell.

Politische Ökonomie der Sterne

> »Im Grund genommen ist ein Stern ein
> ungeheures Energiereservoir, das,
> so schnell es seine Masse erlaubt,
> verschwinden wird ...
> Man wird nicht zulassen, daß die Sterne
> so weiter machen; vielmehr wird man
> sie in effiziente Wärmemaschinen
> verwandeln ...«
>
> *Heiner Müller*

Daß der Dramatiker Heiner Müller auf dem Schriftstel-
ler-Kongreß in Bitterfeld jungen Sternen im Weltall verschwenderischen Energieverbrauch vorwarf, erweckte
böses Blut. War das Anspielung? War es Spott? Polit-
Kader hielten die Ausführung für eine Verballhornung
des sozialistischen Ansatzes. Ihnen antworteten aber
Astrophysiker von der Akademie der Wissenschaften in
Moskau, die an einer Parallelveranstaltung in einer Nach-
barstadt teilgenommen hatten und rasch einmal zur Ab-
schlußdiskussion der Dichterkonferenz herübergekom-
men waren: Ja, es treffe zu, daß die Sterne ökonomisch
unausgeglichene Masseverluste produzierten; quasi wie
ein Feudalherrscher, der sich um keine Budgets schert, ja,
ein solcher Herrscher oder römischer Kaiser befestige
durch öffentliche Herausstellung von Luxus, Willkür und
Verschwendung seine Macht. Es gehöre nämlich zum Bild
des Herrschers, daß er sich durch Verschwendung legiti-
miert, ergänzten die Historiker. Auch sie waren aus einer
Nachbarveranstaltung gekommen.[1]

---

1 Das Catering für solche Spezialkonferenzen war ausgezeichnet. Freiheit
für genußreiches Argumentieren gab es jedoch stets erst auf der Nach-
barkonferenz. Wo sie nicht selbst zuständig waren, konnten die Gelehrten bzw. politischen Köpfe Freiheit ausüben.

Die Ingenieure wiederum aus Bitterfeld, denen die Tagung der Poeten zuarbeiten sollte, beharrten darauf, es sei keineswegs ausgeschlossen, auch angesichts der Erfolge der vorwärtsdrängenden, beispielgebenden Sowjetunion auf den Gebieten der Raumfahrt, daß Sonnen, Planeten und letztlich die Milchstraßenmaschination kein Ziel seien, das der industrialisierten Menschheit verschlossen wäre.

Einige der anwesenden Polit-Kader wußten aus ihrer Schwarzlektüre (Samosdat), daß Trotzki etwas Ähnliches im Jahre 1922 geschrieben hatte. Er erklärte seinerzeit: Anstelle eines Sozialismus im eigenen Land, der sicher auf etwas Unmögliches gerichtet sei, habe die Fortsetzung des Sozialismus im Weltmaßstab, der Internationalismus, eine Perspektive zu den Sternen, deren momentane Unwirtlichkeit durch Arbeit dem menschlichen Bedürfnis angepaßt und politisch ökonomisiert werden müsse. Dies ergebe eine Flut von Horizonten, eine Art Bankkonto der Menschenhoffnung und des Vertrauens der Arbeiterklasse, die sich ja um Gelehrte, Ingenieure und Poeten dauernd bereichere.

Das war 1922 ein ganz ähnlicher Kongreß gewesen, einer von Psychoanalytikern, Geologen und Astronomen, zu denen sich mehrere Dichter verirrt hatten. Die Polit-Kader, an sich vom überraschenden Verlauf der Nachmittagsdiskussion belebt, in Betrachtung ihrer Probleme im Parteiapparat, wenn sie sich auf unpassierbares Gelände vorwagten, begannen mit einer Vollbremsung der Diskussion. Für mehr als fünf Jahre hatte Heiner Müller, was Sonderwünsche betrifft, keinen Spielraum.

Barnards Pfeilstern

Ein Menschheitsbote von 1917

Wie es im Lied heißt: »Dem Karl Liebknecht haben wir es geschworen, der Rosa Luxemburg reichen wir die Hand.« Wir lösen unser Wort ein. Auf Umwegen, mit List. Wir haben erfüllt, wofür wir angetreten sind. Kommen Sie zur Sache, sagte der Journalist.

– Wir haben den sozialistischen Menschen zum Versand gebracht.
– Eine Nachbildung, wenn ich Sie richtig verstehe?
– Ja. 100 g Gewicht.
– Zum Versand wohin?
– Unerreichbar für Verfolger. Zu Barnards Pfeilstern.
– Das ist in der Nähe?
– Der drittnächste Fixstern. Nicht besonders groß.
– Ein Schnelläufer am Himmel? Und dort reproduziert sich Ihr Roboter?
– Ich würde zögern, von einem Roboter zu sprechen. Es handelt sich um ein Intelligenzwesen. Unsere Hybriden sind gesellig. Sie sind Universalkonstrukteure. Es macht ihnen nichts aus, angekommen an ihrem Ziel, dort einen Menschen zu treffen so wie Sie.
– Als eine Schachtel, die funken kann?
– Wenn Sie wollen mit Haaren, mit Haut, einem Körper, vielleicht ein paar Vereinfachungen. Das gleiche gesellige intelligente Wesen kann aber auch das Aussehen eines Gestänges oder einer Maschinerie haben. Hauptsache, die zehn hoch zehn, hoch einhundertdreiundzwanzig Daten sind erfaßt.
– Und wieso bezeichnen Sie das als einen sozialistischen Menschen?

– Wir haben einige Umwege vermieden, angeleitet von dem Akademiker Genadi Atmatow. Wir lassen bei der Rekonstruktion den Blinddarm weg. Das Ohr ist nicht erst aus einem Fischseitenhauttrakt über Umwege zu einem Knochenteil geworden, aus dem später das Ohr wird, sondern unsere Maschine geht gleich auf das Resultat.

– Sie haben alles gestrichen, zu dem Sie nicht zurückkehren können.

– Nicht gestrichen, sondern separat notiert, ausgelagert. Unsere geselligen Wesen, die WAHREN SOZIALISTEN, tragen eine »Schatzkiste ehemaliger Lebenserfahrung« mit sich, immerhin zehn hoch achtzehn Megabyte, wie einen Werkzeugkasten, für den Fall, daß man so etwas einmal braucht.

– Ein sibirischer Geisterseher könnte auf so etwas zurückgreifen und eine schöne Verschwörung daraus machen?

– Der universale Konstrukteur kann in der Umlaufbahn um Barnards Stern nicht nur Abkömmlinge des Menschenwesens ERZEUGEN, sondern auch alle Folgen der Ahnen.

– Das alles nanotechnisch, sehr klein geraten. Dennoch ist das, was Sie getan haben, so etwas wie klonen. Das ist nach US-Gesetz strafbar.

– Aber nicht einholbar. Wen will man bestrafen? Die Sonde holt von dieser Welt niemand mehr ein.

Der Vertreter der Seite Forschung und Technik der *Neuen Zürcher Zeitung* hatte sich zu dem Gespräch, das in einem Gehöft eines Weilers in der Nähe eines Sees in Mecklenburg-Vorpommern stattfand (nicht weit von hier wurde ein Gasthof gezeigt, in dem Voltaire auf seiner Pommernreise gerastet haben sollte), bereit erklärt, war aber nicht darauf gefaßt gewesen, daß es sich um ein quasi-alchemistisches Projekt handelte. Zwar berief sich sein Gesprächspartner auf ein Studium an der Sowjetischen Akademie der Wissenschaften und auf Akademiker des dortigen INNER CIRCLE, die der Journalist dem Namen nach kannte. Der Start eines zigarrenschachtelgroßen Raumkörpers mit ungewöhnlich hoher Speicherkapazität für Information von einem Abschußgelände im Kongo war aber hier im Nordosten Deutschlands durch kein Beweismittel zu erhärten.

Der Laser, der das Geschoß (den Sozialisten, das Lebewesen, das Maschinchen, den Boten, den Propheten, den Wunderblock) auf 0,8 Licht beschleunigte und später wieder abbremsen sollte, war auf einem Polaroidfoto festgehalten. Das konnte auch eine Attrappe sein. Eine Filmfirma konnte sich ein solches Gerät von ihrem Bühnenbildner bauen lassen.

Unser ständiger Begleiter, der Mond

Vor zehn hoch neun Jahren, kurz nach der Akkretion, der Zusammenballung der Erde, nachdem ihr Eisenkern schon entwickelt war, muß ein großer Körper mit diesem Konglomerat zusammengestoßen sein. Dieses Ereignis hat das Material für den sich daraufhin bildenden Mond aus dem Erdmantel herausgeschleudert.

Auf dem Mond schon vor 4,4 Milliarden Jahren die ersten Gesteine. Gewaltige Einschläge vor 4,3 bis 3,9 Millionen Jahren höhlten die riesigen Marebecken aus. Lava drängte aus fünfhundert Kilometern Tiefe nach oben. Seit drei Milliarden Jahren ist der Mond tektonisch tot, eine »Frühgeburt«. Die mächtigen Gezeiten der Erde rufen Mondbeben hervor, die weit in die Tiefe der Gesteine reichen.

In der Nähe des Südpols unseres Begleiters findet sich, fast ohne Lavafüllung, das tiefste der bekannten Becken eines Trabanten in unserem Planetensystem. Viele Krater am Südpol haben nie das Sonnenlicht gesehen.

Abb.: Mond

Der Kosmos als Kino

Im Jahre 1846 publizierte der Jurist Felix Eberty, aufmerksam gemacht auf die genaue Bestimmung der Distanz der Fixsterne zur Erde (und damit der Zeit, die deren Licht braucht, um zur Erde zu gelangen), seine Schrift: *Die Gestirne und die Weltgeschichte.*

Richtigerweise nahm er an, daß ein Lichtstrahl, der die Erde am Karfreitag des Jahres 30 n. Chr. Geburt verlassen hat – ideale Beobachtungsbedingungen vorausgesetzt –, sich noch immer im Kosmos vorwärts bewegt, und zwar von uns weg. Insofern sei alle Vorgeschichte im Weltall aufbewahrt auf den Schienen des Lichts. Die ganze Weltgeschichte sei folglich als BEWEGTE BILDERFOLGE (das Wort Kino kannte Eberty nicht) im Kosmos unterwegs.

Die Schlußfolgerung, so Eberty, könne man aber auch umkehren. Von einem 2000 Lichtjahre entfernten Himmelskörper, ein vollkommen scharfes Auge vorausgesetzt, müßte ein Beobachter »rückblickend« aus dem soeben hier angekommenen ANTIKEN LICHT die Ereignisse jener fernen Geschichtszeit betrachten können. Der Weltraum sei ein »ewig unverwüstliches und unbestechliches Archiv der Bilder des Vergangenen«. Eberty fügt hinzu, daß Begriffe wie Allwissenheit und Allgegenwart hierdurch eine »bisher unbekannte Klarheit und Anschaulichkeit erhielten«.

1923 widmete Albert Einstein einer Neuauflage der Schrift von Eberty eine Einleitung. Das Büchlein, schrieb er, zeige »auf der einen Seite einen kritischen Geist gegenüber dem überkommenen Zeitbegriff ... auf der anderen Seite zeigt es, vor welchen eigentümlichen Folgerungen uns die Relativitätstheorie rettet, der doch so vielfach gerade der bizarre Charakter ihrer Folgerungen zum Vorwurf gemacht wird«. Einstein spielt hier auf die Grundaussage der speziellen Relativitätstheorie an, daß ein Zeitreisender eine Lichtwelle nicht überholen könne, da die Lichtgeschwindigkeit konstant bleibt.

Dies wurde auf einer Konferenz von Astrophysikern und Philosophen auf Honolulu vorgetragen. In einem Gegenreferat konnte der Astronom Andreas Küppers aus Harvard darauf hinweisen, daß die jüngste Entdeckung, nämlich die der NEGATIVEN ENERGIE (sie strahlt in umgekehrter Richtung der Gravitation), das von Einstein beschriebene Hemmnis für ein KOSMISCHES UNIVERSALKINO relativiere. Ein Strahl negativer Energie vermag sehr wohl entgegengesetzt zur Richtung des Lichtstrahls eine Information zurückzutragen, wenn auch nicht in Gestalt von Photonen. So blieb für die Realisierung von Ebertys Idee lediglich das Problem, daß wir derzeit die DUNKLE ENERGIE (die vermutlich eine Fluktuation des Vakuums darstellt) nicht sehen und entziffern können. An dem Problem werde gearbeitet.

– Sie meinen, draußen in 217 Lichtjahren Entfernung befinden sich Lichtwellen, welche die Erde, die sich in dieser Hinsicht wie ein Kinoprojektor verhält, zur Zeit der Großen Französischen Revolution verlassen haben. Wie soll man den dahineilenden Lichtstrahl, angenommen, ein Beobachter stellt Verbindung zu ihm her, fassen? Er ist flüchtig.
– Hierin hat der französische Astronom Flammarion Eberty ergänzt. Er fordert einen Stern, der eine lichtempfindliche Oberfläche, z.B. aus Jod, besitzt (wie in einer Dunkelkammer); er müßte die Form eines sich drehenden Zylinders haben. Darauf würden die Ereignisse auf ewig »eingeschrieben«.

– Wie auf einer kosmischen Litfaßsäule? Jede neue Inschrift löscht die vorhergehende?
– Wie bei einem antiken Papyrus, der überschrieben wurde. Mit einer solchen Schwierigkeit werden wir fertig. Wir lesen die Überschreibung und was sich darunter befindet. Mit Röntgenblick.
– Daß sich (vorausgesetzt, wir lösen alle übrigen Schwierigkeiten) eine Nachricht ergibt, z. B. vom ersten August 1798 über die Explosion des mächtigen Linienschiffes L'Orient, setzt voraus, daß der Himmel über Aboukir wolkenlos war.
– Das war der Himmel in jener Nacht. Deshalb unsere Erwartung, Aufschluß zu erhalten, ob es sich um eine oder um zwei Explosionen handelte.
– Während der entscheidenden Momente der Französischen Revolution war jedoch der Himmel über Paris von Wolken bedeckt.
– Mit Infrarotgerät können wir durch Wolken hindurchsehen.
– Sie sehen die Ereignisse aber zunächst in der Totalen. Was sieht man in einer solchen Gesamtsicht von einer Revolution? Vieles davon findet in geschlossenen Räumen statt.
– Unterschätzen Sie nicht unsere Fähigkeit, Ausschnitte zu vergrößern. Stellen Sie sich vor, eine Tür geht auf, Licht dringt aus dem Konventsgebäude, zunächst zur Seite, und steigt dann zum Himmel. Da haben die Geheimdienste ganz andere Probleme des Sichtbarmachens gelöst.

Die Wissenschaftler redeten sich auf dem Kongreß in Begeisterung. Es erschien ihnen als gewiß, daß die Bilder aller früheren Zeiten an uns vorbei- und durch uns hindurchströmen. Das interessierte die Philosophen, die

immer auch Historiker sind, besonders. Ein solches UNI-
VERSALKINO wünschten sie sich.

– Sie meinen, daß die Bilder vom Ganzen, auch wenn wir
  sie bisher nicht sehen, uns beeinflussen?
– Wie sollte so etwas einflußlos sein?
– Sie meinen, unsere Augen enträtseln es nicht, und den-
  noch wird es von uns empfunden?
– Nicht empfunden, aber dieses Kino durchströmt uns.
– Das meine ich auch.
– Obwohl man nicht weiß, was es bewirkt.

Abb.: Beobachtung von Sternen im hohen Norden mit Radiotele-skop (oben tags, unten nachts).

Solarkamera Jupiter

Die wichtigste Erfindung bestand in der Vorrichtung für die Blende. Auch räumlich war dies ein großes Objekt. Nach Öffnung dieser Blende war der Lichtfresser, die SOLARKAMERA JUPITER, so konstruiert, daß das Licht des Zentralgestirns in einer langen Röhre auf ein System von Spiegeln traf, die es, gedämpft, der seitlich angebauten Lichtbildkamera zuwarfen. An wertvollem Material hatte die Firma Edison nicht gespart.

– Wer ist der Mann links von dem Gerät?
– Das ist der Ingenieur.
– Und der Mann rechts, der sitzt?
– Das ist der Operator.
– Warum die Steinmauer im Hintergrund?
– Um nächtlichen Diebstahl abzuwehren. Einzelteile der Großkamera, Metall-Legierungen, waren von hohem Wert.
– Und die Hütte ganz links im Bild?
– Dort saß nachts der Wächter.
– Das Hindernis aus Holz im rechten Bildteil?
– Eine Zugangssperre, um Unfälle auf dem Podest zu verhindern, falls Laien sich nähern sollten.
– Die Kamera, das ist der Anbau rechts?
– Richtig.
– Die Hebel in der Mitte?
– Sind die Einstellungen für Schärfe sowie für die leichte Bewegung, welche die Kamera bei Verfolgung der Sonnenscheibe vornehmen konnte.

Sie hatten die Konstruktion rechtzeitig für das Ereignis fertiggestellt. Nun mußten sie noch einige Stunden war-

Abb.: Solarkamera Jupiter.

ten. Die Kamera, oder besser formuliert, die »Lichtein-fangkanone«, sollte ihre legendäre Filmaufnahme zum Zeitpunkt der Sonnenfinsternis durchführen. Sie sollte die rasche Verdunkelung der Sonne und sodann die neu erscheinende Sonnenscheibe auf dem bewegten Filmma-terial festhalten. Zeitraffung war notwendig, damit die Sonnenflecken in der Dokumentation eine leichte Bewe-gung zeigten. Das wiederum verlängerte die Belichtungs-zeit, d.h., es fiel immer zuviel Licht von der Sonne in das System der Kamera.

– Warum bewegte Bilder?
– Damit es Film wird.
– Im wesentlichen sieht man nichts außer einer weißen Scheibe.
– Die Schwierigkeit bestand darin, eine Überbelichtung zu vermeiden. Andernfalls wären die winzigen Sonnen-flecken nicht zu sehen und die Scheibe zum Umfeld nicht abgegrenzt gewesen.
– Und was war das Interessante an dieser Aufnahme?
– Das fragten wir uns auch, nachdem wir die Bilder gese-hen hatten. Ein Streifen von zwei Minuten Länge.
– Hätte man die Sonnenflecken in das Zelluloid einkrat-zen können? Hätte jemand den Unterschied bemerkt?
– Die Kopierwerksarbeiter hatten versucht, die Sonnen-flecken, die sie für Schmutz hielten, aus dem Negativ zu entfernen. Auch dem Publikum mußte durch einen Sprecher erläutert werden, daß es auf diese sich gering-fügig bewegenden Punkte achten sollte: daß sie, die hier Eintrittsgeld gezahlt hatten, die ersten Lebewesen auf dem Planeten waren, welche die Sonne und ihre wan-dernden Punkte »wirklich« sahen.
– Kaum ein Erfolg?
– Keiner.

Die Konstruktion der Solarkamera Jupiter war besonders kostspielig. Das öffentliche Ereignis war später weniger der Film, dessen Vertrieb bald stockte, als vielmehr die Nachricht von dieser gewaltigen Kamera. Die ingenieursmäßige Aufgabe dieser »Kanone« war die Minimierung des Sonnenlichts. Die Sonne selbst, behauptete Edison, sei zu allgemein. Man könne, so rechtfertigte er den kommerziellen Mißerfolg des Streifens, »Licht selber« nicht aufnehmen, sondern immer nur Gegenstände oder Personen, die sich im Licht bewegen. Er selbst war von dieser »Entschuldigung« nicht überzeugt und gab noch mehrere Varianten eines Sonnenteleskops in Auftrag. Nichts davon war mit Sonnenblenden und Filtern so ausgestattet, daß es »Spuren von Goldvorräten« in der Sonnenkorona hätte identifizieren können. Man weiß heute, daß sich dort beachtliche Mengen von Gold, diffus verteilt, befinden. Edisons Plan war es, dieses Gold sichtbar zu machen, »Sonnengold«, und so im Zuschauer eine populäre Vorstellung von »Wert« hervorzurufen, so daß sich die Mühe lohnte, einen solchen Film in Länge von einer Minute anzusehen.

Edwin S. Porter filmte mit einer wesentlich handlicheren Kamera, als es die Solarkamera Jupiter ist, den Streifen *Die Sonne, gesehen aus dem Abstand jenseits des Neptun*. Mit diesem Film erzielte er Besucherrekorde. Die Aufnahme hatte eine Länge von vier Minuten. Authentisch war sie nicht. Vielmehr hatte Porter eine Samtdecke gefilmt, die im Studio zwischen zwei Pfählen senkrecht aufgehängt war. Hinter der Samtdecke befanden sich Scheinwerfer. Es waren Löcher in den Samt gebohrt, das größte etwa fingernagelgroß. Auch Sicheln und Kugeln waren angedeutet, ähnlich den Monden und Planeten, die Fixsterne dagegen nur als Punkte. Sehr kunstvoll die Aura der »Ringe des Saturn« am seitlichen Bildrand in langsamer Bewegung um die Sonne herum; das war später ins Negativ eingemalt worden, Einzelbild für Einzelbild.

Das Motiv wurde von den Zuschauern dankbar aufgenommen. Man konnte den Film mehrfach sehen, weil so viele Gedanken den Zuschauer bewegten, indem er sich vorstellte, in so weiter Ferne zu leben und doch das heimatliche Gestirn beobachten zu können. Die Erfolgsversion mit der Bezeichnung »Unsere Mutter Sonne« kostete einen Bruchteil der Solarkamera Jupiter.

Die Sonnenlenker von Taos

Nicht weit von Santa Fé entfernt besuchte in den zwanziger Jahren C. G. Jung den Pueblo-Ort Taos. Auf dem Flachdach des fünften Stockwerks eines der in die Felsen eingefügten Gebäudes befragte der Europäer einige der Indianer, die einvernehmlich die Bewegung der Sonne beobachteten. Die Sonne stieg über die gewaltige Hochebene von Taos empor. Am Horizont alte Vulkane, die sich bis zu 4000 Metern erhoben. Das Geräusch eines Flusses. In früheren Zeiten waren die aus luftgetrockneten Ziegeln gebauten viereckigen Behausungen nur von den Dächern her zu erreichen. Inzwischen gab es auch Eingänge von den Seiten.

Könne sich der Indianer, es schien sich um eine Art Seher zu handeln, vorstellen, daß es sich bei der Sonne um eine feurige Kugel handele, von einem unsichtbaren Gott geformt? Die Frage des Europäers versetzte den indianischen Geistlichen nicht in Erstaunen, weder erregte sie Unwillen noch Neugier. Ob er die Frage als dumm empfinde? Das verneinte der Seher. Ob sie abwegig sei? Welche der beiden Fragen? Es seien zwei. Die eine beziehe sich auf einen unsichtbaren Gott, wenn doch die Sonne sichtbar sei, und die andere beziehe sich darauf, ob es sich um eine feurige Kugel handele. Das sehe man, daß es wohl kaum eine Kugel sei, wenn auch möglicherweise ein Gebilde aus Feuer.

Der Sonnenumlauf verlief für den Europäer, der noch die Geschwindigkeiten des Reisens in sich fühlte, sehr langsam. Auch Antworten des indianischen Sprechers waren nicht rasch zu gewinnen. Sie mußten über vier indianische Dialekte, Aussage für Aussage, ins Englische und von dort ins Deutsche übersetzt werden, weil nur eine der Dialektsprachen in die Sprache der USA übersetzbar war, der Übersetzer aber keine der Sprachen des Pueblovolkes direkt verstand. So waren mehrere Übersetzer ganztägig tätig.

Es zeigte sich, daß die zwölf auf dem Flachdach hokkenden »indianischen Gelehrten« von sich glaubten, sie müßten den Lauf der Sonne in dieser Weise *lenken*. Wenn wir das, was Sie hier uns tun sehen, nicht täten, dann wird in zehn Jahren die Sonne nicht mehr aufgehen. Es würde ewige Nacht. Insofern seien sie für die ganze Welt tätig, die irrtümlich annähme, davon hätten sie schon gehört, daß man die Sonne nicht täglich lenken müsse, ja, daß sie unlenkbar sei.

Nach seiner Vortragsreise in den Westen der USA, gut vierzig Jahre später, besuchte C. G. Jung erneut die Pueblos. Die Sonnenwächter waren verschwunden. Verrostete Eimer, das Skelett eines Autos lagen am Ufer des einst klar dahinfließenden Flusses. Die Sonne stand »weiß und sengend« über Taos. Irgend etwas fehlte dieser Sonne.

Was ein Mensch ist

Van der Waalssche Kräfte.
Schwatzhaftigkeit der Natur

Was mich in den menschlichen Körpern verwundert, sind die van der Waalsschen Kräfte. In jeder Zelle eines Menschen gibt es eine Kraft, die unter den vier Hauptkräften gar nicht zählt: die nicht mit der starken Wechselwirkung identisch ist, nicht mit der schwachen, nicht mit der elektromagnetischen und die mit überhaupt keiner anderen physikalisch meßbaren Kraft verbunden ist. In einem lebendigen Ei ist sie aktiv und in einem gekochten nicht. Sie beschreibt durchaus den Unterschied zwischen Leben und Tod. Das sind die van der Waalsschen Kräfte, die sich chaotisch in der Zelle versammeln und sich dort sozusagen wie eine schwatzende Klasse auf einem Schulhof bewegen. Wenn in der Nachbarzelle ebenfalls so eine schwatzende Schulklasse ist, kommen diese Zellen an den Zaun, und sie beeindrucken sich als Kraft gegenseitig. Das gibt es nur in Lebewesen. Diese van der Waalsschen Kräfte sind eine der rätselhaftesten Naturerscheinungen; sie erzeugen in uns die Stimmungen, die Flüssigkeit – obwohl sie nicht ineinanderfließen, nie über die Zellgrenze hinweggehen. Sie kommunizieren, ohne einander zu berühren. Wie kann man das erklären? Sheldrake nennt das eine morphologische Struktur. Diese Seite mag es geben. Sie hat eine Anziehungskraft für Unwahrscheinlichkeiten. So addieren sich gewissermaßen Unwahrscheinlichkeiten durch die Geschichte hindurch. Vielleicht erhalten sich auf diese Weise alle Erfindungen oder das Wesen des Buches.

Da sind fanatische Bischöfe in Alexandria tätig und verbrennen die Bibliothek von Alexandria, die größte, die es in der Welt gab, in der jede Buchrolle, jedes Papyros der

Antike einmal vorhanden war. Das wurde auf Geheiß eines fundamentalistischen Christenbischofs beschlossen, der meinte, man brauchte nur die Heilige Schrift, und die sei schon zu viel, eher nur einen Katechismus, eine abgekürzte Form, sieben Verse, die man auswendig lernt, also brennen wir das ab. In meinem Herzen lebt diese Bibliothek weiter. Und ich glaube fest daran, daß wir die Schriften, die verlorengingen, noch finden werden. Dazu sind wir ausgeschickt.

Wie Zellen miteinander reden

> »Jede Bewegung der Unendlichkeit
> geschieht durch Leidenschaft, und
> keine Reflexion kann eine Bewegung
> zustande bringen.«

Der Historiker Grassmann hatte keine Erklärung dafür, was die Einwanderung keltischer und »germanischer« Gemeinden nach Spanien hinein und in das nordafrikanische Gebiet ausgelöst hatte, tiefer in ihr Verderben. Die Wanderungen erschienen ihm ziellos.

Sehen Sie, sagte Grassmann vor seinen historischen Karten, wenn es die Beute und das An-sich-Reißen von Landgütern wäre (sie haben aber kaum etwas genommen oder sie haben es genommen und wieder fahren lassen, weggeschenkt und die Wanderung wieder aufgenommen), dann müßten sie hier herüber ziehen (er weist auf Westfrankreich und danach auf Norditalien). Sie sind aber dorthin gezogen, wo es unwirtlich ist. Nehmen wir an, sie sind falsch beraten worden, irregeführt, dann müßten sie aber in Gegenden sein, in denen das Imperium, das die falschen Ratgeber stellt, sie nicht fürchten muß. Nein, sie marschieren gerade an die Nahtstellen, die das Imperium schmerzen. Anderer Deutungsvorschlag: Interne Rang- und Ehrgeizkämpfe der Führer führen zu dieser Verirrung. Die Quellen berichten über solche Kämpfe, die jedes andere Thema betreffen, nur nicht das Ziel der Wanderung. Es muß das Fehlziel, der Mangel an Sinn der Zielorte, in das ganze Programm eingelagert sein.

Das ist völlig verschieden, sagt Grassmann, vom Navigieren wandernder Zellen, die in den Körpern ihren Platz suchen. Günther Albrecht-Bürger vom Coldspring Harbour Laboratory New York: Wie steuern weiße Blutkörperchen über Strecken, die sieben Millionen mal größer sind als ihre Zellgröße, zielsicher auf Infektionsherde zu. Es wachsen die Fortsätze einer einzigen Nervenzelle über – verglichen mit den Strecken der Völkerwanderung – riesige Entfernungen präzise auf die Zielorgane zu. Auch ganze Nervenzellen führen Wanderungen aus, wenn sie sich im Entwicklungsprozeß des Individuums zum komplizierten Netzwerk des Zentralnervensystems zusammenschließen.

Wie reden Zellen miteinander? Was heißt Zellspionage? Was heißt Diversion sich ausstreuender Tochtergeschwülste? Welche Macht ist es, die so zielsicher jede Geninformation lebenswilliger Zellen stört und das Ganze tötet? Es scheint, daß dies alles miteinander spricht, sagt Günther Albrecht-Bürger.

»Aber das, was der Zeit fehlt, ist nicht
Reflexion, sondern Leidenschaft.
Darum ist die Zeit eigentlich in einem
gewissen Sinne zu zählebig, um zu sterben,
denn zu sterben ist einer der merkwürdigsten Sprünge.«

Abb.: Eine Gruppe von »Ichs« vor 6000 Jahren. Sie wohnten in der Nähe von Bagdad. Jeder von ihnen eine »Insel, die sich verteidigt«.

Die Stunde, in der das »Ich« entsteht

> »Herkunft des Ichs aus Übermut und Trauer«
> *S. Freud*

Auf die Beschwerden der Bevölkerung hinsichtlich des Übermuts der beiden Freunde Enkidu und Gilgamesch (zweier epischer »Übermenschen«) sandten die Götter einen menschenköpfigen Flügelstier zur Stadt Uruk. Ein gewaltiges Tier von besonderer Zerstörungskraft. Der Stier war fähig, den Erdboden zu spalten, so daß die Geister der Toten aus der Unterwelt hervordringen und die Lebenden vernichten konnten.[1] In den Abgrund, den der Stier riß, stürzten Hunderte von Jugendlichen der Stadt.

1 Gilgamesch-Epos, Sechste Tafel, Verse 96–100.

Auch der Held Enkidu fiel in eine der Erdspalten, schnellte aber daraus hervor und packte das Tier an den Hörnern. Falls Enkidu und Gilgamesch dem Treiben des GEFLÜGELTEN STIERS kein rasches Ende bereiteten, würde das Volk sie nicht mehr als glanzvolle Helden akzeptieren (als Tyrannen waren sie lästig genug). So zwang Enkidu den Stier in die Knie, Gilgamesch rammte ihm den Dolch in den Nacken. Das Herz des Stieres rissen sie heraus. Sie brachten es dem männlichen Schutzgott Uruks als Opfer.

Enkidu verhöhnte die Göttin von Uruk, Ischtar. Er riß dem toten Himmelsstier ein Bein aus, warf es der Göttin in den Schoß. Für die Göttergemeinschaft war das unerträglich.

Auf dem Höhepunkt ihres Ruhmes zogen Gilgamesch und Enkidu im Triumph durch die menschengesäumten Straßen von Uruk. Niemand könne sich ihnen entgegenstellen, prahlten sie. Sie ahnten nicht, daß noch in der gleichen Nacht der Fluch der Ischtar zu wirken beginnen sollte.

Im Fieber starb Enkidu. Untröstlich war Gilgamesch. Am Totenbett des Freundes ließ er sein prächtiges Haar abschneiden. Er warf den königlichen Schmuck von sich, »als sei dieser von einem Fluche belegt«. Die unbändige Lust an Kampf, Spiel und Vergnügen ist verschwunden.

Dies ist die Stunde, in der das ICH entsteht. Im Kampf gegen die Götter, deren wahre Macht nicht zu beurteilen ist. Nicht einmal, welche der Götter die Opfer verdienen, wird hinreichend deutlich. Zugleich entsteht das ICH aus der Trauer um den Freund und die verlorene Unbefangenheit.

Abb.: »Ich«

»Niemand wird den Tod je sehen /
niemand wird des Todes Antlitz schauen /
niemand wird des Todes Stimme je vernehmen /
und doch ist der grimme Tod /
der Menschheit Schnitter.«

Herkunft des Namens Halberstadt

Die Deutung des Namens meiner Vaterstadt ist umstritten. Die Ableitung von »Albherestette«, Ansiedlungsstätte eines Mannes namens Albhere oder Halver, hat 1910 eine Mehrheit unter den Heimatforschern. Sie lehnen die Herleitung von Albernheit (»die Stadt der albernen Leute«) ab. Auch »Allwehrstadt«, d.h. die Deutung nach Johannes Gerdanck: »die Stadt, in der sich alle wehren wollen«, wird mehrheitlich verworfen. Bleibt HEMIPOLIS. Diese Bezeichnung findet sich in einigen Urkunden der Humanisten. Entweder, weil im Stadtgebiet zwei halbe Städte koexistierten, in denen zwei verschiedene Sprachen gesprochen wurden, das Thüringische und das Niedersächsisch-Plattdeutsche. Oder, weil die Stadt bei Gründung durch Karl den Großen erst halb fertig war. Die Mutter von Bischof Buchard I., eine Gräfin aus Bayern mit großem Gefolge, wie es in einer Chronik heißt, soll gesagt haben: Das ist ja nicht bloß eine HALBE Stadt, es ist fast eine GANZE Stadt. Dann hätte es aber Ganzstadt heißen müssen.

Warum ging die Mehrheit der Heimatforscher von der Namensdeutung von 1910 aus? Sie schien in den dreißiger Jahren zu »rational«, d.h. konstruiert. Eher hielten die jüngeren Forscher es für möglich, daß der Fluß Holtemme, an den Halberstadt grenzt, früher »Halver« geheißen habe. Dafür gab es nun aber überhaupt keinen Beleg. Obwohl es andererseits feststeht, daß Städtenamen, wenn sie nicht auf den Namen eines Gründers lauten, meist den Fluß bezeichnen, an dem die Ortschaft, die ja zunächst noch gar keine Stadt darstellt, gelegen ist.

Abb.: Halberstadt

Der Zuhörer unter dem Tisch

Über dem Tisch, der »die Trinkecke« hieß, war eine schwere Brokatdecke ausgebreitet, die bis zum Boden reichte. Darüber erst die weißen Tücher, die aufgedeckt wurden, wenn Gäste kamen, darauf die Flaschen und Gläser der lustigen Gemeinde, welche die Kriegsverhältnisse einschätzte, eine Menge Worte tauschte, sich gegenseitig durch die Plauderei ermutigte. Eine Menge Geheimwissen kam in einer solchen Kleinstadt zusammen, wenn Fremde und Freunde, das Reich durcheilend, in der Trinkstube Station machten.

Ich selbst saß unter dem Tisch, verborgen seit dem frühen Abend. Daß ich die Reden verstanden hätte, kann ich nicht behaupten. Ich wollte sie hören, auch ohne sie zu verstehen, weil die Eltern diese Gespräche liebten; dann war für mich gleich, was sie bedeuteten.

»Der Zuhörer unter dem Tisch«

Der Sechsjährige in mir
und der gestirnte Himmel über mir

Der Sitzungsraum war aus bautechnischen Gründen gegen die Außenwelt abgeschirmt. Nur so konnten ausreichend Sitzungsräume aneinandergereiht werden, daß nicht jeder Raum Fenster besaß, die den Blick nach außen führten. Aber auch durch Fenster hätte man den gestirnten Himmel wegen des milchigen Mittagslichts, das die Großstadt erfüllte, nicht sehen können, obgleich doch die Sterne zu jedem Zeitpunkt dort oben über uns wachen.

Der lebhafteste Redner in dieser Runde galt als »Schaumschläger«. Keiner der Anwesenden hielt vom anderen besonders viel. Lieblosigkeit im Raum.

Ich bin älter als die anderen. In mir höre ich den Sechsjährigen, der ich einmal war UND DER ICH AN SICH ZU JEDEM ZEITPUNKT MEINES LEBENS BIN. Oft sprechen in mir auch der Siebzehnjährige oder der Zweiunddreißigjährige. Sie sprechen aber selten zur selben Zeit, während die Einwürfe des Sechsjährigen zu jeder der übrigen Stimmen zu passen scheinen. Schließe ich einen Moment die Augen, so kann es sein, daß ich aus einer früheren Zeit in diesen Saal zurückkehre. Ich habe den Eindruck, auf einem der Landgüter im antiken Syrien gelebt zu haben. Und wenn dies zutrifft, lebe ich auch jetzt, während ich hier in der Konferenz Rede und Antwort stehe, in dieser anderen Zeit. Ist sie mir lieb? Würde ich mich an sie erinnern, wenn sie mir nicht lieb wäre?

Mein wahres Motiv

Mit einem Kelten, sagte Martin Walser, ist Vertrauen nicht schnell herzustellen; ist es einmal hergestellt, gilt es auf Dauer. Er war vom Bodensee herangereist. Zum Silvesterabend war im Züricher Schauspielhaus Marthalers Inszenierung von Shakespeares *Wie es euch gefällt* zu sehen, ein Musikwerk der besonderen Art. Ich kannte Walser aus der Gruppe 47. Mich hielt er für linksorientiert und somit für einen potentiellen Kritiker seiner öffentlichen Äußerungen der letzten Zeit.

Nach einstündigem Hin- und Herreden, eigentlich ohne Kontakt, fragte er mich, warum ich Geschichten schreibe. So eine direkte Frage, die impliziert, daß ich das Geschichtenschreiben auch unterlassen könnte, also eine Frechheit, führt dazu, daß man die umweglose Antwort sucht.

Mir war klar, daß eigentlich alles, was ich tue, der Herstellung eines Friedens zwischen meinen beiden Eltern, der Rücknahme der Scheidung, dient. Wäre ich in Verhandlungen erfahren gewesen, wie ich es heute bin, wäre es mir gelungen, die beiden auseinanderstrebenden Geister in der Krise von 1941 zusammenzuführen. Beide waren sie in gewisser Hinsicht leichtsinnige Naturen. Leichten Sinnes, d.h. sie hätten es miteinander nochmals versucht. Schon 1936 hatte meine Mutter meine Sachen und mich eingepackt, war zu ihrer Schwester und ihrem Schwager nach Dresden gefahren, um eine Scheidung einzuleiten. Vierjährig, war ich Mitbringsel, kein politischer Faktor.

Infolge einer Kette von Zufällen, auch dank der Klugheit meiner Großmutter mütterlicherseits, einigten sich die beiden ehelichen Kontrahenten. Vor dem Verhandlungszimmer des Landgerichts, das die Scheidung aussprechen sollte, begegneten sie einander und waren rasch entschlossen, sich lieber zu vertragen. Sie fuhren zurück. Glückliche Tage.

Warum wirken die zwei mir und meiner Schwester so vertrauten Personen auf Fotografien nicht als Paar? Das von ihnen eingerichtete Haus: EINE EINHEIT (zerstörbar). Die Kinder, MISCHUNG BEIDER (unzertrennlich). Die beiden selbst aber sozusagen stets vereinigt »unter Vorbehalt«.

Der große Romanautor, der, wenn er an einem Roman schreibt, alle Erfahrungsgehalte seiner Umgebung, alle Reden, denen er begegnet, aufsaugt und in die Handlung integriert, war zum erstenmal von mir als Autor überzeugt (oder nahm mich überhaupt wahr), nachdem ich diesen Grundzweifel, ob ich als Neun- bis Zehnjähriger nicht versagt hätte als Befrieder des ehelichen Bürgerkriegs, angesprochen hatte. Es ist ja wahr, daß alles, was ich empfinde oder denke, darum kreist, die beiden Elternteile erneut zusammenzubringen. Alle Forschung nach einer Parallelwelt oder der Konzession eines zweiten Lebens kreist um die Möglichkeit der Wiederherstellung dieses »Bundes«, der verwirrenderweise kein Bund war, aber einer hätte sein sollen. Wie oft treffen Seelen in der Zukunft erneut aufeinander, wie hoffnungsfroh begegnen sie einander, ohne daß sie wissen warum.

– Dann beruht also der ganze Elan der AUFKLÄRUNG, FÜR DEN SIE BEKANNT SIND, auf einem privaten Motiv?
– Und einem aussichtslosen dazu.
– Wenn ich es richtig verstehe, war in Ihrer Mutter ein Zweifel vorhanden, ob Ihr Vater sie hinreichend begehrte, oder ein Zweifel an »begehrenden Männern überhaupt«?

Man hätte, antwortete ich, eine »Schule der Liebenden« entwerfen müssen. Auf dem Wege der Erwachsenenbildung beide schulen müssen. Es wäre nicht ausgeschlossen gewesen, daß ihre voneinander so entfernten Empfindungen auch hätten zusammenwachsen können.

Außerdem braucht es keine Gleichheit der Gefühle, ergänzte Martin Walser. Es genügt, daß *einer* ausreichend liebt. Er tut es für zwei. Oder es genügt auch, daß einer einen Funken, der andere einen zweiten beiträgt und daß sich ohne ihren Willen, ohne ihr eigenes Potential, quasi beide seitlich stehend, glückliche Tage ergeben. GEGLÜCKTE TATEN GENÜGEN.

Ein kurzer Moment von Vertrautheit. Er hätte mir nicht konzediert, ebenfalls Kelte zu sein, da das Rhöngebirge die Gebiete des Nordharzes und des Bodensees strikt trennt. Aber daß wir die Eltern und Voreltern aus ihren Kriegen lösen und gerne Friedensschlüsse erreichen würden, darin schienen wir uns einen Augenblick einig. Zumindest war mein Gesprächspartner darin standfest, daß er mir traute, wenn ich in dieser Hinsicht persönlich, nicht »politisch«, argumentierte. Nun ist aber das Politische persönlich.

Beide, Walser und ich, wohnten im Hotel »Zum Storchen«, wie sich herausstellte. Er war in Begleitung einer jungen Frau, ich in Begleitung meiner Frau und meiner Tochter. Die Stunden, die auf Silvester zuliefen, schmolzen dahin. Beide Seiten wendeten sich dem festlichen Jahreswechsel zu. Draußen über dem Fluß und dem See die ersten Raketen.

Was ich aber diesem »literarischen Beichtvater«, dem ich auf Grund seines Vertrauens in meine direkten Empfindungen meinerseits vertraute, nicht sagen konnte, war folgendes: Im Untergrund beider, charakterlich und körperlich so verschiedener Elternteile gibt es die gleiche

Sehnsucht, »sich hingeben zu dürfen, ohne betrogen zu werden«. Beide sind vorsichtig. Über diese Grundströmung gaben sie einander mit Zeichen keine Auskunft. Statt dessen organisierten sie ihre junge Ehe »nach den gesellschaftlichen Bedingungen«, den »Redewendungen der Zeit«. Die sind lax. Während doch die Empfindungen beider dem »Absoluten« zugewendet sind. Das Mißverständnis, das ich als Mißverständnis spürte, war für mich mit der Redeweise eines Neunjährigen nicht aufzuklären. Ich »quengelte«. Beide, in der Eile der Tage, auch befangen durch die Dramatik des Geschehens, abgelenkt durch Romane und Opern, konnten mit den »Störungen«, die ich bewerkstelligte, nichts Produktives anfangen. Sieben Damen und ein Homosexueller verabschiedeten meine Mutter mit roten Rosen bei der Abfahrt des Schnellzugs nach Berlin. Ich trete die Busenfreundin und Vertraute meiner Mutter, weil sie die Abreise und die Trennung willfährig protegierte, gegen das Schienbein. Eine Störung, nichts weiter. Strumpf beschädigt, gemeinsame Untersuchung der Verletzung durch die Damen. Ich werde beiseite geführt. Zuvor, in der Küche des Hauses, zwischen den beiden vertrauten Personen, die zwölf Krisenjahre in Eintracht miteinander verlebt hatten, immerhin Haus und Kinder produziert hatten (meine Mutter hatte außerdem Bäume im Garten fällen lassen, um die Sonneneinwirkung zu verstärken), mit einer Art von Judaskuß. Sie küßten sich auf die Lippen, obwohl sie doch ziemlich endgültig auseinandergingen.

Meine Vorfahren väterlicherseits

Als Markenzeichen ihrer Produkte wählten sie drei Pfeile, die nach rechts, links und nach oben zeigten. Daran knüpften sie den Namen Prudens, in deutscher Übersetzung: Kluge. Die Bauernkriege überlebten sie, weil sie sich tarnten oder neutral verhielten.

Im 18. Jahrhundert übt der Familienclan den Beruf des GROSSUHRMACHERS aus. Sie reparieren oder konstruieren Uhren an Kirchtürmen, insofern Großuhren. Sie haben in Not und unter Verlusten den Dreißigjährigen Krieg überlebt. Wie viele waren sie, wie wenige blieben übrig! Sie versippen sich mit Emigranten aus Frankreich, die aus Glaubensgründen emigrieren. Die Generationen durchwandern das 19. Jahrhundert. Der Vorfahr, den ich noch gesehen habe, stellte seine persönliche Uhr täglich um 11 Uhr vormittags nach der Großuhr der Martinikirche, auch wenn diese nicht mehr Produkt der Familie war.

Abb.: Mein Großvater mütterlicherseits. Rechts das Ohr, das Organ, welches das Gleichgewicht und das Unterscheidungsvermögen beherrscht. Aufgrund der Informationen, die eine Tonfärbung haben. AUGENMASS. Das Strahlauge sendet Verführungsmacht, vorausgesetzt, ein Partner antwortet. Antwortet der Partner nicht, senkt sich der Blick. Wenn er aber reagiert, setzt sich ein unhörbares Gespräch fort.

Mein Großvater mütterlicherseits

> »Es kommt auf die Sekunde an
> bei einer schönen Frau.«
> *Hochzeitsnacht im Paradies*

Er klopfte. Sein Herz blieb ruhig, klopfte keineswegs stärker als vorher, sondern biß. Man konnte über die Holztür hinweg in die Umkleidekabine hineinsehen. Die Frau bewegte sich in der Nähe der Tür. Draußen die schlurfenden Geräusche der Schlittschuhfahrer. Die Dämmerung war hereingebrochen, die Lichter eröffneten den Schlittschuhabend. Die Geräusche im Gemisch mit der Musik, einem Potpourri aus Werken von Emil Waldteufel. Sie öffnete, er trat ein. Nun war schon alles eine illegale Situation, so wie die beiden in Überstürzung gehandelt hatten. Niemand hätte die Situation erklären können. Was hatte er in der Damenumkleidekabine zu suchen? Wieso schrie sie nicht? Weshalb hatte sie den Riegel geöffnet? Gewalt war nicht im Spiel.

Einige Monate später hielt er um ihre Hand an. Verhandlungen mit Marthas Vater. Dieser, ein Fabrikbesitzer, erfahrener Kaufmann, ging davon aus, er sei übertölpelt worden. Der Freier führte ein Pferd mit sich, in einem Mietstall geliehen, er übergab es dem Hausdiener zur Verwahrung. Selbst hätte er es nicht reiten können, hatte das Pferd hierhergeführt als Attribut der Wohlhabenheit. Marthas Vater, der diese Verkleidung durchschaute, wollte bilanzielle Unterlagen sehen, forschte nach Einkünften des Freiers. Es entschied sich nichts auf Anhieb. Der Freier hatte seinen eigentlichen Verhandlungsvorteil noch keineswegs ausgespielt. Er sprach stets nur von Marthas Willen, seinem eindringlichen Wunsch, die Verbindung einzugehen, ihrem Einverständnis hiermit. Statt dessen besaß er ein Unterpfand. Die Umworbene war von ihm schwanger. Insofern glaubte Marthas Vater an eine Verhandlungsposition, die er längst nicht mehr besaß. Zuletzt erhielt mein Großvater die Einwilligung von Marthas Vater. Der rächte sich, indem er die Tochter enterbte. Nicht ein Quentchen seines Vermögens werde auf diesen Schwiegersohn, den Emporkömmling, übergehen.

Oft saß Marthas Vater später auf dessen Sommersitz, nahm die Gastlichkeit des Schwiegersohns, der sich als erfolgreich erwies, gerne an. An seinem Entschluß, keine Vorteile zu gewähren, änderte das nichts. Für alle Gleichgewichte in dieser Ehe, aus der fünf Kinder entstanden, war das ein glücklicher Umstand.

So hatte mein Großvater eine Frau um IHRER SELBST WILLEN gewonnen: Schicksal eines spontanen Entschlusses am Eingang zur Umkleidekabine, während eine Abenddämmerung, die er nie vergaß, hereinbrach. Schon war er den verbotenen Weg gegangen. Wenig hatte er zuvor von den Einzelheiten der jungen Frau sehen können. Sie war mit einem ganz anderen Begleiter gekommen. Ein rascher Einfall. Von Natur aus war er neugierig.

– Sein Kapital war sein Selbstbewußtsein, sehe ich das richtig? Ein selbstgewisser Körper? Ein Geist, der auf den Moment vertraute?
– Das war sein Kapital.
– Ihr Kapital war ein Entschluß, der sie selbst überraschte?
– Ja, nie wieder im Leben war sie so spontan. Der Mann gefiel ihr.
– Was geschah mit dem Kapital ihres Vaters?
– Es schwand. Jeder der vier Söhne erhielt einen Teil des Vermögens. Sie verloren es dann.
– Und was er behielt?
– Überlebte den Ersten Weltkrieg nicht.
– Und Ihr Großvater lebte bis 1936?
– Er starb an Lungenentzündung. Die Atemregion war seine Schwäche.
– Und Martha?
– Wurde 101 Jahre alt mit seiner Hilfe.
– Inwiefern Hilfe?
– Er hatte sie ausgestattet.
– Und alles in einem Moment von vielleicht 16 Sekunden, in denen sich im Abendlicht und zum Geschlurfe der Schlittschuhläufer ein Entschluß bildete?
– Kein höheres Investment als das.

Das Eigentum am Lebenslauf

Martha Blackburn, meine Großmutter mütterlicherseits, hatte sich zu einem Nachmittagsschläfchen hingelegt. Sie konnte zu dieser späten Zeit ihres Lebens die Gewohnheit, sich hinzulegen, zwar befolgen, das Einschlafen aber gelang ihr nicht mehr. Sie grübelte über den Tod. Einerseits, diskutierte sie von ihrem Bett aus zu dem Besucher hin, der sich schläfrig auf der Couch im gleichen Zimmer bewegte, sei sie ja bereit, anzunehmen, daß es ein Leben nach dem Tode geben könnte. Andererseits wolle sie sich nicht lächerlich machen, wenn sie das anderen gegenüber äußere oder auch nur innerlich annehme. Sie wolle sich nämlich auch vor sich selbst nicht lächerlich machen. Umgekehrt habe sie aber den Wunsch, nicht aussichtslos auf den Tod zuzusteuern. Sie sei zählebig, antwortete der Gast, der noch etwas schlafen wollte.

Ein Streit mit meiner Mutter

In der Vitrine der Tante Klett waren ein chinesischer Dolch und ein Goldklumpen von der Größe eines Daumens ausgestellt. Es handelte sich um »Beute« aus dem Sommerpalast der chinesischen Kaiser, der im Jahr 1901 von den Alliierten, darunter die reichsdeutsche Truppe des »Weltmarschalls« Alfred Graf von Waldersee, eingenommen worden war. Er brannte aus; zuvor Räubereien der Besatzer.

Ich kam aus der Aufbewahrung der Kinder im Ostseebad Ahlbeck. Meine Mutter holte mich in Berlin ab. Der Wertunterschied zwischen dem Goldklumpen und dem Dolch in der Vitrine täuschte mich nicht. Den Dolch hätte ich mitnehmen dürfen, den Goldklumpen gab man mir nicht.

Ein »Mitbringsel« hatte Tante Klett mir versprochen. Kinder unterfüttern ihr Verständnis nicht durch Tatsachen, sondern halten sich an Werte. So wollte ich den Goldklumpen mitbringen, nicht den Dolch. Ich überwarf mich mit der Tante.

Den Dolch und die Wegzehrung hatte meine Mutter in Pergament gepackt. Mit nichts davon konnte sie mich in der langen Zeit der Zugfahrt nach Halberstadt beruhigen. Es tut mir leid, drei Stunden der kostbaren Lebenszeit meiner Mutter total verwüstet zu haben. Wir kamen zu Hause an. Entnervt übergab sie mich dem Personal. Sie selbst nahm ein Bad. Ob sie es darauf anlegte oder nicht, wir sahen uns sieben Tage nicht wieder. Dies war die früheste Strafe für meinen Eigentumstrieb, für mein entwikkeltes Unterscheidungsvermögen.

Abb.: Dame der Gesellschaft

Eine Dame der Gesellschaft

1
Was heißt »tonangebend«?

Sie war tonangebende Dame der Gesellschaft in ihrer Stadt. Das ist keine kindliche Aufgabe. Sie muß das Personal des Hauses »führen«. Es muß ihr gehorchen. Sie muß dafür sorgen, daß das Personal ihr keine Fallen stellt. Aber sie will auch *leben*. Praktisch gibt es im Hause, das sie regiert, keine garantierte Intimität.

Sie muß auch in den Konkurrenzen der Stadt, ihren Rangklassen, ihr *Standing* stets unter Beweis stellen. Täglich neu erscheint sie nach Kleidung und Geist. Sie muß etwas sagen können, was überrascht.

Es ist eine kleine Stadt. Einige Tausend davon bilden die gesellschaftliche Unterfütterung des Reichs. In der Reichshauptstadt gilt eine von der Kleinstadt verschiedene Positionierung. Die Evolution der Ränge folgt dort aus Ämtern, Einladungslisten zu offiziellen Empfängen, Machtzentren, die nicht an der Einzelperson gemessen werden. In der Reichshauptstadt ist Klecker-Lieschen in der Maskierung als Dame unbekannt. In der Heimatstadt kennt sie jeder.

2
Ihre Schutztruppe

Sie war die Letztgeborene von fünf Kindern. Ihre Erfahrung mit Männern entwickelte sie aus ihrem Verhältnis zum Vater und ihrem vier Jahre älteren Bruder. Die waren ihr vertraut. Von ihnen erwartete sie gewohnheitsgemäß

Zuneigung. Beider Vertrauenswürdigkeit hatte nur Grenzen, wenn es um ihre unmittelbaren Interessen ging, sie blieben selbstsüchtig. Aber solche Grenzen kannte sie, damit war sie bereit umzugehen. Später gab es Vertrauensverhältnisse mit Männern, die andere Frauen liebten (ein Stück Sympathie war immer übrig, damit nahm sie notfalls fürlieb). Außerdem schienen ihr vertrauenswürdig Männer, die Männer liebten. Von diesen gab es, so ihre Erfahrung, »zwei Sorten«. Die einen, die Frauen insgeheim verehrten, bereit waren, ihnen bedingungslos zu dienen (nur geschlechtlich waren sie abgelenkt), die anderen, die schon den Geruch von Frauen nicht vertrugen, sozusagen unnahbar, und daher für Vertrauensverhältnisse unbrauchbar.

Der § 175 des Strafgesetzbuches setzte in den dreißiger Jahren heute nicht mehr begreifbare Schranken für den gleichgeschlechtlichen Umgang. In amtlichen Positionen schwankte die Strafe bei gerichtlicher Überführung zwischen fünf Jahren Zuchthaus und dem Tod. In jedem Fall galt gesellschaftliche Ächtung.

Sie, tonangebende Sprecherin in der Gesellschaft der Stadt, gewährte ihren Freunden Schutz. Sie eröffnete ihnen den Beitritt zum Dom-Club, zu dessen Festen und Empfängen. Daraufhin waren diese »Schutzbefohlenen« ihre Leibwache, ihre Reservearmee. Es galt Treue um Treue.

Sie wunderte sich, daß die homophilen Männer, die sich in ihrer Umgebung bewegten, zueinander keine Annäherung erkennen ließen. Offensichtlich war ihnen nicht gleichgültig, wen von verschiedenen Männern sie liebten. Nicht wie bei einer Ansteckung funktionierte die gleichgeschlechtliche Liebe, sondern selektiv. Meist waren ihr die Partner ihrer »Schützer« (die auch sie beschützte) unbekannt.

Dagegen war sie mit Vorsicht gewappnet gegenüber »begehrenden Männern«. Letztlich keine positiven Erfahrungen. Sie war vorsichtig nicht deshalb, weil sie zu »beschädigen« war, sie hielt sich für robust. Vorsichtig war sie, weil sie von der Sehnsucht nicht lassen wollte, daß man »sich hingeben könnte, ohne dafür enttäuscht zu werden«. Hinsichtlich dieser Sehnsucht, einer inneren Stimme, war sie verletzlich. Sie wollte nicht »durch Erfahrung verkürzt« werden.

In einem Schnellzug-Abteil von Berlin nach Stettin (auf dem Weg in ein Ostseebad) traf sie auf einen zurückhaltend auftretenden, seiner Kleidung nach »glaubwürdigen« Mann. Rasch waren sie ein Paar. Nach Rückkehr aus dem Urlaub Treffen in einer von ihr gemieteten Einzimmer-Wohnung am Hohen Weg. Bis dann im Haus, das sie mit ihrem Mann bewirtschaftete, Erpresser-Briefe dieses »feurigen Liebhabers« eintrafen. Er werde sich mit Auskünften an ihren Mann wenden, wenn nicht eine Zahlung von 500 Reichsmark an einer bestimmten Stelle, deren Geheimnis sie miteinander teilten (gemeint war der Briefkasten im Vorfeld des gemieteten heimlichen Liebesquartiers) hinterlegt würde. Die Summe hob sie vom ehelichen Konto ab und versteckte sie, wie angewiesen. So schlau war sie aber auch, daß sie nicht glaubte, daß damit der Gefahrenherd, der Einbruch in ihre Intimsphäre, beseitigt, die Verletzung der vertrackten Illusion, sie werde irgendwann von einem »begehrenden Mann« um ihrer selbst willen geliebt werden, wiederhergestellt sei. Sie rechnete mit neuen Forderungen.

Ihr Bruder traf ein. Den Schurken erschießen, sagte er, etwas anderes bleibt nicht übrig. Hier lagen die Grenzen dieses vertrauten Beraters. Er war ungestüm, verfügte über kein Augenmaß. Zu ihren Vertrauten zählte auch der Gutsbesitzer S. Dessen Homosexualität war bisher unentdeckt, ostentativ hatte sie geholfen, auch durch Ausleihen ihres Charmes, ihres öffentlichen Auftritts mit ihm, der Intimität andeutete, einen möglichen Verdacht zu überbrücken. Ihm machte es nichts aus, sich mit dem Erpresser zu treffen. Zum Schein handelte er eine weitere Zahlung von 500 RM aus. Bei dem Gespräch deutete er an, daß er über Kontakte zu SS-Kreisen verfüge. Solche Kontakte besaß er gesellschaftlich tatsächlich. Offenbar war der Erpresser in der Lage, die genannten Namen zu identifizieren. Nie wieder war etwas von ihm zu hören.

Sie hätte sich der »Führung« durch einen vertrauenswürdigen Mann gerne anvertraut. Lebenslänglich suchte sie. Zum Schutz taugten Männer, die Erfüllung suchten, fast nie. Unter dem Diktat von »Vorsicht« vermochte sie nicht zu lieben.

3
Tod im Theater und in der Wirklichkeit

> »Edle Freiheit, du mein Leben /
> Wie bedrückt gehst du dahin.«
> *Bajazzo*

Immer wieder versuchte der hübsche SOPRAN, der vom Stadttheater Magdeburg gekommen war, mit einer gängigen Tanzmelodie das Geschehen auf der Provinzbühne zurechtzurücken, unterstützt vom Ensemble, das entsetzt schien von den Ausbrüchen des eifersüchtigen BARITONS. Dessen Eifersucht bestand zu Recht. Die Zuschauer hatten es verfolgt, daß die Hübsche mit einem Jungen vom Lande Intimkontakte getauscht, »sich verschenkt« hatte. Das war heillos. Man sah, wie sich der Theatermann, den sie im realen Leben betrogen hatte, in dem Stück, das wiederum eine Eifersuchtstragödie in komische Form zu bringen versuchte, eine populäre Klamotte, sich seiner jungen Frau gegenüber »zusammenzunehmen« versuchte, daß es aber keine Möglichkeit der Selbstbeherrschung gab, keine Chance, sich in ein »Spiel« einzufügen. Jede Maskierung mißlang.

Das sah sie, die Zuschauerin in der dritten Reihe, die das Problem aufgrund ihres Privatlebens, das sie nicht in das Stadttheater gezogen wissen wollte, kannte. Sie hätte das Problem kürzer fassen können. Sie fühlte sich, hier im Zuschauerraum neben ihrem betrogenen Mann, unmittelbar bedroht. Schon ohne Musik schien ihr das Vorgeführte gefährlich. Noch waren ihre eigenen Fehltritte nicht entdeckt. Sie traute ihrem Lebensgefährten zu, daß er etwas davon »ahnte«.

So war sie erst wieder glücklich, als die Tragödie überstanden war, sie in größerer Gruppe in der »Sauren Schnauze« saßen. Mühelos flossen die Biere. Runde mit Offizieren, die Kurzurlaub hatten. »Morgen durch den Durst geschossen«, das sangen sie mehrfach. Auch ihnen, die die Handlung nicht direkt auf sich beziehen konnten, war das Tempo des Dramas »lähmend« erschienen, einerseits bestrickend wegen der teuflischen Konsequenz, andererseits durstmachend wegen der Aussichtslosigkeit. Im Krieg gab es mehr Wartezeit als im Theater, aber auch sehr rasches, tödliches Geschehen ohne viel Umwege. Das wirkte sich auf den Abend aus, als es gegen 12 Uhr ging. Die Glocken der Martinikirche, nur wenige Schritte vom Lokal entfernt, tönten grausam laut. Sie erinnerten daran, daß wir nicht lange zu leben haben. Der individuelle Tod kommt deutlich rascher, als die Glocken sich verbrauchen. Die Runde schien einen Moment verzagt. Prost alle zusammen, rief die Zuschauerin, die noch vor weniger als zwei Stunden für ihr Leben gefürchtet hatte, wenn sie an den neben ihr sitzenden Gatten dachte. Unbe-

dingt wollte sie die Stimmung beleben. Es war Schwerst-
arbeit.

4
Ein Kompromiß

Konsequenter Schritt auf konsequenten Schritt. Sie waren
beide atemlos nach der Trennung.

Damit war für die noch junge Frau, jetzt eine geschie-
dene Frau, der Anschluß an ein neues Leben nicht gewonnen. Ihr Liebhaber, um dessentwillen die Scheidung erfolgte, war, auch beraten von seinen Schwestern, nicht
der Meinung, daß das vergnügliche, mit Lebensqualität
ausgerüstete uneheliche Verhältnis, das er mit dieser Frau
an Kurorten des Dritten Reichs und des Protektorats unterhalten hatte, nun in eine ordinäre Ehe gewandelt werden sollte. Ihm schien auch die Heirat mit einer mittello-
sen Frau nicht attraktiv. Sie brachte aus der Scheidung, in
der sie schuldig gesprochen war, nichts mit.

Die Krise hätte noch alles wenden können. Vielleicht
wäre die junge Frau zurückgekehrt in ihr bisheriges Leben, wenn festgestanden hätte, daß sie später mittellos,
deklassiert, ohne sinnvolle Planung eines neuen Lebens
dastehen würde. Im Krieg waren unglaubliche Wendun-
gen und Entscheidungen möglich.

Meine Großmutter mütterlicherseits kann in dieser
Hinsicht als Intrigantin gelten, da sie Verbindungen nach
Gesichtspunkten der Autorität und des größeren Vorteils
für ihre Kinder zu stiften suchte. Sie zählte nicht zusam-
men, was die Empfindungen sind, sondern sie, die nie eine
Bilanz schrieb, suchte nach der GRÖSSEREN SICHER-
HEIT. Diese Berechnungsweise, das entspricht meiner Le-
benserfahrung, hat eine hohe Irrtumswahrscheinlichkeit.

Das Vermögen des Ehebrechers lag deutlich höher als das, was meine Mutter in Halberstadt hinterließ. Nicht berücksichtigt blieb, daß die Bombenangriffe auf Berlin dieses Vermögen dezimieren würden. Meine Großmutter suchte den Geliebten bzw. künftigen Schwiegersohn in dessen Kanzlei auf, stellte ihn zur Rede und erzwang rasche Heirat. Sie besaß, wenn sie etwas voller Energie durchführen wollte, die unternehmerische Kraft ihrer väterlichen und mütterlichen Vorfahren aus sieben Generationen, wobei zur Durchsetzung eines Willens gegenüber einem sich in seiner Position unsicher fühlenden Geliebten, der in einen Ehegatten umzuwandeln war, bereits die Eltern meiner Großmutter mit ihrer KOMBINIERTEN WILLENSKRAFT genügt hätten.

5
Frei flottierender Charme

Sechsunddreißig Jahre später. Viel war sie in letzter Zeit allein. Von früher her trug sie große Vorräte an Freundlichkeit in sich. Die große Dame, verschwenderisch in ihrer Zuwendung, bekannt für ihre Direktheit. Wenn aber jetzt jemand anrief oder ein Besuch sie überraschte, war sie der Szene zunächst nicht gewachsen, Charme und Zurückhaltung schwappten ineinander. Sie geriet rasch außer Takt, ehe sie sich zu dem früher so beherrschten kommunikativen Gleichgewicht durchkämpfte. Überschwenglich stimmte sie zu. Sie wartete nicht bis zu dem Moment, an dem ihre Reaktion vom plötzlichen Anrufer erwartet wurde, sondern bestätigte, bevor der andere etwas gesagt hatte, weil sie vorausahnte, was er sagen würde. Ihre Kinder, die sie kritisch beobachteten und die von einem Mittelmaß an Zuwendung ausgingen, das sie für normal hielten, das, was sich ziemt, litten unter diesen Ausbrüchen ihrer Mutter. Blieb sie längere Zeit in Kontakt mit den Anrufern oder Besuchern, legte sich das Ungestüme der Äußerungen, und ihr früheres beherrschtes Maß kam zur Wirkung. Was hatte sie doch früher für Erfolge gehabt!

Erfahrenheit der Junifliegen

Der alte Mann, im Dezember 84 Jahre, löffelte eine Untertasse mit Rübensaft aus und verfolgte dabei mit den Augen die Fliege, die auf den heraustretenden Adern seines Unterarms hin und her fliegt. Er wartet. Die Fliege: provokatorisch, frech. Mit seiner zitternden linken Hand, aber sehr rasch, schlägt der Mann nach ihr. Er verfehlte das reaktionsschnelle Tier um wenige Zentimeter. Eine Junifliege, sagte er mit aufrichtiger Hochachtung, überhaupt nicht zu fangen; ein raffiniertes Tier. Im April oder Mai fange ich die, aber im Juni haben sie so viel gelernt, daß sie nicht zu fangen sind.

Er war selber äußerst erfahren. Wenn er stürzte, drehte er sich im Stürzen, z. B. auf die Steinkante einer Treppe zu, so daß er nicht auf den Oberschenkelhals fallen konnte, sondern weich auf den jetzt ziemlich fettlosen Hintern. Er drehte eine Pirouette, schon während er ein Summen im Kopf fühlte, noch vor dem Stürzen, eine artistische Leistung, mit der er im Zirkus hätte auftreten können.

Abb.: Mein Vater Dr. med. Ernst Kluge, in Halberstadt, löffelt Sirup.

Mein Vater

1
Schnipsel der Ahnen

Die Praxis schließt an solchem Tag eine Viertelstunde früher. Es sind nicht viele Haare zu kürzen. Nur der Saum, der die Glatze umgibt, wird gestutzt. Entfernt sind die Längen in einem Augenblick.

Es steckt aber in jedem Fädchen Haar, die das Hausmädchen mit Handbesen und Kehrschaufel aufsammelt und in den Mülleimer wirft, die gesamte Folge der Geschlechter, die Ahnen.

2
Reinigung des »Hauses«

Das weißgliedrige Gemeinwesen, das er bewohnte, sein Körper, wurde jeden Sonnabend einer Säuberungsaktion im Dampfbad ausgesetzt. Er schwitzte einige Liter Körperflüssigkeit in den gekachelten Raum. Er sah darauf, die Füße nicht mit dem Fußpilz anderer anzustecken.

An den Nasenlöchern entzündete Stellen. Das war seine Eigenart. Man muß diese Stellen bei der Reinigung seines »Hauses« schonen.

3
Cavalleria rusticana,
eine Oper, die von fremdem Leben handelt

Ein schmächtiger Sizilianer, der nach dem Willen seiner
Mutter eine junge Frau, Santuzza, heiraten soll, obwohl
er auf Liebesverhältnisse nicht eingerichtet ist und eher in
Wirtshäusern mit Kumpanen sein Heil suchte, als eine
Frau ehelich zu umhegen, muß die Ehre dieser Verlobten,
die der übermächtige Fuhrmann Alfio durch eine Hetz-
rede verletzt hat, dennoch wahren. Ja, er muß körperlich
Überlegenen ins Ohr beißen zum Zeichen kühner Heraus-
forderung. Im Zweikampf wird er sich dann töten lassen.
Für Santuzza ist dadurch nichts gelöst.

Keine Einzelheit dieser Handlung traf auf den Arzt zu,
der (als Autodidakt) auf seiner Geige den Sopran begleitete. Die Sängerin, die sich selber auf dem Klavier begleitete, sang die Szene der Santuzza. Danach spielten die beiden das Intermezzo. Er, der Arzt, hätte keinem Stärkeren
ins Ohr gebissen. Er hätte Auswege gefunden. Er war ein
Städter.

4
Sein »Reich«

Alle 14 Tage schrieb er am Sonntagnachmittag seine ärztlichen Liquidationen. Eine Tasse Mokka, die Zigarre.
Seine Sinne empfanden die Gemütlichkeit der Stunde.
Den »Eingang der Beträge auf dem Konto« vermochte er
nicht zu empfinden. Dagegen die Abmessungen des Gartens, die Anwesenheit der Bäume, einen Landregen, die
Schneedecke im Garten, Einwirkung eines Blitzschlags in
einen Baum (auf dem Dach des Hauses Blitzableiter), das

gehörte zu seinem Reich. So auch die Musik. Übertragung von zwei Akten der *Meistersinger von Nürnberg* von 15.00 bis 18.00 Uhr. Das entsprach der Zeit, in der er seine Rechnungen schrieb. Sein Sinn dehnte sich auf das Musikdrama aus. Dagegen schon nicht mehr auf die Landkarten, die im Flur an den Wänden hingen und aus denen sich ergab, bis wohin die deutschen Truppen noch vor kurzem in ferne Ländern vorgerückt waren.

Wohl aber Erinnerungen: Wie sie als Jungärzte vor 25 Jahren, aus dem Anmarsch heraus, westlich der Maas Schulhäuser in Lazarette verwandelt hatten. Ähnlich gegenwärtig der Augenblick, in welchem der große König seine Pillen aus dem Etui nahm, bereit, nach dem Unglück von Kunersdorf sich aus dem Wege zu räumen. Wenn das zum Überleben des preußischen Staates erforderlich war.

In der Unterstadt der Antiquar. Noch heute nacht wollte er diesen Mann aufsuchen. Er konnte ihm die Madonna abkaufen, die er vor 14 Tagen besichtigt hatte. Zum Handeln war er nicht geschickt. Er war Arzt. Das Objekt zählte zu seinem Reich, sobald es über die Schwelle seines Hauses getragen wurde.

Als am 8. April 1945 dieses Reich in Stücke fiel, orientierte sich sein sinnliches Gefühl lediglich um. Den Verlust konnte er nicht fassen, also wurde er auch nicht krank davon.

5
Seine Speisekammer

Ein Aluminiumschlüssel schließt sie auf. Er trägt ihn in der Hosentasche mit sich, nicht in der Jackentasche, wo er den Schlüssel nicht fühlt. Nachts liegt die Hose vor seinem Bett, d.h. in Griffweite. Es ist, solange er einigermaßen nüchtern ist, unmöglich, sich in den Besitz dieses Verschlußinstruments zu setzen.

Rechts der Lichtschalter. Ein winziges Fenster, immer ein Stück geöffnet, denn die Speisekammer braucht Luft. Sie braucht auch Kühle, das ist im Sommer schwerer zu bewerkstelligen als im Herbst, Frühjahr und Winter. Deshalb stehen im Sommer Eisbarren in einer Wanne bereit. Das Regal beherbergt die Wurstgläser aus der jährlichen Schlachtung. Die eingeweckte Wurst hält sich bis zu sieben Jahre. Davor, von der Decke hängend, die Schinken. Jeweils einer wird angeschnitten. Davon werden dann die Stücke abgesäbelt. Zwei Säcke: einer mit Reis, einer mit Zucker. Sie zeugen von der Zeit, in der nach dem Krieg die Naturalien zentnerweise getauscht wurden. Inzwischen gibt es solchen Tausch nicht mehr. Es wurden aber Säcke als Vorrat gelagert. Daneben der Rumtopf. An der Rückwand der Eimer mit Sauerkraut, ein meterhoher Topf mit eingelegten sauren Gurken. Die Vorräte an Eiern in einem zweiten Regal dienen nicht dem Verzehr, sondern der Herstellung von Eierlikör. Dazu gehören die gehorteten Flaschen mit 90prozentigem Alkohol aus Getreide. In einem Weinschrank lagern Champagner und Wein. Bier gehört nicht in die Speisekammer, es sei denn, es ist besonderes Bier aus der tschechoslowakischen Republik. Einmal, zur Feier eines runden Geburtstages, hatten Gäste den Einfall, ihm, der seine Sinne nicht mehr exakt kontrollierte, den Schlüssel aus der Tasche zu entwenden und Nachschub an Getränken aus der Speisekammer in die Festrunde zu bringen. Das war eine Verletzung. Der Abend war gelaufen. Diese Gäste wurden nie wieder eingeladen. Er ging sofort zu Bett.

Die Tür zum Haus ist schon deshalb weder tagsüber noch nachts verschlossen, weil Patienten ihn jederzeit erreichen müssen. Was, wenn er in einem Notfall das Klingeln nicht hört! Was, wenn er schläft! Dann müssen die Patienten das Haus betreten können, ihn notfalls wecken. Hört er Opern (er tut das mit Kopfhörern und elektrischem Direktanschluß an den Plattenspieler), so wäre es ihm ja gar nicht möglich, auf die Haustür zu achten, ein Klingeln zu bemerken. So ist es besser, wenn das ganze Haus frei zugänglich ist.

Auch Bücher kann man sich »leihen«, ohne ihn zu fragen. Bilder oder wertvolle Antiquitäten, die er besitzt, sind ihm noch nie gestohlen worden, auch wenn sie zugänglich sind. Die Grenze seines Eigentums beginnt erst an der Tür der Speisekammer.

Außerdem liegt ein Tabu auf dem Mittelfach seines Schreibtischs. Dort sind die Formulare zu Rezepten und Rechnungen sowie die Namen der Patienten verwahrt. Niemand vom Personal, kein Patient käme je auf die Idee, dieses Fach, das unverschlossen bleibt, zu öffnen, darin zu wühlen. Die Menschen respektieren ihn. Sie wissen, daß sie das nicht dürfen.[1]

6

Der »Eigentümer«

Abends war er aufgeräumt. Eine Festgesellschaft. Ein glänzender Tänzer. Er griff zur Geige und fing an, das kleine Salonorchester im Dom-Club zu begleiten. Dann

---

1 Warum verschließt er die Speisekammer strikt mit dem Schlüssel, das Mittelfach des Schreibtischs aber nicht? Schätzt er die Versuchung, die den Respekt vor seiner »Eigentumsgrenze« überwinden könnte, verschieden ein, je nachdem, ob es um Schriften (übrigens auch um sein Tagebuch) geht oder um Nahrungsmittel? Glaubt er, daß die Schätze seiner Speisekammer den ihn achtenden Mitmenschen doch in Versuchung führen könnten?

wieder zurück zu den anderen. Man konnte ihn charmant nennen.

Am nächsten Morgen war er mufflig. Als Person wie ausgetauscht. Wie soll man das aushalten? Wie soll man mit ihm leben?

Eine scharfe Grenze zwischen »Ich« und »allen anderen«. Dies ist die Eigentumsgrenze. Er ist Eigentümer seines Lebens, und einige Teile davon, einige Zimmer in seinem Innern, wird er mit niemandem teilen.

In den zwanziger Jahren des 20. Jahrhunderts gab es eine intakte Schicht solcher Eigentümer, vernetzt über das Land. Sie erkannten einander bei jeder Begegnung. Anbieter von Waren und Dienstleistungen erkannten solche Eigentümer, die sich großzügig von ihrem Geld trennten, und stellten zwischen ihnen zusätzliche Verbindungen her, ja, es gab Stellen der Stadt, die ganz auf die Eigentümlichkeiten dieser Eigentümergesellschaft zugeschnitten waren.

Diese Eigentümer waren in der Regel ohne Aggressivität gegenüber anderen Menschen. Nur hielt jeder von ihnen ein Stück von sich verborgen, das nicht berührt werden durfte, etwas, das sie für einzigartig hielten. Wurde dieses Reservat, also das EIGENTÜMLICHE DES EIGENTUMS, angegriffen (bei einem Angriff auf das Prinzip der Eigentümergesellschaft), wurden die großmütigen und an sich geselligen Genossen kampfbegierig, ja von VERNICHTUNGSWUT ergriffen, sie wurden Nationalisten, Eiferer, Verfolger.

7
Sein Haus

Als Kind hat mein Vater vom Dach des Mietshauses in der Bismarckstraße, in dem seine Eltern lebten, auf das

Grundstück des reichen Spekulanten Dr. Krüger hinabgesehen, auf Garten, Teich, Wintergarten, Hof und Gebäude. Der Garten, im Frühjahr und Sommer oft von einer lärmenden Gesellschaft erfüllt; der Spekulant, dem das früher gehört hatte, in der Wirtschaftskrise von 1929 gescheitert, war tot. Eine Bank hatte aus der Insolvenz Haus und Grundstück ins Portefeuille übernommen. Für 17.000 Reichsmark kaufte meine Mutter den Besitz. Zur Straße hin war das Grundstück durch einen Zaun aus Schmiedeeisen abgegrenzt. Dieser Zaun wurde 1942 niedergerissen, das Material für die Panzerproduktion abgeliefert. Die Fassade bestand aus weißem Klinker. Durch einen Windfang gelangte man in einen Flur, der, wenn man die Doppeltür zum Hof öffnete, am Haus selbst vorbeiführte. Am 8. April 1945 wurden die Holztüren durch den Luftdruck herausgerissen. Der Durchzug, der später die Flammen lockte, wies auf diesen Durchgang, nicht in Richtung des Hauses selbst. Um in das Haus zu gelangen, mußte man vor einer Eichentür klingeln. Wurden Patienten für die Praxis erwartet, hemmte eine Lederbacke links oben das Schließen der Tür. Die meiste Zeit konnte jeder in der Stadt das Haus betreten oder verlassen. Links führte die Treppe in den 1. Stock, wo, gegliedert nach Wartezimmer, Sprechzimmer und Behandlungszimmer, zur Straßenseite die Arztpraxis zu finden ist. Gegenüber die Schlafzimmer und das Bad. Patienten, die sich an diese Nahtstelle zwischen privat und öffentlich verirrten, wurden angeschrien und fortgejagt. Das Schlafzimmer führte mit seinen Fenstern auf den Hof, wo ein Birnbaum Schatten spendete. Flur und Schlafzimmer waren getrennt durch ein »An- und Auskleidekabinett«, das die besondere Schamhaftigkeit des Architekten charakterisierte, der sich vorstellte, daß, wie auf einem Theater, die geschlechtlichen Partner, die das gemeinsame Schlafzimmer aufsuchten, sich in einer separaten Kabine zunächst über die beiderseitige Nacktheit hinwegsetzen konnten. Dies kam meinem Vater entgegen. Keine Nacktheit ohne Übergang.

Im Untergeschoß, wenn man die Treppen herunterkommt, links, der Weg zu den Kellern und zur Küche. Von der Küche, einem Zentrum des Hauses, führten ein Zugangsraum und eine »Durchgabe« zum Eßzimmer. Das Eßzimmer hat in der Holzdecke eine Deckenkrone von gelbem Licht, so daß alle Heiligabende, die im Eßzimmer ausgerüstet werden, für die Kinder den Eindruck »rot« oder »golden« besitzen. Demgegenüber ist der Eindruck von »Bescherungen zu Heiligabend« im Salon »silbern und weiß«. Der Salon ist ein im französischen Stil gestalteter Doppelraum, in dem »bedeutende Feierlichkeiten« ausgerichtet werden. Hier findet sich auch für lange Jahre der Flügel, der später ins Herrenzimmer überführt wird, nachdem die Frau des Hauses dieses verlassen hat. Der Salon wird seither nicht mehr benutzt. Finden Taufen oder andere Veranstaltungen in Anwesenheit eines evangelischen Geistlichen statt, müssen die Spiegel im Salon verhängt werden. Sie galten als »weltlich«, ja, Spiegel sind dem religiösen Zusammenhang generell unzuträglich. Die Ausstattung dieses Salons, der goldene und silberne Seidentapeten aufweist, gehörte zum Kauf, der meiner Mutter gelang.

Der Raum daneben, zum Eßzimmer hin gelegen, hieß »Herrenzimmer«. An den Wänden Bücher. Links neben dem Fenster der Kamin, gasbefeuert (d. h. Holzattrappen und oberhalb und unterhalb dieser Attrappen zwei parallele Zungenketten scharfer Gasflammen). Davor ein Bärenfell, britische Sitzgarnitur. Anordnung eines Bridge-Tisches für das wöchentliche Treffen. Kernstück des Herrenzimmers aber, da alle Wandflächen breite Holzpaneele aufweisen, ist eine (zunächst unsichtbare) Öffnung zu einem Gang, in dem sich der Tresor des Hauses befindet. Hier liegen die Ersparnisse, in Zigarrenkisten verwahrt, die weder Bank noch Steuer angehen. Ein Einbrecher würde dieses Versteck nicht finden. Es wurde um 1905 von dem Begründer dieses Hauses, Dr. Krüger, in Auseinandersetzung mit dem Architekten erdacht. Versteck und Gang reichen etwa fünf Meter in die Brandmauer des Nachbargrundstückes hinein.

In der verschwenderischen Bauweise vor dem Ersten Weltkrieg waren die Wände zum Mauerwerk um bis zu zwei Meter durch Installationen aus Holz gestaltet. Dies ergab Stauraum. Zur Seite des Herrenzimmers hin ein Schrein für Waffen, danach ein Schrein für Tuche, Vorräte und Geschenke. Auf der entgegengesetzten Seite einer für Gläser und Porzellan (dieser brach im Jahr 1939 aufgrund der Sommerhitze, in der sich das Holz zusammenzog, auseinander und riß sämtliches Geschirr mit: »Scherben bringen Glück!«). Daneben die »Bar«. Man zog die Schublade mit ihren fast zwei Metern heraus. Dies löste eine Beleuchtung aus. Man sah jetzt Gläser und das Angebot der Flaschen auf drei Stockwerken. Heute würde man diese Installationen »Einbauschränke« nennen. Sie sind jedoch im Sinne des gesellschaftlichen Reichtums von vor 1914 insofern Luxus, als man von allen Räumen je zwei Meter an den Seiten opferte, um »bürgerliche« Staufläche, »Vorrat, Reserve« zu organisieren, und dennoch großzügige Räume behielt. »Reichtum ist unsichtbar«.

Das Eßzimmer, dessen gelblich-rot leuchtende Deckenkrone vom Garten aus gesehen dem Haus das abendliche Leben gibt, grenzt an einen Raum, der das Zwischenstück zum Wintergarten bildet. Hier ist eine sog. »Trink-Ecke« eingerichtet, an der 14 Personen, ja auch 18, wenn sie zusammenrücken, sich zur Trink- oder Eßrunde versam-

meln können. Gegenüber, vor einem Kamin, drei Sessel
für die Oberhäupter der Familie und je einen Gast oder
ein Kind.[2] Rechts von dieser »Hauptinsel der Familie«
(weil sie in allen Ernstfällen den »Familienrat« aufnimmt)
liegt eine Wendeltreppe, die zum 1. Stock führt. Dort liegt
ein Einbett-Zimmer, in dem ein krankes Kind, kaum aber
ein Gast untergebracht werden kann wegen der unmittelbaren Nähe zum Doppelbett im Schlafzimmer.

Über dem Französischen Bett waren, noch vom Spekulanten gewünscht, drei Nischen in die Wand eingelassen;
in der einen ruhte die Nachbildung eines Heidengottes,
in der anderen eine Madonna mit Kind, und in der dritten waren Erinnerungsfotos in silbernen Rahmen angebracht. Von diesem Schlafzimmer aus gelangte man in
ein großzügig angelegtes Bad. Man sah auf Toilette und
Bidet. Das Fenster besaß gemalte Gläser, die auch bei di-
rekter Sonneneinstrahlung dem Raum ein gemäßigt ge-
färbtes Licht verliehen. Hier die große Badewanne, ein
zweites Zentrum des Hauses neben der Küche. Im 2. Stock
lagen die Zimmer für die Dienstboten und die Kinderzim-
mer. Darüber der Dachboden, wo die Verstecke sich befanden, wenn Kinder unbeobachtet zusammenbleiben
wollten. Im Keller die Zentralheizung, betreut von dem
Proletarier Lindau, wohnhaft Halberstadt, Seidenbeutel
Nr. 16. Neben dieser Adresse das Lokal in der Baken
straße, in der die Ortsgruppe der USPD Halberstadt im
Jahr 1919 begründet wurde. Neben dem Heizungskeller
rechts der ummauerte Raum, in dem bis 1945 Waren des
Luftwaffenstützpunktes Halberstadt gelagert wurden.
Rechts davon, neben dem Keller mit den Einweckgläsern,
der Luftschutzkeller. Gegenüber die sog. Waschküche.

In dieser Installation eines Hauses, nicht von den Eltern

2 Die Konstellation wird weder für die zwei Kinder noch für mehrere Gäste geändert.

erfunden, sondern von meiner Mutter »gefunden«, habe ich meine grundlegenden Erfahrungen gemacht. Wie man auf einer Treppe stürzt und sich den Arm verrenkt. Wie man vom Treppengeländer abstürzt und in drei Metern Tiefe mit der Stirn auf die Treppenstufen fällt, sofort in die Praxis des Vaters gebracht wird und, mit sieben Stichen genäht, noch einmal davonkommt. Wie der Wall von Schnee vor dem Haus, auf dem Bürgersteig aufgeschichtet, im Februar schmilzt. Wie man sich einhockt im Dezember in der Wärme des Hauses, zurückgekehrt vom Schlittenfahren in der Plantage.

1937 wird der Garten umgestaltet. Wo Kieswege waren, kommen Steinplatten hin, zwischen denen die Natur Moos und Gras austreibt. Der Teich ist ein zementiertes Gefäß. Die Goldfische von extremer Dicke. Dies ist eine Wirkung der Kaulquappen, die aus einem Nachbarteich in das Hauptwasser herübergeschaufelt werden. Ein Walnußbaum über dem Ganzen. Er hütet einen Steingarten, in dem mein Vater in seiner Freizeit pflanzt. Ein zweiter Baum, eine Kastanie, konkurriert über der Grasfläche. Um die Wurzeln des mächtigen Baumes sind meine Anlagen errichtet: Rom und wichtige Städte Griechenlands. Halberstadts Lehmboden macht die geformten Säulen solide wie Stein. Pipetten an Schläuchen bringen, nach dem Prinzip der verbundenen Gefäße, die Springbrunnen Roms ein und vermuteter griechischer Städte.

Um die Bleischiffe, welche die Schlachtflotte des Deutschen Reichs darstellen, habe ich Zinnsoldaten aufgestellt, von meinem Schulfreund Wolfgang Meyer getauscht. Diese Zinnsoldaten führen die Kriege um Rom, auch die Preußens, die des »Großen Königs« in Rom, auch die Feldzüge von 1941 in den Dimensionen der Tonerde.

Am Tag des Bombenangriffs vom 8. April 1945 stellte ich meine Zinnsoldaten, die im Haus überwintert hatten, im Garten neu auf. Kurze Zeit später waren sie durch den Luftdruck verweht. Unter Sträuchern am Rande des Gartens, dessen Grenzen durch Grundstücksänderung inzwischen unbestimmt wurden, habe ich später zwei Stücke davon, »halbierte Soldaten«, wiedergefunden.

8
Heiligabend

Das »Ich« des Arztes, der als Geburtshelfer und unter seinen Patienten einen Namen besaß, lag nicht in seinem Gehirn, das Vorurteilen anhing, sondern in seinen Händen, die mit der Schwangeren, aber auch mit den Händen aller anderen Ärzte, die den gleichen Lehrbüchern, den gleichen Vorbildern folgten, Berührung hatten. Ihr Unterscheidungsvermögen besaßen die Hände von den Eltern und Vorfahren, die keine Ärzte waren. Es war auf vielerlei Weise entstanden. Das erst ergab sein »Ich«: »daß er etwas konnte«.

Unübersichtliche Lage zu Heiligabend. Er war gerufen worden; andere Ärzte standen wegen der späten Stunde des Feiertages nicht zur Verfügung. Im Kreiskrankenhaus eine Notbesetzung, Abweisung des Falles. Das Kind lag mit Kopf und Gesicht oberhalb des Beckeneingangs. Die Wehen verstärkten den Druck, nichts orientierte das Lebewesen nach unten, zu unserer Wirklichkeit hin. Der Kopf des Kindes preßte sich gegen die Knochenstruktur der Mutter. In solchem Fall hilft nur die HOHE ZANGE. Die war (nicht mehr heute, wo generell Kaiserschnitt gilt, sondern zur Zeit jenes Geburtshelfers und Arztes) eine Eisenkonstruktion, die das empfindliche Kopfende des Kindes von beiden Seiten umfaßt, d. h. »schient«, und unter Beachtung der Empfindlichkeit dieses Köpfchens einen »sanften, jedoch eisernen Zwang« ausübt, die aussichtslose Position in eine aussichtsreiche umzuwandeln. »Ohne Gewalt«, d. h. der Arzt muß den Drehpunkt finden. Der Winzling, der nichts davon weiß, wie er geboren werden soll, braucht Führung. Derweilen darf er nicht ersticken. 7000 Teile hat ein solches »Ich« des regierenden Arztes; fast horcht er, während er fühlt, und dies mit Hilfe des Eisenstücks. In den Vorstunden zum Heiligabend hat er vier Schnäpse konsumiert; das macht manche seiner Nerven träge. Dann aber hat die Alarmierung seine Kräfte enerviert.

Die Gefährlichkeit des Eingriffs, von der er weiß, ist eine Droge. Während er das »junge Ding«, eine Eiweißmasse von Milliarden Jahre alter Struktur, aber empfindlich gegen jede Gegenwart, millimeterweise in den Geburtskanal bugsiert, ähnlich einem Schiffsführer in der Antike, perlt ihm der Schweiß von der Stirn. Er ist erregt. Er hindert die Erregung, auf Hand und Armgelenk überzugreifen. Auf seinem Armgelenk nämlich reitet jetzt das Kind, das er in Richtung des Ausgangs führt; die Beinchen schon seitlich außen. Zwei Finger seiner Hand halten den Nacken, einer im Mund des Lebewesens. Er bringt dieses hoffnungsreiche Geschöpf ans Licht.

Die Hebamme, die, wie ein Hirte auf dem Felde, mit Tüchern und Heißwasser im Umkreis gewartet hat, ergreift das Bündel, hält es senkrecht, erzwingt den Schrei. Kindspech tropft. Nun, nach gelungener Geburt, kann man die Gratulationen austauschen. Ein Weihnachtsstollen steht bereit. Den nimmt der Arzt verpackt mit nach Hause. Er muß etwas mitbringen, um dort zu trösten, kommt deutlich zu spät zur Feier. Das Kind liegt gewickelt in warmer Decke. Die Mutter erschöpft. Ein Grog wird ihr nicht schaden. Jetzt fährt er nach Hause, schon ist er blau. Kein Hindernis, kein gegnerisches Fahrzeug. Frohe Weihnacht!

Glückssucher

Die ersten sieben Sekunden

– Eine Frau regelt in den ersten sieben Sekunden einer Begegnung, wie es weitergeht.
– Durch Blicke? Mit den Augen?
– Aus den Augen heraus. Was es genau ist, kann man nicht sagen. Eine Körperhaltung, ein Wort. Man hält manche Frauen für passiv, weil es unmerklich geschieht, daß sie die Situation lenken.
– Viele Worte können es in sieben Sekunden nicht sein.
– Unausgesprochene Worte.
– Aus der Verteidigung heraus?
– Angriff ist laut. Insofern könnte ich aus der breiten Angriffsfront eines Mannes keine intime Lenkung des Geschehens herleiten.
– Ist das nicht sehr verallgemeinert? Schließlich gibt es mädchenhafte Männer.
– Nicht in dieser Rolle.
– Was soll das heißen? Ich habe Männer gesehen, die »mit den Waffen einer Frau« zu kämpfen wußten.
– Ich weiß nicht, was du gesehen hast. Ich kenne das nicht.
– Wieso sollst du auch alles kennen? Wir reden von gegengeschlechtlichen Kontakten, ja?
– Ausschließlich. Und von diesen Kontakten, sage ich, daß sich in den ersten sieben Sekunden entscheidet, wie sie ihren Fortgang nehmen.
– Außer im Fall von Gewalt?
– Ich glaube, es gilt auch da.
– Bei blindem Angriff?
– Da nicht.
– Das hast du nicht selbst erlebt?
– Man muß nicht erlebt haben, was man weiß.

– Liebst du mich?
– Sie druckste.
– Ich habe etwas gefragt ..., beharrte er.
– Ich hab's gehört.
– Und?

Sie wollte nicht antworten. Nach einer Weile brachte Fred
das Gespräch erneut auf das Thema.

– Würdest du sagen, daß du mich liebst?
– Was muß ich jetzt sagen?
– Du sollst etwas dazu sagen. Wozu sind wir zusammen,
  wenn du zu dem Kern der Angelegenheit nicht bei-
  trägst...
– Aber sagen?
– Liebst du mich oder nicht?
– Daß ich dich *nicht* liebe, würde ich ja nicht zugeben, so
  wie wir hier zusammen sind ...
– Das ist keine Antwort. Ja oder nein?
– Eine klare Antwort?

Sie wollte Zeit gewinnen, schälte ihm einen Apfel und
reichte ihm Stück für Stück. Die Frage lag ihr nicht.

– Liebst du mich? Sag?

Sie hätte ihn gern ironisch abgefertigt und überhörte die
Frage, die durch Wiederholung zweifellos nicht gewann.
Da er aber ernsthaft blieb, nach einer Antwort dringlich
verlangte, äußerte sie sich so:

- Ich kann sagen, daß ich es lieber habe, wenn du da bist, als wenn du weg bist.
- Wo weg?
- Aus meiner Umgebung weg.
- Wie ein Hund?
- Von dem würde ich das so nicht sagen.
- Aber irgendwie anders? »Ich habe Fifi lieber da, als daß er weg wäre?«
- So ähnlich.

Fred war innerlich verletzt. Sie aber konnte sich nicht anders äußern. Auf eine Unwahrheit mehr oder weniger wäre es ihr in diesem Leben nicht angekommen. Aber das Wort *Ich liebe dich* hat eine magische Qualität. Man kann es im Leben, dachte sie, nur *einmal* sagen, und bei dieser Gelegenheit würde ich – da ich ja gar nicht »man« bin, – fügte sie hinzu – sicherlich aus Aberglauben gar nichts sagen, schon um das bißchen Liebe, das es gibt, nicht zu verscheuchen.

Sitz der Seele

Eine Agrarökonomin aus dem Gebiet westlich Stawropols, die ihr Studium an der Humboldt-Universität fortsetzte (das Geld für den Unterhalt erwirbt sie in einem Etablissement in Wedding), beharrte darauf, daß Liebe als Arbeitsgegenstand für zivilisierte Menschen ihren Sitz nicht im Inneren der Einzelnen habe, sondern das Netz ist, das zwischen Menschen, die Liebesbeziehungen miteinander austragen, zwangsläufig entsteht. Dieses Netz ist immer reicher als das, was zwei Menschen, die von sich sagen, sie lieben einander, an Absichten haben. Es tritt ja Liebe zu den Eltern, Liebe zu den Hoffnungshorizonten, Zuneigung zu vertrauten Orten hinzu. Ja, der aufgefangene Blick eines Passanten kann einen Zuschuß leisten, alles dies muß der andere gar nicht teilen und wissen.[1]

An diesem LEBEWESEN LIEBE, vergleichbar einem Tier, das sich zwischen Liebenden ausspannt, kann einer oder können beide (oder als Kuppler und Freunde Dritte) Arbeit, nämlich stoffverändernde Tätigkeit, leisten. Das gleiche gilt, behauptet Ljuba W., nicht für die nach innen gerichtete *einsame Aktivität* von Liebenden. Ljuba vergleicht diese eher grüblerische Beschäftigungsart (unter der russischen Bezeichnung Liebesarbeit) mit der WERKSTATT EINES ALCHIMISTEN. Sie sei vorindustriell. Als würden Vorräte an Giften und Heilstoffen gesammelt. Aber werde der andere davon trinken? Die Gabe überhaupt annehmen?

---

1 Unterhalt und Kosten des Studiums kann Ljuba W. nicht mit ihren Fertigkeiten als Agrarökonomin verdienen, sondern nur durch Hergabe des Körpers. Wobei sie allerdings die gleiche Gebühr erzielt, wenn sie einem

So könnten zwei Menschen, schreibt Ljuba, ein Leben lang nebeneinander Innerlichkeit produzieren, ohne irgendeine Stoffveränderung (Reparatur, Anpassung, Wechsel des Aggregatzustandes) ihrer Beziehung zu erreichen. Insofern enthält Einsiedelei in der Liebe keine zivilisatorische Chance, behauptet Ljuba.

Kunden für Seelenberatung zur Verfügung steht oder einem Journalisten aus der Praxis ihres Handwerks in Wedding exklusiv Auskünfte gibt. Bei dieser Lohnarbeit geht es stets um Einheiten von zwei Stunden.

Schwachstellenforschung
nach Dr. sc. nat. Beate G.

»Es kann einen gigantischen Blitzschlag geben oder eine Liebesgeschichte, einen Berufswechsel, eine Umwälzung, Weltende oder sie erobert Meier doch ...«

I

Kühn oder diskret: aber mehr und mehr sie selbst. Mehr und mehr sie selbst, d.h., an H. Meier kam sie nicht heran.

Lesen, schleichen, Haare kämmen, beobachten, wissenschaftlich untersuchen, etwas wollen, sich entschuldigen, Schärfe nicht vermeiden. Sie möchte sein wie Meier. Aber es ist ihr sehr recht, daß diese Lügen-Hure Schwächen hat, die sie sich selbst nicht gestatten würde. Schwäche in der Welt ist Stärke in einer anderen. Nein: Sondern weil sie ihn nicht hat. Wie in einen Hafen fährt sie so in ihn ein, folgt ihm wie ein Hündchen und gehört jetzt zu den drei unglücklichen Frauen, die um ihn trauern. Würde hat immer nur die, die ihn *nicht* hat. Die, die ihn hat, immer nur kurze Zeit, erscheint als Hündchen. Nur das Unglück, wenn er sie verläßt, wirft sie auf sich zurück.

»Und wendet euch nicht grübelnd ab, vom bitteren Liebesrätsel weg, der weißen Brust der trüben See und jedem wirren Wanderstern.«

2

Wenigstens wußte sie, während Meier das nicht wußte, sondern nur darüber gelesen hatte, sich dafür brennend interessierte, aus was ein solcher Wanderstern bestehen kann, die Himmelsmechanik, die Skala der Elemente, die Plausibilität der Hypothesen, die Entstehung von Wandersternen usf. Während sie aufpaßte oder etwas sagte oder stillhielt oder dastand, bemächtigten sich die Finger eines Stück Drahtes oder einer Büroklammer, die man aufklammern kann, oder eines Zettels und bogen, ordneten, mit der gleichen Intensität, mit der jene politische Strafgefangene, die die Zeitungsseiten füllte, in kurzen Befehlssätzen Worte wiederholte, die Kassiber wurden bis vor kurzem aus dem Gefängnis herausgeschmuggelt, aber dieses Wort-Hämmern ist nicht die Umgangsform mit Mesonen, sondern Stein- oder Hammerschwingen der Eisenzeit, d. h. ein unpassendes Werkzeug, eine nicht-adäquate Gewalt, um in die Bestimmungen unterhalb des Atoms einzudringen. So leiteten ihre Finger eine gewaltsam produktive Energie »seitlich«, unwillkürlich ab, in irgendeinen Warte-Vorgang. Man könnte mit der Nervosität deiner Finger, sagte Meier, der ihr in der Kantine gegenübersaß, ein Elektrizitätswerk betreiben. Sie wollte irgend etwas entgegnen, machte Miene dazu. Sag's doch, sagte Meier.

Für solche feinfühligen Beobachtungen ihres Mienenspiels, zu denen Meier neigte, wenn er nichts Besonderes vorhatte, hatte sie keinen Sinn. Fünf Minuten lang zwang sie (mit Gewalt) ihre nervösen Finger stillzuhalten, während ihre Füße in unregelmäßigem Tempo zu trommeln begannen, was Meier von seiner Position am Tisch nicht sah und, wenn er auch irgend etwas hörte, nicht mit ihrer Person verband.

Wissenschaftlerin, 39 Jahre, konzentriert. Frühjahrstagung der Deutschen Gesellschaft für Astronomie und Astrophysik. In den Symposien III und IV führt sie das Protokoll. Es geht um etwas äußerst Entferntes und Präzises: die Erfassung der sog. dunklen Löcher im Weltall, d. h. von Sternen mit so unglaublicher Masse, daß deren Materie »geizig« wird, keine Abstrahlungen von Licht-, Radio- oder Röntgenwellen zuläßt (die kompakte Masse zieht die Fortstrebenden zurück), und insofern geben diese »Dunkelsterne« kein Zeichen ihrer Existenz, eine Herausforderung an die Naturwissenschaft, genau dieses Nichtsendende, Nichtanmeßbare sich zu unterwerfen.

Das Symposium besteht aus einem unwichtigeren offiziellen Teil, der mit Referaten bestückt ist, und einem zweiten für informellen Austausch der Gelehrten, das Wichtigste der Frühjahrstagung.

Beate hält fest:

– Das ist mir ziemlich schleierhaft.

– Also in so einem Neutronenstern ist das ja einfach. Die Teilchen verlieren ihren Drehimpuls, indem sie ans Magnetfeld anknüpfen, und dann geht's rein, aber wenn ein schwarzes Loch kein Magnetfeld haben kann, deshalb habe ich Sie gefragt vorher, dann fällt dieser Prozeß völlig weg, und man hat nur noch diese …

– Nein. Augenblick. Da will ich gleich noch was dazu sagen. Ich könnte mir nur vorstellen, daß dann die Lichtemission eben eine Charakteristik haben muß, die den Drehimpuls wegführt. Ist das nicht so?

Der Astronom Vogt tritt hinzu:

– Sie kann beschleunigt werden. Das kann sein.

– Ja.

– Was Herr Hörterich überlegt hatte, das war ...
– Die Energie muß zu einer Ausstrahlung ...
– Ja, richtig.
– Das müßte ja dann doch, ist ja wahnsinnig ...
– Also ein Neutronenstern?
– Das kann man natürlich dann alles einführen ...

– Aber wann spricht man denn wirklich von einem schwarzen Loch? Effektiv nur dann, wenn keine Photonen herauskommen, oder ...
– Ja. Ja.
– Was heißt kompakt?
– Ja, richtig, was heißt kompakt. Was ist denn so ein Durchmesser von einem weißen Zwerg?
– 10 000, 20 000 m?
– Ja. Von einem Neutronenstern ist der Durchmesser normalerweise 10-20 km, und ich glaube, die Grenze zwischen nichtkompakt und kompakt wird dazwischen liegen.

Beate G. verhält sich jetzt schon länger als 52 Stunden »rein sachlich«. Auf die Frage: Wie geht's? antwortet sie: Gut. »Man kann keine großen Worte mehr anwenden, die kleinen passen allerdings nicht.«

4

Sie drückte, ob sie das nun beabsichtigte oder nicht, »Unglück« aus. »Wie ein Häufchen Unglück« saß sie in dem Leder-Eisen-Gestell dieses Flughafenwartesaales neben ihrem scheidenden Idol Heinz Meier. Eine der großen Hände auf ihrem linken Schenkel, den anderen Schenkel »ungeschickt« abgewinkelt, wie er geschichtlich entstanden war, als Körperstück eines ehemaligen Kindes, neben den Sessel geworfen, so wie ganze Fronten, 6, 8, 16 Divisionen im Winterangriff 1941 liegen blieben und so wie sie da lagen, 1, 2 Jahre in diesen ungeschickten Zufallsstellungen verharrten, bis sie durch irgendeinen Windstoß zerstreut oder zerstört wurden. Also voll auf der Ebene des »Geschicks«, eingeschickt, »eingedickt«. Ihre verschiedenen Eigenschaften, nicht von Hoffnung zusammengehalten, wie in einem Sack über die Schulter geworfen, aber wer soll eine solche Schulter sein? Also rutschend, irgendwie ein Sack voll Eigenschaften, hingelegt – das sollte in besonderem Maße ein Mensch sein.

Sie stand dann doch wieder auf, als die Wachsoldaten die Koffer und Taschen ihres Idols durchforschten. Er ging als letzter zum Flugzeug. Sie erhob ihre Knochen, und immer wieder, in halber Wendung sich zu ihm zurückdrehend, winkte sie, d.h., sie hob vielleicht einmal den Arm über Kopfhöhe. So fuhr sie auf dem Transportband 2- bis 6mal noch grüßend dem Flughafenausgang zu, zu dem sie nichts hinzog. Beate G. hat eine Schwäche für Meier.

5

Meier

Jedesmal, wenn er sie verließ, erkrankte er. Aufsteigende Erkältung, von den Bronchien aufwärts in die Nase, zur Stirnhöhle und von dort wieder hinab zu den Bronchien. Sein Wunsch, zurückzukehren: Zerschlagen durch Realitätssinn. Aber er folgte diesem Realitätssinn nicht willig, sondern durchsetzt mit Unfallschäden, z.B. durch Zugluft.

6

Fremdgehn in einer fremden Stadt
Die unbekannte Frau hatte Krallen an den frierenden
Händen. Diese Hände hoben gelegentlich die Kaffeetasse,
lagen sonst auf dem Marmortisch, die Fingernägel schmal
und lang, geschliffen, hingen ein erhebliches Stück über
die Fingerkuppen hinaus und waren mit blauer Farbe an-
gemalt. Ihre dunklen Augen hinter Backenknochen versteckt. Da sie sich aus freien Stücken in diesem Café an
Meiers Tisch gesetzt hatte, nahm er an, daß er gemeint sei,
daß er hier etwas anfangen könnte. Er dachte sich aus, wie
er sie anreden könnte, da sie nur darauf zu warten schien.
Sie saß angespannt da, fror und zitterte in dem schlecht ge-
heizten Café. Sie sollte doch die Hände von der Marmor-
platte nehmen. Der Marmor muß ja eisig sein. Sie könnte
die Hände vor den Bauch legen, Taschen hatte ihr Kleid
nicht, dann wären sie wärmer. Wenig später zitterte sie an
den Armen und warf sich zur Erde, Speichel trat aus dem
Mund. Ein herzustürzender Gast, Meier betrachtete gebannt, zwängte ihr eine Serviette zwischen die krampfartig
zubeißenden Zähne. Sie schlug am Boden hin und her. So
ging dieses Abenteuer für Meier unerwartet negativ aus.

7

Als er von der Reise zurückkehrt, ist er einige Momente
lang weich gestimmt. Dr. Beate G. transportiert ihn zu ihrer Wohnung. In solchen Momenten konzentriert sie sich
darauf, ihm begreiflich zu machen, daß die von ihm verfolgte Linie unrealistisch sei. »Wenn in 3 Jahren und 17
Wochen oder in 4 Jahren und 8 Tagen Krieg ausbricht,
dann wird das, wofür du rackerst, unterbrochen.« Wie

angelernt antwortete er: Diese äußerliche Gewalt, Krieg, ist sicher nicht allmächtig, man muß sie nicht überschätzen. Das meint er sicher nicht ernst, sondern hatte es so gelesen. Gerade, wenn er etwas wirklich glaubt (ich will es ja, ja, ich bin sicher, daß es so ist), würde er nicht darüber reden. Dies ist sein Rest von Aberglauben.

Meier war störrisch. Am liebsten hätte er in diesen Tagen neu angefangen, alle Verbindungen gekappt. Er entwarf ein Schreiben, in dem er um Entlassung »aus dem Dienst« bat, aber dann zerschnitt er diese verzettelten Berührungsstellen zur Wirklichkeit, zum »Weibersinn«, die Beate als Schwachstellen erkannte und in die sie momentan eingedrungen war.

Nach diesem (am Ende vergeblichen) Gespräch, einer Umarmung von einigen Stunden, stärkten sie sich erst einmal mit Kuchen und Kaffee. Sie trug einen schlabbrigen Regenmantel, aber mit einer Kapuze, wie sie Biermönchlein oder Bierengelchen oder Kinder in Badezimmern tragen. Wenn du Männer brauchst, ich wüßte einen für dich. Das könnte man machen. In seiner Gegenwart war sie neuerungssüchtig. Das währte nur einen kurzen Augenblick, nämlich solange er da war. Sie empfand jetzt gar nichts mehr, nicht einmal mehr Meiers Nähe, der ziemlich erschöpft neben ihr auf irgendeine Verbindung wartete, nachdem sie, um wach zu sein, nichts von dieser glücklichen Konstellation zu versäumen, 5 Tassen Kaffee inhaliert hatte. Sie griff ihn bei der Hand, ließ das dann wieder, weil er es als »zu direkt« empfinden könnte. Sie wollte, daß sie »**robuste Beziehungen**« hatten. Jetzt hatte sie ihn, weil er müde war, noch für ca. 5 bis 6 weitere Stunden zur Verfügung, was nicht oft geschah, und wußte nicht, was sie mit ihm anfangen sollte. »Denn die Mühe, die das Ganze macht, läßt keinen Raum mehr für Reizwirkungen irgendwelcher Art.«

8

4. Tag der Frühjahrstagung. Beate G. notiert:

– Hm.
– Bei Centauri X_3 beobachtet.
– Ja.
– Das verstehe ich überhaupt nicht.
– Ich habe die verrückte Vorstellung, daß einfach 1908 so ein stecknadelgroßes schwarzes Loch durch die Erde durchgerutscht ist, das werden noch solche sein, die also aus der Urphase der Weltentstehung kommen ...
– Verrückt.

9

Meiers Stärke ist »der Dienst«. Seine Schwäche wollte sie noch erforschen. Sie kennt ihn seit 2 Jahren. Sie hatte Zweifel gehabt, ob sie sich auf das Stelldichein mit ihm in Innsbruck einlassen sollte, wenn er es so vehement forderte. Das sprach nicht dafür, daß er zart mit ihr umginge. Da es in Seefeld aber schon taute, es nichts zu tun gab, war sie telefonisch bereit, sich mit ihm zu treffen. Innsbruck war nebelverhangen. Es war abzusehen, daß das Osterfest Stadt und umliegendes Land lahmlegen würde. Da sie es ebensowenig wie Meier, den sie erst volle 4 Tage (wenn man zahlreiche Einzeltreffen stundenmäßig zusammenrechnete) gesehen hatte, in dem gemieteten Hotelzimmerchen aushielt, versuchten sie, solange es noch hell war, am Flußufer schöne Spaziergänge zu machen. Sie fanden aber das Flußufer gar nicht. In einer der Altstadtstraßen (nach einem Zwischenaufenthalt in einem Café) wurde Beate von einer Taube mit Kacke bekleckert. Auf ihrem schwar-

zen Kostüm, das für den Anlaß eines Frühjahrs-Stelldich-
eins eigentlich zu konservativ war (zu Hause in Osna-
brück gehörte sie dem Reiterverein an, dorthin hätte das
Kostüm gepaßt, die Reiterstiefel standen aber zu Hause),
zeigte sich, je mehr sie daran rieb, ein weißlicher Fleck.
Das war nun der moderne Ersatz für eine Schwanger-
schaft. Bis dahin war ihr Zusammensein harte Arbeit
ohne Erfolg. Einen Cognac, den sie jeweils in ihre Tasse
Kaffee geschüttet hatten, brachte sie einander nicht näher.
Beate war müde durch Anfahrt, erneutes Kennenlernen,
Absondern der Fremdheit. Die Stadt Innsbruck wie in einem Kochkessel. Jetzt löschte die Beschmutzung die Irri-
tation. Sie trug den Fleck zum gemeinsamen Hotel. Leider
hatten sie nach den Ostertagen nicht die Nerven, die Verbindung »zu pflegen«. Meiers Stärke ... Das zieht sich seit
2 Jahren.

10

Während er die Hände (Ellbogenknochen auf die beidsei-
tigen Lehnen des Zugabteils gestützt) vor das Gesicht
legte, daß die Handballen an den Mundwinkeln lagen, die
Handkante die Augen bedeckte, die Fingerkuppen zwischen Schläfenknochen und Ohren etwas hin- und her-
rutschten: Gelegentlich ließ er zu, daß die von draußen
messerartig durch die Bäume stechende Sonne in den mo-
mentweise unbedeckten Augen schmerzte, das überzeugte
ihn davon, daß er wirklich dasaß. Früher oder später
hatte er einen Einfall, nahm er (wieder durch vorgelegte
Hände verdunkelt und geschützt) wahr, daß dieser Schä-
del, den jetzt zusätzlich die eifrige Hirntätigkeit gegen den
Tag schützte, zu gewisser Zeit das einzige wäre, was von
ihm übrigbliebe, und zwar als Knochen und nicht unbere-

chenbar lange. Er erfühlte die Wangenknochen, die Schlä-
fen, die Hinterkopfknochen, versuchte, sich die Schädelbasisknochen, die er nicht anfassen kann, vorzustellen.
Wenig »Anstoß« wäre nötig (ein Auto, nicht einmal eine
Kriegshandlung), diesen Zauber, für den er gerne einen
überzeugenden Platz gefunden hätte, in seine Bestandteile
aufzulösen, so daß er nur das Schädeldach übrigbehielt.
In der Nähe von Mannheim sah er vom Zugfenster aus
eine Friedhofskapelle; auch in der Rheinebene, vom Zugfenster aus gesehen, kam ein baumbestandener Platz in
Betracht, Rheingau wäre als Gräberfeld schön ...

Dieser Kernpunkt, den er nur mit sich allein besprechen
konnte, denn es wäre peinlich, hier sentimental zu erscheinen, wenn er mit Kollegen darüber spräche, erfüllte
ihn mit Genuß, konnte ihn ebensogut zur Arbeit anfeuern
wie das Aufstellen von Plänen. Also nicht vorwärts denken, wie in der Schule angewöhnt, nur weil die nicht ver-
brauchte Zeit Überraschendes verspricht, sondern rückwärts vom Endpunkt das Maß der zur Verfügung
stehenden Minuten bemessen. Dann war klar, daß nicht
mehr viel Zeit blieb. Das konnte ihn ebensogut hilfsbereit
machen, mitteilungsbedürftig (in allen Fragen, außer dieser Kernfrage der »Unruhe«), annäherungsbedürftig,
zärtlichkeitsbedürftig.

II

Das Haar stand krusselig um ihren Kopf herum. Entweder knabberte sie in der Kantine an ihrem Kuchen, saugte
an ihrem Täßchen Kaffee, oder sie nagte an einer Hals-
kette, die sie sich an den Mund hielt, darüber wachsame,
auf den Partner bezogene Augen, die »verdorben« aussa-
hen, d. h., in ihnen lachte etwas, das »Bescheid« weiß. Sie

saß mit gekrümmtem Rücken, die Beine nebeneinander gesetzt. Ein dicker heller Wollpullover umhüllte großräumig ihren Körper. Eine Schafherde war darin verarbeitet. Nur die besten Schafshaare. Es ging ihr nicht gut. Deshalb kaufte sie so wertvolle Hüllen.

12

Sie war jetzt im zwölften Jahr Physikerin. Sie arbeitete in der Grundlagenforschung. In einer Versuchsgruppe, die Elementarteilchen in gasförmiges Magnetfeld schoß. Diese Elementarteilchen hat sie nie gesehen, nur ihre Spur im Kleinstraum ist auf der Fotoplatte als rauchiges Feldchen sichtbar zu machen.

Bestraft dadurch, daß man alles, was man haben möchte, nicht für Geld kaufen kann. Fühlte große Unsicherheit.

Ein bestimmtes Problem, Forschungsthema, von ihr »entdeckt«, beschäftigt sie. Sie wäre nicht darauf gekommen, wenn ihre Nerven nicht durch so unterschiedliche Tätigkeit wie »Forschung« und »Liebe« zu Meier durcheinandergerissen gewesen wären. Insofern konnte sie nicht sicher beurteilen, ob es richtig wäre, daß sie das Forschungsthema als »Spiegelung ihres Selbstverhältnisses« (Poesie) oder als astrophysikalische Hypothese, die sie zum Chef tragen konnte (Wissenschaft), ansprach. Es ging um drei Beobachtungen, die, wenn sie der Nachprüfung standhielten, ein physikalisches Gesetz waren:

»Die Elementarteilchen verstoßen manchmal gegen Verhaltensgesetze, aber sie tun das so unerhört schnell, daß sie fast gar nicht gegen sie verstoßen.«
»Das, was für die Gesetze der Physik verboten ist, tun sie

blitzschnell, als ob nichts geschähe, und sogleich ordnen sie sich wieder unter.«

»So daß gewisse Erscheinungen im Kleinstmaßstab auf eine sozusagen kreditmäßige Art und Weise erfolgen.«

So notierte sie es. Es ging um das Verhalten einzelner Partikel in einer Kleinheit von 10^{-18} cm, und gemessen war dieses kreditmäßige Anleihen an eine physikalisch andere Welt für einen Teil einer millionstel Sekunde. Die Natur, schloß Frau Dr. Beate G., macht also Schulden an ihren Gesetzen, oder sie beteiligt sich innerhalb dieses Gesetzes an ihrer eigenen Gegen-Natur, oder aber: die »Natur« selbst ist ein Kredit an einer eigentlich wirklichen »Gegennatur«? Subversiv. Frau Dr. G. rechnet dies auf insgesamt 80 DIN-A4-Seiten – von ihrer kleinsten Zahlenschrift gefüllt – radikal hoch, z. B. auf 13 Milliarden Jahre und die im Kosmos enthaltene Masse, es mußte sich nämlich der Kosmos entsprechend länger auf jene verbotene Weise verhalten.

Liebe kommt auf leisen Sohlen

Alle sagten: die passen gut zueinander. Sie schritten, groß-gewachsen und schlank, in den Speisesaal und empfingen Blicke.

Diesen Platzvorteil vor allen anderen, den Rang zu zweit, wollten sie nicht aufgeben, und so überbrückten sie die Jahre der Wechselhaftigkeiten. Hätte sie jemand in ihrer gleisnerischen Trance, von außen gelenkt, wie sie waren, Angeber ihres Glücks, gefragt, OB SIE EINANDER LIEBTEN, WAS SIE INNERLICH MITEINANDER, AUSSER GEMEINSAM GUT AUSSEHEN, VERBÄNDE, so kann es sein, daß sie abgestürzt wären in Zweifel. Sie waren kluge Kinder. Nicht *einmal* dachten sie nach. Das war die Gefahr in der Anfangszeit: daß sie das Wesen ihrer Verbindung vor dem Gericht des Verstandes hätten darlegen müssen. Was hätten sie vorgebracht? Es zog sie nicht stark zueinander.

In späteren Jahren, auch durch Rat verständiger Freunde, die das Paar wie ein ausgemacht schönes Möbel gerne in ihrer Umgebung wußten, lieferten sie alles nach, was nach dem Gebot der Aufrichtigkeit, Innerlichkeit, Spontaneität und Absolutheit zu einer Leidenschaft gehört. Sie antworteten gemeinsam auf äußere Gefahren, überschritten gemeinsam die Grenze in ein anderes Gesellschaftssystem (in dem sie von außen kaum noch bewundert wurden); sie sahen auf eine Technik des Umgangs zurück, die Nähe und Abstand so regulierte, wie nur sie es vermochten. Andere, die diese intime, unaussprechliche Technik des Umgangs nicht beherrschten, fielen ihnen (im Fall eines kurzen Abenteuers) rasch auf die Nerven. Das verschaffte ihrer Beziehung Dauer. Was ist der Reiz des Abenteuers gegen das eigene Haus? So stellten sie, recht spät, schon herausgeraten aus der Blüte der Jahre, unerkannt, wenn sie einen Speisesaal betraten, fest, daß sie sich ineinander verliebt hatten. Auf oberflächliche Weise: Entweder war etwas von der Außenhaut nach innen geraten, oder das Innere besteht aus solcher Haut.

Er wollte sie wie ein Einmachglas
noch eine Weile aufheben und dann irgendwann
eintauschen gegen eine Bessere

Er war sich gut für viel Künftiges, Überraschendes. Ob er Gabi liebte, konnte er von Anfang an nicht sagen. Was soll Liebe heißen? Er empfand öfter Furcht als Liebe, die ein Deckwort für »Verschiedenes« darstellt. Er plante seit längerer Zeit, Gabi einzutauschen, provozierte Streit, um jene Trennungs-Energie im richtigen Moment zur Verfügung zu haben. Zwischen den beiden hatte sich mittlerweile Haß angesammelt, konnte aber vor Erwins »liebendem Auge« nicht bestehen und verwandelte sich in Liebe, d. h. Klebemasse, die ihn und sie festhielt. Jeder von beiden nahm an, es sei noch etwas aus der Beziehung zu gewinnen, ehe sie sich trennen wollten. Bei dem Gedanken an eine Trennung wurde ihm warm ums Herz. Das zog ihn jedesmal zu ihr hin. Dann fuhr Gabi Ende Januar gegen 17 Uhr im Nebel nach Stuttgart. Bei dem Unfall wurde sie querschnittgelähmt. Die Gelähmte konnte Erwin nun nicht mehr verlassen. Das wäre Desertion gewesen. Er hatte die Gefahr, die Gefahr für sein Leben, wenn er die eigentlich ungewollte Verbindung von Tag zu Tag verlängerte, unterschätzt.

Es läßt sich jede Verbindung kitten, gerade die, zu der nie Anlaß bestand. Sie schenkte ihm »aus Dankbarkeit« zu seinem 55. Geburtstag eine Möbelgarnitur, da sie ja die Unfallrente mit in die Ehe brachte. Zu seinem 56. Geburtstag schrieb sie ihm in das Buch »Große Chirurgen«, das sie ihm schenkte (er war praktischer Arzt): »In ewiger Treue Gabi.« Darüber mußten sie beide weinen, denn sie wußten ja, daß das furchtbar war.

Aufklärung bei unverschuldeter
Unmündigkeit

> »*Aufklärung ist der Ausgang des Menschen aus seiner
> selbst verschuldeten Unmündigkeit. Unmündigkeit* ist
> das Unvermögen sich seines Verstandes ohne Leitung
> eines anderen zu bedienen. *Selbstverschuldet* ist diese
> Unmündigkeit, wenn die Ursache derselben nicht am
> Mangel des Verstandes, sondern der Entschließung
> und des Mutes liegt ...«[1]

Mündig ist der, der fähig ist, »sich seines Verstandes ohne
Leitung eines anderen zu bedienen«. Hierzu war die Tochter des Reeders Onassis täglich in der Lage. Für ihren kla-
ren Verstand brauchte sie keine Helfer. War sie aber auch
bereit, die Gemütskräfte, die Fähigkeit, in sich Gleichgewichte herzustellen, ohne Leitung eines anderen auszuüben? Dafür hätte sie Schauspiel, nicht Philosophie stu-
dieren müssen.[2]

So eilte die mutige Person zum Vater, ließ sich beraten,
oder sie lief zur Mutter, klatschte sich aus. Niemand, der
sie im Betrieb des Vaters herrschen sah nach dessen
schrecklichem Tod, hätte ihr Unsicherheit, die Lust, sich
von anderen anleiten zu lassen, angemerkt. Sie galt als
vernünftig.[3]

Dieses Stück Leben fand statt, als die Sowjetunion in
der Welt noch Platz für ihre Flotten suchte. Stützpunkte
besaß sie auf der Insel Garcia Juarez im Indischen Ozean,
an den Küsten Somalias, ja in unbekannten Schlupfwin-
keln der Antarktis.

---

1 Immanuel Kant, *Beantwortung der Frage: Was ist Aufklärung?*, Berlini-
sche Monatschrift, Dezember 1784.
2 Tatsächlich studierte sie in Harvard Betriebswirtschaftslehre.
3 Begriff des Verstandes, oft zu eng gefaßt. Es geht um sämtliche Reaktio-
nen eines Menschen zu sich selbst (nach innen) und zur Welt (nach au-

In diesem Kontext richtete sich die Begehrlichkeit der Strategen auf die Tankerflotten des Griechen Onassis. Wie herankommen an diese Transportlinie? Wie deren Zuarbeit im Ernstfall sichern? Auf dem Weg über die Erbin?

Instrukteure und Psychologen an den Akademien der Geheimdienste in Moskau untersuchten den Fall. Ausgeschlossen war der Weg finanzieller Verführung. Auch Erpressung ausgeschlossen.

Beobachtung der Erbin ergab, daß die Beschattete eine Unsicherheit zeigte. Sie hielt sich, das war offenbar korrekt beobachtet, für körperlich plump. Dem Blick eines Mannes unterstellte sie, daß er sie taxiere. Andere Blicke deutet sie so, daß ihr Reichtum ungezügelte Phantasien auslöse. Darüber lachte sie. Es war ja nicht so, daß in Bilanzen geordneter Reichtum für irgend etwas Praktisches, für etwas in Liebesverhältnissen Verborgenes brauchbar wäre, ähnlich einem Kasten voller Schmuck, einer Speisekammer für Kinder.

Ich ziehe Gerechtigkeit der Liebe vor

Daß der Blick ihres Vaters hell wurde, wenn sie das Zimmer betrat, daß zumindest er sie liebte, darin war die Gescheite sich sicher. Es verunsicherte sie zugleich, weil der GROSSE MANN sie gewissermaßen unterschiedslos anbetete. Wenn seine Liebe alle Wahrnehmung löschte, dann war dies eine Art von Gleichgültigkeit. Wie soll sie in solchem Spiegel etwas erkunden? Zugleich war er ja wirklich gleichgültig, ja brutal ihr gegenüber, wenn er ohne Gerechtigkeit mit ihrer Mutter verfuhr, die doch zu

ßen), gleich, mit welchen seelischen Kräften ausgeübt. Verstand ist das INNERE GEMEINWESEN.

ihr zählte. Wie kann einer lieben und das Liebste, was er hat, von dessen Liebstem abschneiden?

Mit den kargen Zuteilungen an Gerechtigkeit hätte sie leben können. Liebe, die sie mit Maria Callas oder dem Bruder zu teilen hatte, wollte sie nicht haben.

»So hüte dich vor Schlangen /
mit jenem Lustverlangen!«

Aufklärung als Schwert und Schild

Warum will einer aus der selbstverschuldeten Unmündigkeit, seiner Höhle, überhaupt einen Ausgang suchen? Draußen ist es kalt. Was heißt hinaus? Ist »draußen« der Geschäftsbetrieb, anvertraut vom Vater? Der TOTE MANN drängt.

Dazu braucht sie ihre Verstandeskräfte, sie braucht sie, das Reich zu verteidigen. Sie legt eine Rüstung an. Ist es AUSGANG, wie sie die Sehschlitze im Helm dieser Rüstung schließt? Sie will nichts sehen. Lieber sieht sie mit den Augen anderer, läßt sich berichten. Sie läßt sich erzählen und raten. Sie ist ein gesellschaftlicher Mensch.[4]

Die Pläne des KGB

Eine Kreml-Astrologin aus Astrachan gab den entscheidenden Hinweis. Die psychologischen Schwächen der Onassis-Nachfolgerin waren von zuständiger Stelle rasch ermittelt. Merkwürdig, sagte Andropow, wie unsere Dienste, so funktionalistisch sie empfinden, unsentimen-

---

4 In Gegenwart anderer vergißt sie, daß sie unglücklich ist. Vergeßlichkeit macht Mut.

tal konstruktivistisch in ihrem Innern, soviel subtiles Unterscheidungsvermögen zusammentragen.[5]

Sie setzten Jurij Kirilenko, einen vaterländisch durchgebildeten Kundschafter, unter dem Namen Jerry Lesskow, in Paris auf die Erbin an. Wie es die Experten vorausgesehen hatten, arbeitete die junge dicke Frau dem Plan zu. Sie bediente sich nicht der Anleitung ihrer Sicherheitsleute zur Abwehr Lesskows. Die eigenen Verstandeskräfte lenkte sie ab »wie die Göttin den Pfeil des Diomedes«. Zu der Frage, wieviel sie an diesem Abend wert sei, ob sie einem Mann gefallen könne, sucht sie die Anleitung ihres Gegners. Lesskow beriet sie. Bald waren sie verlobt. Hochzeit in Buenos Aires.

Aus dem Agentenhandbuch[6]

Ziel der geheimdienstlichen Verführung ist die Rückkoppelung aller Sinne des Opfers in die Unmündigkeit. Für jeden Menschen ist die Unmündigkeit ein Grundzustand, von dem er »einst ausging«. Daraus sind die Regeln zu ermitteln, aus denen das Paar die Erlaubnis abliest, daß Intimität nunmehr gestattet ist (Liebe). Die Erlaubnisse führen in den paradiesischen Zustand vor Verlassen der Kinderzeit (Heimkehr). Ein direktes Vordringen ins Machtzentrum: zu den Akten, Bilanzen, Geschäftsge-

---

5 Andropow, Vorsitzender des KGB, konnte sich stets zugleich als Gelehrter kritisch mit der von ihm befehligten Hierarchie auseinandersetzen.

6 Selbstverständlich ist die INTIME ERFAHRUNG DER GEHEIMDIENSTE, die Verführungskunst, nicht in Handbüchern niedergelegt. Auch nicht auf Computerbändern, die der Gegner kopieren kann. Erst die konkurrierenden Dienste, z.B. der dänische, der französische, der rumänische und die Dienste der USA (diese in puritanischer Rückkoppelung), legen Listen und Handbücher an, welche die Verführungspraxis des KGB spiegeln.

heimnissen, die der Kundschafter sich verschaffen will, ist von dieser Position ausgeschlossen. Die Liebesmacht, die der Agent akkumuliert (Mehrwert), muß erst umgesetzt werden in Schwäche (Hilflosigkeit des Starken). Von dieser (der Geliebte ist in Not, er bekennt, Agent zu sein) führt der Weg zur INTIMITÄT ZWEITEN GRADES (Verstrickung). Von dieser Position aus sind die Ausgänge zum Machtzentrum nicht in gleicher Weise versperrt (Verführung). Dieser Weg in die gemeinsame Unmündigkeit ist auch für den Kundschafter gefährlich, er vermag sich seiner Liebesfähigkeit nicht ohne Leitung des anderen zu bedienen.[7]

Gegenaufklärung im Onassis-Apparat

Sicherheitschefs und Leibwächter der Flotte waren noch sämtlich vom Reeder ausgesucht. Sie sind verantwortlich für die Sicherheit der Tankerrouten, sie wahren die Geheimnisse der Zentrale, sie schützten den Eigentümer und jetzt ihre Königin.

Sie sehen, wie ein Agent ihre Herrin umgarnt. Auch sie verfügen über ein Handbuch. Sie warnen. Die Chefin hält sie für eifersüchtige Intriganten, sie will ihre Liebe schützen. Die Warner werden entlassen. Eine zweite Gruppe dieser Sicherheitschefs versucht, Verführerinnen an Lesskow heranzubringen. Sie bringt »Angebote« in die Nähe

---

7 Er kann in solcher Intimsphäre nicht durch seinen Agentenführer geleitet werden. Die Geliebte, sein direktes Gegenüber, wird der Ratgeber sein. So hatte jeder der beiden sein Päckchen zu tragen. Lesskow besaß Gemütsvorräte aus dem warmherzigen Regime seiner südrussischen Herkunft. Die Tochter des Onassis zehrte von einer unersättlichen Gier, wie sie Personen mit starken Minderwertigkeitskomplexen auf der Schattenseite dieser Eigenschaft lebenslänglich generieren. Sie fühlte sich momentan als LIEBESKÖNIGIN.

ihrer Königin, die Verführungsversuche anstellen. So verletzlich Liebe ist, sie schützt sich, indem sie die Augen verschließt, auf nichts anderes als sich selbst hört (Mündigkeit der Liebe).[8]

Ein Dramenentwurf von Heiner Müller / Dido – Äneas

Zu jener Zeit, ohne kausale Verknüpfung, aber die Zeitgeschichte besitzt Wellenform, und so sind oft nicht-kausal verknüpfte Erzählungen miteinander verwandt, hämmerte Heiner Müller nachts einen Dramenentwurf in seine Schreibmaschine. Er ging aus von einem Hinweis in Ovids *Metamorphosen*.

Der Agent Trojas, unglücksbeladen, hat die Königin von Karthago verführt. Im Schatten seiner Affäre hat er die Schiffe seiner gestrandeten Flotte neu ausgerüstet. Jetzt will er aufbrechen zu neuen Untaten. Er kann aus der Spur, die ihn aus der zerstörten Vaterstadt in die Ferne führte, nicht weichen. Die Toten treiben ihn.

So bringt er, was er nicht wollte, die schöne Königin um, und aus dem Schwung seiner Taten werden noch die Legionäre seiner Neugründung Rom die Elefanten der Dido 300 Jahre später töten; und die Stadt Didos, Karthago, wird Trümmerstück für Trümmerstück zu Sand zerlegt sein, ehe Rom endet.

»Wild wie die Umarmung einer Totgeglaubten /
Herzkönigin am Jüngsten Tag!«

---

8 Sie ist ein Gleichgewichtszustand. Er beruht auf der Erlaubnis, sich nicht zu schämen. Diese Erlaubnis ist leicht zu sperren. Nichts verwandelt sich so rasch in ein Verbot wie Liebesoffenheit. Darin liegt die Verletzlichkeit.

Gespräch mit dem Genossen Andropow

In erster Linie Politbüro-Mitglied, dann Gelehrter. Erst in späterer Hinsicht ein erfahrener Überwacher von Geheimagenten. Selbst kein Kundschafter oder Kenner. Stets neugierig hinsichtlich des ihm Anvertrauten.

— Wie soll das gelingen, Genosse Hauptabteilungsleiter, daß im Ernstfall, also bei Kriegsausbruch, die emotionale Macht, die unser Kundschafter über die junge Eigentümerin der Tankerflotte besitzt, sich ummünzt zu unseren Gunsten? Er nützt seinen Einfluß und wäre enttarnt?
— Er muß sich offenbaren, Genosse Vorsitzender.
— Und seine Stellung, sagen Sie, ist so stark, die Partnerin ist derart gefesselt, daß sie, vor die Wahl gestellt, ihn zu verlieren, vielmehr: ihn in seiner Hilflosigkeit zwischen allen Fronten im Stich zu lassen (das scheint mir das Schwerere, wenn einer liebt, soweit ich das aus dem Lesen bürgerlicher Romane beurteilen kann) oder ihr Imperium in unseren Dienst zu stellen, nicht schwanken wird?
— Sie wird nicht schwanken.
— Wie oft haben Sie das ausprobiert?
— Bei der Tochter des Onassis noch nie.
— Bei anderen Frauen der Griechen?
— Auch nicht.
— Bei Eigentümerinnen dieses Ausmaßes?
— Auch nicht.
— Und woher sind Sie so sicher, wenn Sie Erfahrung nur auf der Ebene von Sekretärinnen besitzen?
— Weil es den Gesetzen der menschlichen Natur entspricht.
— Die Sie aus der Enzyklopädie kennen?

– Nein, aus Unterlagen des Apparats.
– Und die Gegenwirkung? Die Arbeit der Sicherheitsdienste der Onassis-Flotte? Auch der CIA, höre ich, be-
obachtet unser Paar aufmerksam. Es ist ihnen aufgefal-
len, daß Lesskow seiner Legende nach Russe ist (ich
halte das übrigens für einen entwaffnenden Schach-
zug).
– Was sollen sie tun? Sie dringen in das Herz unseres Ob-
jekts nicht ein wie wir. Sie gaben stets nur »Anleitung«
dort, wo das Herz nicht für sich selbst spricht.
– Ihr Wort in Gottes Ohr.
– Was meinen Sie mit Gott?
– Wäre Ihnen Götter lieber?
– Welche Götter, Genosse Vorsitzender?
– Dann sagen Sie »die Toten«.
– Welche Toten?
– Unsere »unsterblichen Opfer«. Sehen Sie, Genosse
Hauptabteilungsleiter, das sind die Unbesiegbaren. Sie
sprechen in unseren Herzen.[9]

Wie Lesskow dennoch
von der Seite seiner Geliebten entfernt wurde

Die Liebe träumt von ihrer absoluten Gewalt. Sie ist darauf aus, die Mittel zu steigern, um den Willen des Geliebten sich zu unterwerfen. Da sich aber (im Gegensatz zu
Waffen oder Kapital) Liebe nicht stapeln oder konzentrieren läßt, teilten die Tochter des Onassis und ihr Mann ihre

9 Immanuel Kant, *Beantwortung der Frage: Was ist Aufklärung?* vom Dezember 1784: »Ein Zeitalter kann sich nicht verbünden und darauf ver-
schwören, das folgende in einen Zustand zu setzen, darin es ihm unmöglich werden muß, seine [...] Liebesfähigkeit zu erweitern [...]. Das wäre
ein Verbrechen wider die menschliche Natur [...]«

Allmacht längere Zeit miteinander, so daß nicht erkennbar war, wer der Schwächere und wer der Stärkere war, weil beide Eigenschaften Voraussetzung der absoluten Steigerung sind. In dieser Phase war Lesskow als Kundschafter gegen Angriffe Dritter geschützt, ja, er hatte die Erinnerung an seine Auftraggeber gelöscht, dachte nicht an Heimkehr und trug in seinem Herzen nichts, was ihn im Schlaf hätte verraten können. Er war kein Verräter.

Dann aber, heißt es weiter, tritt ein die GEGENWIRKUNG DER WIRKLICHEN VERHÄLTNISSE. Die Wahrscheinlichkeiten kehren zurück.[10] Ich wache auf, ein Fremder liegt neben mir. Die Tochter des Onassis schämte sich ihrer dicklichen Gestalt. Wie wenig wahrscheinlich im Lichte der morgendlichen Frühe, daß ihr Mann das nicht sah! Wollte er es nicht sehen? Verbarg er seine Gedanken vor ihr?

Gefühle sind punktuell, scharf abgegrenzt, nur schwer auszudrücken. Nur deshalb gelten sie als langsam oder wolkig.[11] Die Tochter des Onassis war nicht fähig, ohne Leitung eines anderen in ihren Gefühlen Gleichgewicht herzustellen. Sie beratschlagte mit Vertrauten, hatte nicht den Mut, Lesskow zu fragen. Der Kundschafter, der solche Vertrauten hier nicht besaß, sehnte sich nach Beratung. Das Verhältnis der beiden war nur gesichert, solange sie »Anleitung durch den anderen« und »Mündigkeit« strikt beieinander suchten. Sobald Dritte gefragt wurden, war die Beziehung in Gefahr.

Jetzt, heißt es weiter, traten die subjektiven Eigenschaf-

10 Carl von Clausewitz, *Vom Kriege*, 18. Auflage, Bonn 1993, S. 208: »… das gleich von vornherein ein Spiel von Möglichkeiten, Wahrscheinlichkeiten, Glück und Unglück hineinkommt, welches … von allen Zweigen des menschlichen Tuns die Liebe dem Kartenspiel am nächsten stellt.«

11 A. a. O.: »… alle diese Richtungen der Seele suchen das Ungefähr, weil es ihr Element ist.«

ten in den Vordergrund: Zweifel, Müdigkeit, plötzlicher Impuls, Zufall. Die merkwürdige Kette von Langzeiterinnerung, Hörensagen, Vorurteile, aus der Kette der Vorfahren ererbt, tritt an die Stelle des DIREKTEN BLICKS.

Diese Schwächephase jeder Liebesbeziehung hatten die Sicherheitsexperten der Onassis-Flotte abgewartet (die Entlassenen sprachen noch in sog. Nicht-Gesprächen mit ihren Amtsnachfolgern); britische, arabische und US-Geheimdienste halfen durch Rat. Eine Intrige genügte, eine gefälschte Notiz Lesskows, die eine Aufstellung von Nahrungsmitteln enthielt, die das Körpergewicht reduzieren helfen.

Sobald die Natter des Zweifels geschlüpft ist, verstärkt sie sich mit *ihren* Mitteln zur absoluten Gewalt. Ein weiter Weg in solchem Fall bis zur Gegenwirkung der wirklichen Verhältnisse (Warmherzigkeit, Großmut, Hautkontakt, Schlafbedürfnis, Vergessen und Verzeihen). Die Scheidung war rasch eingereicht, ehe noch die Tochter des Onassis meinte einen Entschluß gefaßt zu haben.

Jetzt war sie selbstverschuldet mündig und unglücklich

Lesskow war von den Auftraggebern, in der Annahme, er sei enttarnt, eilig zurückgeholt worden. Verzweifelt, weil ein großes Stück von ihm bei der Flottenkönigin zurückblieb, saß er unter Birken im Heimatland. Die Tochter des Onassis aber, triumphal von den Ihren wieder angeeignet, auch für jeden Kriegsfall, in steriler, durch Dritte nicht beeinflußbarer Kommandoposition, bekämpfte vergebens die Unglücksgewichte in ihrer Lebensführung. Verdauung, Lusthaushalt zerfielen. Ohne Leitung von Ärzten vermochten die aller Gier entrückte Haut, die unstimmigen Darmzotten, sich ihrer Verstandeskräfte nicht zu bedienen; denn die Verstandeskräfte liegen in jedem Teil des Menschenkörpers verstreut, so wie sie im Ganzen des Himmels und der Hölle offen zutage treten. So hat die Fußsohle ihren Verstand wie das Ohr. Und tief im Innern streiten das Zwerchfell und das Sitzfleisch kriegerisch, wessen Rat und Anleitung eingeholt werden soll, und dieser Streit der Eigenschaften (der »Fakultäten«), der den ewigen Krieg in sich trägt, zermürbte das Vermögen, das bißchen Eigentum, das der Tochter des Onassis vom Flottenerbe verblieb, sich ohne Anleitung anderer gegen Erosion und Zeitablauf zu verteidigen. Noch war das äußere Eigentum intakt. Sie sprach mehr zum toten Vater als zu ihrer Umgebung. Etwas in ihr fraß sie auf. Zuletzt gehörte sie selbst zu den Toten.[12]

Die Fesselung des Mazepa

Mazepa, ein südrussischer Verführer aus dem 17. Jahrhundert, hat die Frau eines polnischen Adligen erobert. Von Schergen des Ehemannes aus Rache aufs Pferd gefesselt, wird er einem Todesritt ausgesetzt.[13] Das Pferd, das »blind und verzweifelt« den Gefesselten unter dem dunkelnden Himmel dahinträgt, wird von zweierlei Kräften mechanisch angetrieben: Auf seine Spur ist eine Meute von Wölfen angesetzt. Die raffinierte Fessel, die den Verführer auf den Rücken des Rosses schnürt, ist so eingerichtet, daß die durch den Schmerz ausgelösten reflexartigen Bewegungen des Gefesselten in den Körper des

12 Ohne ihre Sicherheitsdienste, in den Dienst des Verrats gestellt, wäre sie sicherer gewesen.
13 Dichtung von Lord Byron und Bert Brecht.

Pferdes einschneiden. Durch sein »sinnloses Zerren«
peitscht »der Verstrickte« den Gaul.

> »Wohl trug ihn der Gaul vor der hetzenden Meute /
> Ihm riß er, je mehr seine Feinde er scheute /
> tiefer den Strick im Blut wässernden Leib.«[14]

Was hätte man eigentlich bei Ausbruch des 3. Weltkriegs mit der Flotte des Onassis für Rußland erreichen können? / Geringe Brauchbarkeit des Realen im Ernstfall

Der Hauptabteilungsleiter, flankiert von zwei Referenten, erläuterte an einer Wandtafel die ursprüngliche Planung: Tanker, führte er aus, fahren auf festen Routen, weil sie, sofern sie davon abweichen, auf Felsnadeln stoßen, die im Ozean versteckt sind; es ist unmöglich, sie alle zu kartographieren. Von arabischen Daus oder einem Segelboot kann man eine Panzerfaust auf einen Tanker abschießen, sie verwandelt das Schiff in eine lohende Fakkel. In dem Moment, in welchem solche Tanker auf ein zentrales Funksignal hin im Bedrohungsfall ihren Kurs ändern und z. B. auf einen Hafen im Vaterland der Werktätigen zusteuern, werden sie vom Gegner geortet und vernichtet.

14 Wie kann einer sich eine solche Fesselung seines Gegners oder Feindes ausdenken? fragte Andropow. Das ist die Perversion des polnischen Adels, antwortete der Hauptabteilungsleiter. Klassenspezifisches Merkmal. Wurde der Held Mazepa gerettet? fragte Andropow, dem die Art der Bestrafung, vor allem die mechanisch hergestellte Verschärfung des Schmerzes für das Pferd, die vom Urheber nicht mehr beobachtet oder zurückgenommen werden konnte, zuwider war. Durch Zufall, antwortete der Hauptabteilungsleiter. Durch Ermüdung aller. Den Wölfen wurde es zuviel, das Pferd brach zusammen. Bauern fanden den Bewußtlosen. Der Hauptabteilungsleiter besuchte Volkshochschulkurse, in denen eine Gruppe der Kundschafter die Klassiker studierte.

Dem Hauptabteilungsleiter lag daran, Schadensbe-
grenzung zu betreiben. Er hatte die Absicht, den gescheiterten Plan als unattraktiv hinzustellen.

– Kann die Sowjetunion die Tanker nicht durch Flug-
zeuge oder Begleitschiffe sichern?
– Um diese Begleiter zusätzlich zur Zielscheibe zu ma-
chen?
– Schließlich wären auch die Angreifer ein Ziel.
– Das rasch auftaucht und sofort verschwindet. Es wäre
kein Ziel mit einer vorhersehbaren Route.
– Sicher im Ernstfall ist nur das Verborgene?
– Und die Schiffe des Onassis lassen sich nicht verbergen.
– Insofern war es eine Illusion gewesen, ein auf einen
phantasierten Vorteil gerichtetes Unterfangen, den ed-
len Lesskow auf die Tochter des Onassis anzusetzen?
Wieviel Liebesvorhaben und kupplerische Pläne der
großen Geheimdienste sind nur ein politischer Versuch,
die MACHT DER LIEBE darzustellen? Oder die Macht
der Apparate, das Können der Experten? Daß sie mit
etwas so Riskantem umgehen können?
– Ja, Glücksspiel höchsten Orts. Das wird es gewesen
sein.

Scheidungstermin

Der Scheidungstermin war für Donnerstag, 8.30 Uhr früh, angesetzt. Frau Anneliese F. war gegen 6 Uhr aufgestanden. Vor der Tür ihrer Wohnung fand sie in einer großen Wurstschüssel einen abgeschlagenen Pferdekopf. Der Treppenaufgang dieses Mietshauses war gekachelt. Steinstufen.

Die Wurstschüssel kannte sie. In ihr wurde in der Fleischerei ihres Mannes warme Mettmasse aufgekocht. Die Schüssel maß etwa zwei Meter im Durchmesser. Von dem Pferdekopf hieß es später, der verzweifelte Ehemann habe dem Lieblingspferd seiner Frau, Niko, den Kopf vom Rumpf getrennt und diesen noch in der Nacht zu deren neuer Wohnung getragen. Die Haustür war mit einem Dietrich geöffnet.

Sie hatte in der Woche zuvor mit ihren vier Kindern das Einfamilienhaus ihres Mannes, des Metzgermeisters F., verlassen. Nun telefonierte sie mit Freunden der Familie, sie sollten auf dem Grundstück des Ehemannes nachsehen.

Es ergab sich, daß der Scheidungstermin hinfällig wurde. Das Haus ihres Mannes (noch war die Scheidung ja nicht in Kraft, der bloße Wille genügte nicht, eine Ehe zu lösen) brannte lichterloh, als die Freunde der Familie dort eintrafen. F. selber wurde wenig später entdeckt; er war in ein Wäldchen gefahren, hatte auch sein Kraftfahrzeug in Brand gesetzt und sich erschossen, sobald sicher war, daß der Motor Feuer fing. Jetzt mußte Frau F., die schon reichlich verwirrt war durch die aufregende Vorwoche, ganz umdisponieren, denn sie war Vorerbin, die Kinder die Nacherben.

Die Kinder waren, etwas beunruhigt, die Telefonate hatten sie nur halb verstanden, zur Schule geeilt.

Im Trog der Psychologie

Sie war beschämt. Nach drei Sitzungen war ihre Allergie keineswegs geheilt, ihre Hinwendung zum eigenen Geschlecht jedoch aufgedeckt. Gerade noch, daß sich die psychologische Gesprächsführerin zurückhielt, Ratschläge zu geben. Hedwigs Haut brüllte. Sie konnte als Oberstaatsanwältin in einem der neuen Bundesländer ihrer Neigung nicht freizügig nachgehen, z.B. Bars besuchen, in denen sich lesbische Frauen trafen. Sie mußte warten auf Urlaubstage in der Ferne.

In ihrem Gesicht und den Hals hinunter glühte die purpurne Wunde, die Kollegen scherzten. Sie nannten sie »eine Heilige«.

Die junge Psychologin, welche die Therapiestunden veranstaltete, suchte andere Gründe zu finden, als die offensichtlichen, um die exzessive Zeichengebung von Hedwigs Körper zu deuten. Sie suchte eine Anwendungsmöglichkeit ihrer Kenntnisse, auf der Universität erworben, die hinreichenden Grund für das hohe Honorar ergaben, das sie der Krankenkasse abverlangte. Ein Arzt hatte ihr die Patientin zugeschickt. Sie hätte sie gerne zurücküberwiesen. Beiden Frauen war die Situation peinlich.

Reden macht nicht satt

– Du redest zuviel, meinte sie höflich.

Er bemerkte die Warnung, wollte nicht redselig erscheinen, wenn er schon seine Körperhaltung so einrichtete,
wie er meinte ihr angenehm zu erscheinen. Er redete aber
über den Grenzpunkt hinweg, über den er noch hätte ver-
stummen und nur dasitzen können.

– Du antwortest zu schnell.

Sie war beharrlich. Jetzt hätte er innehalten können,
nachdenklich erscheinen, aber nicht so, daß sie ihn für einen Schauspieler hielte, der ihrer Anweisung folgte, »um
zu gefallen«.

Im Kern ging es darum, daß er Angst vor ihr hatte und
deshalb ungeschoren über den Abend gelangen wollte.
Auf dieser Basis konnte er sich in keiner »Haltung« ausdrücken – jede hätte zu Berührungen geführt –, sondern
mußte streng indirekt bleiben: reden, reden. Das hatte
aber kein natürliches Maß in sich, es macht nicht satt.

Glückliche Umstände, leihweise

> »Nun, Kommunikation ist allgemein
> dazu da, eine Information mitzuteilen,
> die auch anders ausfallen könnte.«
> *Niklas Luhmann*

Am selben Abend noch, von der Höhe des Hotels in 2000 Metern wie beschwipst, sprudelte aus seiner frohen Seele so viel Zauberkraft ins Umfeld, daß er ein Ehepaar, das sich auf die einsame Höhe des Berghotels zurückgezogen hatte, um ihre Trennung zu ordnen, umstimmte. Sie glaubten wieder ans gemeinsame Leben, leihweise. Noch ungläubig, sahen sie nicht mehr ein, warum sie in rechnerischer, sparsamer Weise sich auseinandergesetzt hatten, über ihre wechselseitigen Verlangen haderten, wenn sie doch einander zur Verfügung hatten als wertvolle Menschen. Bestrahlt von dem Gemüt des neu Angekommenen, in dem unter den Luftdruckverhältnissen der Höhe das Blut wärmend pulste, der sozusagen seinen Überschuß genoß, warteten sie nicht länger. In Gedanken fielen sie einander in die Arme, noch saßen sie am Rauchtischchen, und erkannten sich als die, die sie waren: Leute, die es schon lange miteinander aushielten und nicht gewußt hatten, was für einen Schatz sie in ihrer unmittelbaren Umgebung verwahrten.

Liebe mit begrenzter Haftung

Sie hatten sich, anonym wie der Ort, auf einem weitläufigen Flughafen in Mitteleuropa kennengelernt. Ihre Namen teilten sie einander erst am folgenden Tag mit. Gleich aber taten sie sich zusammen. Sie folgte ihm nach Neapel.

Sie starb in Neapel an Bauchfellentzündung. Fast eine Woche lag sie elend in einem Quartier, das ihr nicht gehörte. Ihr italienischer Freund, der, den sie auf jenem Flughafen kennengelernt hatte, fürchtete Skandal und Kosten eines Krankenhausaufenthalts. Er glaubte nicht, daß sie an einer Blinddarmentzündung litte, sondern an einem Durchstoß der Vagina. Er glaubte unvorsichtig gewesen zu sein. Brächte er sie zur Pforte und ins Behandlungszimmer eines Krankenhauses, so mußte er Rückfragen befürchten. Er fühlte sich nicht vorbereitet, sie zu beantworten. Als die junge Frau starb, war er in den Weiten Neapels untergetaucht.

Der Taucher

»Durch Gefühl gewährt man anderen
Macht über sich.«

In der Reisegruppe war Frau von Schaake eine umlauerte
Erscheinung. Sie erbat sich eine blaue Kaurimuschel.
Diese wollte sie nach Hause mitnehmen für ihren Ehemann. Sie schien etwas zu versprechen für den Fall, daß
einer ihr die Muschel brächte. Kaurimuscheln waren etwa
800 m vom Strand der Seychellen-Insel am Fuße eines Un-
ter-Inselchens zu finden, sofern man etwas vom Tauchen
verstand. Ein Gefährte aus der Reisegesellschaft, der sich
die besondere Gunst der Schaake ausrechnete, erklärte
sich zum Hinüberschwimmen und Tauchen bereit. Die
schöne Herrin sollte ihr Andenken bekommen. Gefiele er
ihr im weiteren Verlauf der Reise, so konnte sie bleibende
Erinnerungen gewähren. In seinem Geiste bezeichnete er
von Schaake als eine »wandelnde erotische Kredit-An-
stalt«.

Die Kaurimuschel holen hieß zunächst, die Strecke bis
zu dem Vor-Inselchen kraulend zurückzulegen, dort erst
taucht der Mann. Als er die blaue Muschel in etwa 6 m
Tiefe gefunden hatte, bemerkte er seitlich einen Schatten.
Er wunderte sich, da er hier keinen Helfer erwartete, ließ
sich jedoch nicht irritieren, löste die schöne Muschel aus
ihrer natürlichen Halterung, wollte den Aufstieg zur Wasseroberfläche wagen. In diesem Augenblick spürte er
erneut den Schatten – nur Bruchteile von Sekunden[1] pas-

---

1 Es ist nicht in einer ganzen Sekunde im Auge geschehen, sondern »in einem Fetzen von mehreren Sekunden«; an Sekunden waren es mehrere,
  keine einzelne aber als Ganze. Es war »ein zerrissener Eindruck«, ver-
  rutscht, während er noch entstand.

sierte der seitliche Eindruck das Auge hinter der Taucher-
brille, das für Seitenblicke an sich wenig empfänglich ist.
Er spürte, daß etwas lauerte, er wußte nicht, *wie* es das
Auge passiert hatte, und plötzlich war es reiner Schreck.

Der unglückliche Taucher rettete sich mit vier Bewe-
gungen auf die kleine Insel, lag dort erschöpft. Er sah den
Fischkörper, dicht unter der Wasseroberfläche, die Insel
Stunde um Stunde umrunden.

Das Eiland lag nackt in der mittäglichen Prall-Sonne.
Der Taucher sah keine Möglichkeit, ins Wasser zu waten.
Der Bewacherfisch lauerte mit der Geduld eines überlegenen Ungeheuers. Der Mann trug technisches Gerät auf
dem Rücken, die Taucherbrille um den Hals, und, um der
Dame zu gefallen, sonst nichts am Leib. Die Insel verfügte
über keinen Unterstand, in dem er sich der Sonne entziehen
konnte. Die Geduld dieser Sonne als nervenzerreißendes
Zeitmaß.

Gegen Frühabend war das etwa 5 m lange Fischtier verschwunden. Der Taucher entschloß sich, die Strecke zum
rettenden Ufer zurückzuschwimmen, die blaue Kaurimuschel fest in der Linken. Nun, da es für die Rettung seines Lebens kaum noch notwendig schien, waren am anderen Ufer wieder Menschen zu sehen, die ihm auf ihrem
Vorabendspaziergang zuwinkten, darunter Mitglieder
der Reisegesellschaft und auch die schöne Dame und Auf-
traggeberin. Sie sahen den Schwimmer, der in stürmi-
schen Stößen auf sie zuhielt. Da bemerkte der Taucher,
jetzt Schwimmer, in einiger Entfernung einen Schatten,
der den gefährlichen Fisch ankündigte. Der Fisch hielt
sich aber in gleichbleibendem Abstand zu dem Verzweifelten, so als hielte er dessen Versuche, das Ufer zu erreichen, für vergebliche Mühe. Vom Grauen der vorange-
gangenen Stunden gepackt, riß der Schwimmer Arme und
Beine durchs Wasser, gewann bald Boden unter den Fü-

ßen, stand schließlich zitternd am Strand, die blaue Muschel darbietend, und »ließ alles, was der Darm in sich hatte, unter sich«.

Er konnte die aussichtsreiche Position, infolge der Nachwirkungen der Gefahr, nicht aufrechterhalten. Die undankbare Dame verzieh ihm nie. Sie nahm die Muschel, wollte aber den Mann, der aus dem Schaum der Brandung auf sie zutrat und sich die Schenkel wischte, nicht trösten, sondern vergessen. Sie fühlte sich nicht in der Lage, wie sie später sagte, *aus Dankbarkeit erotische Empfindungen zu schmieden*. Schließlich sei sie verheiratet. In dem Beziehungssystem, auf das sich der Taucher verlassen hatte, steckte ein Fehler. Niemand ist verpflichtet, etwas Unmögliches zu tun. Es blieb ungerecht.

Der Kampf zwischen Gewissen und Aberglauben

Der Zuhälter ging zur Psychologin. Er hieß Maximilian Conrid und erfüllte eine Auflage des Richters, der von einer Strafe absah unter der Bedingung, daß Conrid »den Kurs seiner Rakete anders abzweige«. Er hatte eine Tür eingetreten und sich geweigert, den Schaden zu bezahlen.

Die Psychologin gefiel ihm. Er war milde (d.h. beging keine Gewaltsamkeiten), solange er etwas noch nicht hatte. Eine Psychologin hatte er weder in seinem Stall noch auf der imaginären Liste seiner geplanten Eroberungen. Die Psychologin war aber **verschenkt**, wenn er sie nur eroberte. Er hatte vor, sie in Dienst zu stellen.

Das war in den Lehrstunden nicht einfach. Sie lagen je eine Woche auseinander. Das Ende einer solchen Rede-Stunde drückte auf den gesamten Zeitraum, so daß Maximilian schon 5 Minuten nach Beginn, aus Gründen zerstückelter Zeit, aus dem Konzept kam. Er gelangte von seinem Platz vor dem Tisch auch nicht in die Nähe der Frau. Er konzentrierte sich darauf, Doppelstunden, mehrere Stunden pro Woche zu abonnieren. Die Psychologin wollte einer Vermehrung der Stundenzahl lediglich aus Sachgründen zustimmen. Er hockte unglücklich mit seiner Forderung vor ihr, suchte nach einer passenden Berührungsfläche für die Verführung. Seine Darlegung, er müsse die Auflage des Richters im Schnellkurs erledigen, weil ihn die Arbeit riefe, wies sie zurück. Im Schnellgang könne man einen Charakter nicht verändern. Er erwiderte, daß es ihm fernliege, seinen Charakter zu ändern, er wolle lediglich »den Kurs der Rakete anders verzweigen«, um die Auflage des Richters zu erfüllen. Sie solle im Eiltempo die Verkabelung seines Charakters (angenommen er hätte einen) so umstecken, daß er keine Türen oder Tische mehr zertrümmerte, sondern auf eine sachlichere Weise den Geschäften nachgehen könnte.

Nun war die Psychologin eine aufgeklärte Frau, ausgebildete Privateigentümerin ihrer Person, und so dem unausgebildeten Grundeigentümer Maximilian, der seine Seele sozusagen nicht innehatte, überlegen. Es stand fest, daß sie obsiegen würde nach dem Gesetz »des eingestandenen Eigennutzes rastloser vielgewandter Aufklärung« über »den lokalen, weltklugen, biederen, trägen und phantastischen Eigensinn des Aberglaubens«. Der Zuhälter (sie hatte sein Geschäft rasch erraten) hielt aber die Psychologin für eine Glücksbringerin, sein Interesse war allein darauf gerichtet, ihre Dienste für sein Geschäft in Anspruch zu nehmen. Er wollte die ihm Anvertrauten künftig psychologisch schulen lassen und als Krönung seiner Angebots- und Preisliste diese hübsche und intelligente Natur vermakeln, versprach sich Sonderpreise davon. Das Problem sah er darin, mit ihr in körperlichen Kontakt zu kommen, damit sich sein Wille wie ein elektrischer Strom auf sie übertrüge. Da sie in Doppelstunden nicht einwilligte, erwartete er sie am Ende des Tages und wollte ihr partout die Tasche tragen, wenn sie zum Bahnhof ginge.

Die aufgeklärte Frau, in unbrauchbarem Vertrauen auf ihre Seelenkenntnisse, beging den Fehler zuzulassen, daß dieser lokale Typ sie wie ein Hund begleitete. Sie hielt das unter therapeutischen Gesichtspunkten für vertretbar, da sie ja diagnostiziert hatte, daß ihm psychisch nichts fehlte. Er war nur unangepaßt: hatte er seinen Rayon durchorganisiert, d. h., war nichts zu erobern, so äußerte sich die unverbrauchte Aggressivität in Gewaltmaßnahmen. Sie bezeichnete das als »Ausdruck des Unglaubens an gefahrlosen Besitz«. Dies war einer psychologischen Deutung

nicht zugänglich, sondern es kam darauf an, seine wertvolle und robuste Energie »höhergesteckten Zielen« zuzu-
führen. Die Sache war es wert, daß sie ihm Tips gab. Sie
wollte ihn gewissermaßen außerdienstlich, aus Lust am
Voranbringen, in den Dienst seiner selbst bringen; also
nicht etwa selber moralische Zuhälterin dieses Zuhälters
werden – das wäre Eigennutz –, sondern ihn zu einem besseren Zuhälter seiner selbst machen.

Solange sie ihn in Einzelstunden analysiert hatte, war
ihr ausgebildeter Impuls vor den Einwirkungen des Mannes geschützt: durch Zeitzerstückelung, die ihm keine An-
satzfläche bot, aber auch durch die Konkurrenz der übrigen Patienten. Das war, wenn er sich als Sklave anbot und
neben ihr den Weg zum Bahnhof hertrabte, so nicht der
Fall. Sie war als Ganze da, und als Ganze hatte sie Wohl-
gefallen an diesem aufgefundenen »herrenlosen Gut«. Sie
nahm den hübschen Jungen innerlich in Besitz, wollte ihn
fördern. Eigennutz verbot sie sich.

Der träge, biedere, phantastische, zähe Begleit-Hund
vermochte aber gut zu beobachten, daß niemand auf der
Welt Privateigentum getrennt von Eigennutz bilden kann.
Auch nicht eine Person, ausgebildet in der Fähigkeit, »Un-
wichtiges zu übersehen«. Sie wird dann selber zum herrenlosen Gut und kann aufgesammelt werden. Der
schlaue Begleithund, der sich als Vorstellung eines Eigentums in ihr Herz geschlichen hatte, zog an der Kette, die
diese ausgebildete Person zu seiner Interessenssphäre hinzog. Es ergaben sich Kompromisse. Sie hatte einen Standpunkt zu vertreten und mußte ihm ausreden, sie in der Art
seiner übrigen Pferdchen einzusetzen. Dagegen nahm sie
hin – schon um dieses Eigentum nicht zu verlieren –, daß
sie gelegentlich in eine Gastwirtschaft, später auch in Pen-
sionen einkehrten. Sie hielt das angesichts des Aufklä-
rungsunterschieds nicht für bedeutend. Es lag ihr aber –

bei innerer Aushöhlung durch uneigennützige Therapie während der Woche – an der Balance.

So war sie bereit, wenn er es schon verlangte (und er zog dabei an der imaginären Kette ihres Besitzerinstinkts, drohte, daß die Kette, die ihn hielt, andernfalls risse), mit seinen Mädchen zu sprechen. Es war eine interessante Aufgabe, die den ganzen Einsatz ihrer intimen Kenntnisse (unterhalb jeder Ausbildung) erforderte. Sie schulte also die Mädchen, indem sie deren Arbeitsweise verbesserte. Es war nicht dasselbe, ob man einen städtischen Deutschen oder einen US-Offizier (zum Wechselkurs von 1,80 DM/1 $) oder einen Bauernjungen zu bearbeiten hatte. Sie selber nahm sich vom Frontdienst aus, ließ aber zu, daß Maximilian sie mit einem Bankfachmann bekannt machte, was zu einer langfristigen, für beide eigennützigen Verbindung führte.

Da war es ihr schon gleich, daß der unausgebildetere Seelenmensch für die Vermittlung 20 000 DM kassierte, sogleich aber auch rückfällig wurde und wertvolle Möbelstücke in der Wohnung ihres neuen Geliebten mit dem Hammer demolierte. Sie erklärte dem Bankfachmann den psychologischen Hintergrund der Tat: daß der Helfer ihres Zusammentreffens immer dann, wenn er seinen Willen durchgesetzt hatte, die Zweifel daran durch Gewalt ausdrücke. Das hatte der glückliche Bankmann bald wieder vergessen.

Der Zuhälter aber befand sich schnell wieder im Status des Hundes, erwartete sie an Hausecken, wollte ihr Dinge tragen helfen, die so leicht waren, daß sie sie gern selber trug. Offenbar wartete er geduldig oder berechnend auf das Festerwerden der Kette und daß sie ihn, ihren Dienstmann, erneut ins Herz schloß, daß sie, um ihn (uneigennützig) auszuwerten, ihm nochmals Vorteile brächte, er wartete und lief neben ihr her, »wie in Hoffnung auf einen weiteren Knochen«.

Der Betthase

I

Minguel Ozmann, von der Gelben Antilleninsel – Frauenbetreuer gegen Bezahlung. Auf keinen Fall würde ich
meine Unabhängigkeit aufgeben. Ich verdiene sie täglich
mit meinem Schweiß, wenn ich diesen auch im Bett unter-
drücke, ich also nur so viele Bewegungen ausführe, daß
ich nicht unangenehm auffalle. Das wäre mir gegenüber
einer Kundin eine Beschämung, wenn sie sagen könnte:
Minguel, Sie schwitzen. Oder: Kurtchen, trockne dich
mal mit meinem Handtuch ab.

Ich gehe früh zu einer Frau aus Boston, die ich im Hotel
massiere, dann suche ich meine Leiche auf, Belgierin, die
mich für den ganzen Tag vertraglich verpflichtet hat. Insofern ist die Frau aus Boston bereits Schwarzarbeit. Ich
gehe mit der Vertragspartnerin schwimmen, halte eine
Zeitlang ihre tote Pfote auf der Strandliege in der meinen,
reibe ihr den Arm. Dabei lasse ich mir in schöner Freiheit
den Antillenwind um meine Muskeln wehen. Nachmittags muß ich dann Micki, so heißt sie angeblich, in ihrem
Zimmer »überfallen«, das heißt, sie sagt: Du rufst vorher
an, Kurtchen, du kannst mich nicht einfach überfallen,
sondern ich will wissen, wann du kommst. Deshalb sage
ich überfallen, weil ich immer an diese Vorwarnung denken muß, wenn ich nach telefonischem Anruf von meinem Zimmer im vierten Stock dieses großen Baus mich zu
ihr in den sechsten Stock hinaufarbeite.

Ich erschrak zu Tode, als mich heute vormittag ihre
greisen Finger am Strand anrührten, mich aus einem kurzen Schlummer rissen. Faß mich nicht an, du alte Leiche,
rief ich aus. Sie zog erschreckt ihre Finger wieder an sich.
Während ich zu einer vorgelagerten Sandbank schwamm,

um mich körperlich müde zu machen, den Tag irgendwie zu bewältigen, vergegenwärtigte ich mir ihre Vorzüge. Ich brauche einen konkreten Punkt, auf den ich mich konzentriere. Alles übrige ist dann eine Frage der Einstellung. So gebe ich mir Mühe mit dieser Kundin, denn sie soll reelle Ware erhalten, wie es dem Vertrag entspricht, und das ist keine reine körperliche Arbeit, sondern auch eine innere Konzentration auf den Gegenstand meiner Bemühung, das heißt, an irgendeinem Punkt will ich ihr auch innerlich etwas mitgeben, das sie von diesem sonnigen Strand ins vernebelte Belgien mitnimmt.

Nachmittags fand ich Hilfe bei folgendem Vergleich: ich stellte fest, daß die Haut auf meinem Handrücken, wahrscheinlich unter Einfluß der Sonnencreme, auf ähnliche Weise sich pappig anfühlte wie bei meiner Micki, was also offenkundig eine Reaktion der Haut auf Sonne, Wasser und diese Creme war, da ja meine Natur von 32 Jahren Alter zweifellos keine Leicheneigenschaften hat – so waren wir also auch in dieser Hinsicht zwei *gleiche* Menschen, die sich solidarisierten, nachdem ich ihr die Kleider, den Straps, den Büstenhalter abgestreift und sie zu einer Liege hingetrieben hatte. Sie fraß mir aus der Hand, das heißt, sie wollte in alles einwilligen, auch in die Annullierung des Vertragsverhältnisses, wenn das die astronomische Entfernung zu mir verringert hätte – daß sie also gesagt hätte: »Kurtchen, oder Minguel, laß das alles sein, lieg ruhig da und schlaf dich aus oder hol dir einen Moppel von unten, laß mich wenigstens zusehen, oder verbiete mir auch das, dann gehe ich solange Kaffee trinken, ohne jede Bedingung, du brauchst mir deswegen keinen dankbaren Blick zuzuwerfen ...« In dieser Stimmung, die mich rührte und endgültig für sie einnahm, bat ich sie um einen Sonderscheck über 4000 Dollar, den ich später in meiner Anzughose auch fand. Sie war offenkundig reiche Erbin oder Witwe. Ich wollte nicht danach fragen, um nicht gierig zu erscheinen.

2.

Soeben pladdert ein Gewittersturm über die Gartenanlagen und die Terrassen des Luxushotels. Geschirr, Tischdecken werden von den Tischen geschmissen. Die Dekorationen für »Südliche Ballnacht« sind zerstört. Ich hoffe, daß recht große Zerstörungen in diesem Luxusviertel angerichtet sein werden, da so ein Nachrichtenwert entsteht, der über die ganze Welt verbreitet werden kann und den Ruf unserer Gelben Insel planetenweit verbreitet. Erst in diesem Ausmaß hätte der Sturm einen Wert. Darauf ist heute nicht zu hoffen, falls nicht noch ein Flugzeug, das eine Blindlandung versucht, abstürzt, denn dieser Pladderregen zerstört nur Kleinigkeiten.

»Hat man Charakter, so hat man auch sein typisches Erlebnis, das immer wiederkommt.« So streite ich mich immer wieder mit meinen Kameraden, die die gleiche Tätigkeit ausüben wie ich. Die Kameraden Charlie und Alfred Duhamel bezeichnen mich als Streikbrecher, weil ich die Konsequenzen meiner vertraglichen Verpflichtungen ziehe. Sie selber erfüllen nur den Buchstaben ihrer Verträge. Sie spielen die Distanz zu ihrer Arbeit mit, indem sie die Gegenstände ihrer Arbeit, das heißt: ihre Arbeitgeberinnen, herabsetzen. Sie kneifen die Frauen öffentlich und zeigen, daß diese sich dies gefallen lassen müssen. Sie verstehen sich, solange noch nicht gezahlt ist, als über der Sache stehend. Alfred Duhamel benachrichtigte kürzlich seinen Bruder von Wünschen einer Kundin. Hierauf antwortete Charlie am Telefon: »Keine Bewegung ohne Geld.«

Ich muß mich hier gegen den Vorwurf wehren, ich hätte keinen Charakter bzw. meine Hingabe an meine Arbeit verletze meine Eigenständigkeit. Alfred Duhamel: »Minguel, es ist ehrlich und aufrichtig, seinen Abscheu vor dieser Arbeit zu zeigen.« Ich antworte: »Nein, das ist zwiespältig. Man muß entweder die Arbeit nicht übernehmen oder sein ganzes Leben für diese Arbeit hingeben.«

Duhamel: »Wenn du, wie wir, 40 Kundinnen am Tag herunterreißt, mußt du dich aus der Sache persönlich heraushalten, sonst hältst du das nicht durch.« Ich: »Ich mache eine, höchstens 2, dafür gründlich.« Duhamel: »Aber den Vorteil suchst du doch wie wir.« Ich: »Selbstverständlich.« Duhamel: »Warum dann mit Brett vor dem Kopf?« Ich erwidere, das sei eine Sache des Charakters. Damit hatte ich ihn widerlegt. Nicht, weil ich keinen Charakter, sondern weil ich einen habe, verfolge ich z.B. gegenüber Micki diesen *Kurs der unendlichen Hingabe*. Duhamel: »Damit machst du uns Schwierigkeiten. Wenn man dich werken sieht, hat es den Anschein, als ob *wir* unseren 40 Kundinnen nicht *unser Letztes* geben.«

Ich könnte mir bei meinem stattlichen Einkommen eine oder mehrere Freundinnen aussuchen oder unterhalten. Mir wäre diese Form abstrakter Zärtlichkeit, der kein Kontrakt zugrunde liegt, die also ziellos vertan wird, heute bereits unangenehm, ein Luxus, den unsere schwer arbeitende Inselbevölkerung, die schließlich nichts Geringeres als unsere Unabhängigkeit durch ihre Arbeitsproduktivität verteidigt, sich nicht leisten kann. Wollen wir unabhängig vom Dollar bleiben, müssen wir arbeiten lernen. Eine Dame aus den Vereinigten Staaten versuchte mich heute als Gigolo zu behandeln. Noch während des Luncheons wollte sie mir Anweisungen geben, wo und wie ich auf sie warten sollte und was ich mitzubringen hätte, welche Wünsche ich ohne weiteres Gespräch erfüllen sollte. Ich zahlte aus meiner Tasche den Luncheon und verließ die verdutzte Person. Meine Vorfahren sind Indianer. Dies wäre außer meinem fachlich-beruflichen Interesse das einzige wirkliche Interesse, das ich habe: wie ich meine Unabhängigkeit im Sinne meiner Vorfahren (die ich mir natürlich nur denken kann) verteidige. Ich taste jede der mir zur Betreuung übergebenen Frauen daraufhin ab, ob sie in dieser Frage etwas weiß. Es würde mich zusätzlich zu ihnen hinziehen. Aber sie sind zu hastig. »Die Menschen der tiefen Traurigkeit verraten sich, wenn sie glücklich sind: sie haben eine Art, das Glück zu fassen, so als ob sie es erdrücken und ersticken möchten, aus Eifersucht – ach, sie wissen zu gut, daß es ihnen davonläuft!« Dabei würde ich keineswegs davonlaufen, sondern aufmerksam zuhören. Es kommt zu keiner Zusammenarbeit.

3

Nach einigen Wochen Aufenthalt auf der Gelben Antilleninsel – gelb wegen des Werbespruchs, der sich auf den ehemaligen Sandstrand dieser Insel bezieht – begann sich Frau Veronique Clermont, die sich Minguel gegenüber Micki nannte, gesundheitlich schlecht zu fühlen. Die fleißigen Hände ihres bezahlten Liebhabers ertasten Gewichtsabnahme, Ausmergelung. Sie verzichtete jetzt auf weitere Badekuren, lag ruhig im Strandzelt. An ihrer linken Halsseite befühlte Minguel eine kloßartige Verdickung. Oberhalb eines ihrer Zähne war eine Geschwulst zu spüren. Sie klagte über Schmerzen. Minguel, hilfreich (auch in der Hoffnung einer besonderen Belohnung, eventuell eines Anteils am Vermögen der Kranken), ließ einen Facharzt kommen. Er vermittelte den Kontakt in der Landessprache, so daß die Ärzte ihn als Auftraggeber verstanden.

Eines Nachmittags fand Minguel Veronique hustend und um Atem ringend. Er riß die Balkontür auf. Auf Kissen gestützt setzte er die Frau in die Nähe des Luftzugs, rieb ihren Hals. Die Alte keuchte. Minguel konnte es nicht unterlassen, sich an die Stelle der Sterbenden zu versetzen (hiervor hatte Alfred Duhamel gewarnt: Du mußt dir klarmachen, daß dieser Fetzen Fett mit dir nichts zu tun hat, sonst nimmst du Schaden). Er legte der Halbtoten eine Aufstellung ihrer Aktien und Versicherungspapiere vor, die er in einem Nachttischkasten fand, und ließ sie einen Zettel unterschreiben, auf den er seinen Vor- und Zunamen gesetzt hatte. Dieses Papier bezeichnete er später als *Testament,* das er in Belgien anerkennen lassen wollte. Mit Krakelschrift hatte die Vertrauensselige ihren Eigennamen darunter gesetzt.

Minguel rief wiederum die Fachärzte herbei. Dr. Scelinski zerrte die krächzende Frau auf das Bett, setzte das Messer an die Kehle, um durch einen Luftröhrenschnitt die drohende Erstickung zu verhindern. In diesem Moment röchelte Frau Veronika und sackte zurück. Die Ärzte, die in ihrem Tun einhielten, überprüften die Pupille des rechten Auges, stellten den Tod fest.

Die Rechnung für diese ärztlichen Bemühungen war an Minguel gerichtet. Er wurde – da seine Personalien von den Ärzten festgehalten waren – von den Behörden angehalten, die Überführung der Toten auf seine Kosten (als *Gastgeber*) zu veranlassen. Hierzu war eine Flugreise Minguels nach Europa erforderlich. Die Angehörigen der Toten nahmen den Totenschein entgegen, ließen den Mann an einer Feierstunde teilnehmen, lehnten jedoch alle weiteren Gespräche mit ihm ab. Das »Testament« wurde nicht anerkannt. Minguel mußte Flug und Grand Hotel in Brüssel selbst zahlen. Seine Mittel waren erschöpft. Eine Grippe zwang ihn, sich in der belgischen

Hauptstadt in eine Klinik einweisen zu lassen, wo er sich sprachlich nicht verständlich machen konnte. Da er die Klinikrechnung nicht zahlte, wurde er ausgewiesen.

Wer sich mit dem Gegenstand seiner Arbeit unendliche Mühe gibt, wird endlich doch belohnt werden. Die Schwierigkeit, sagt Minguel, liegt darin, daß ich gar nicht mehr angeben könnte, worin eine solche Belohnung noch liegen soll. So sehr bin ich in meiner Arbeit verwurzelt.

In ihrer letzten Stunde

1

Sie wollte definitiv nicht mehr. Sechs Monate ausgenommen von P., weggeworfen. Sie hatte Tabletten genommen. Bis zur Ausfallstraße in Richtung der Taunus-Vorstädte konnte sie noch fahren. Sie parkte dann unter einem Hochspannungsmast. Die Augen wurden blind.

Kudelski, den Tag über als Vertreter tätig, abends, die Stunde, die ihm gehört, unternehmerisch, bemerkte die Halbtote, deren Kopf auf dem Steuer lehnte. Er hielt, riß die Betäubte, die auf dem kurzen Weg zu seinem Ford kotzte, aus dem Wagen. Er merkte schon, daß die Person nur noch einen Rest Leben darstellte. Er »barg« also den Frauen-Rest auf den Hintersitzen seines Ford, es machte ihm nichts aus, ihr Recht auf ungestörtes Hinüberdämmern in den Tod, »das Recht des Menschen auf ein selbstbestimmtes Ende« (dann hätte sie aber die Seitentüren verriegeln müssen) zu verletzen. Tagsüber wahrte er Rechte, ab Abenddämmerung nicht.

Er hätte unauffälliger, ruhiger, verfahren müssen. Die Hektik der Bewegungen fiel einem Passanten, Fred Hirsch, auf, der sich die Autonummer des Ford notierte.

Kudelski, der ja von der Frau, die auf den Hintersitzen wimmerte und Dreck machte, keine Einwilligung zu irgend etwas verlangen konnte, sah keine Bedenken, die in naher Zukunft Tote, aber sie hatte noch warmen Körperdunst an sich, schadlos zu vergewaltigen. Er hatte einen anstrengenden Tag hinter sich, und da die Frau mit eigener Hand sich Schlimmeres als eine Notzucht durch ihn (die im Einwilligungsfall ja keine gewesen wäre) angetan hatte, wollte er den Rest nicht umkommen lassen.

Die Sinnesrichtung Kudelskis rettete der Frau das Leben. Die Funkstreife, von Fred Hirsch benachrichtigt, verlegte Kudelski den Weg, als er im südlichen Stadtwald nach einem Plätzchen für die Konsumation suchte. Sie brachten die Dämmernde mit Blaulicht zu den Universitäts-Kliniken. Kudelski wurde in Haftzelle des Polizeipräsidiums eingeliefert. Er konnte sich nicht einmal auf Trunkenheit am Steuer berufen, war stocknüchtern. Ganz sinnlos wurde er abgestraft, obwohl er doch wohl als Retter der Frau eine Plakette verdient hätte.

2

Die Frau sagte in der Hauptverhandlung aus, sie hätte ihren Vorsatz, aus dem Leben zu scheiden, aufgegeben. Sie könne ihre damalige Handlungsweise nicht mehr »nachvollziehen«. P., ihr Geliebter, ein dümmlicher Hund, verdiene keine so konsequente Tat. Sie sei deshalb dem Angeklagten, Kudelski, dankbar, daß er sie aus dem Schlaf gerissen hätte. Die böse Absicht, sie als Dahinscheidende noch in ihrer Eigenschaft als Frau zu verwerten, nehme sie an sich nicht übel. Sie halte sich für attraktiv. Dem P. hätte sie jeden Angriff erlaubt. Sie habe auch keinen Grund, den Angeklagten abzulehnen, da sie ihn ja gar nicht erkannt hätte. Sie sei neutral. Ein Grundrecht, das Ende selber zu bestimmen, kenne sie nicht, notfalls verzichte sie darauf.

Sie sei nicht ruhig, sondern unruhig gewesen, »ganz von Sinnen«. Ob ihr die Tat des Angeklagten in ausgeführtem Zustand etwas ausgemacht hätte? – Die Richterin fragte das so, daß es leichtfertig erscheinen konnte, wenn die Zeugin sagte: Nein, hätte mir überhaupt nichts ausgemacht. Die Zeugin wies auf den Eid hin, sie solle ja wahrheitsgemäß aussagen, und entgegnete: Die Verstocktheit und Gerissenheit des P., der überhaupt nichts mit ihr anstellte, treffe sie härter. Die Tat sei ja außerdem gar nicht ausgeführt worden. Sie antwortet deshalb auf die Frage der Richterin: Weiß nicht. So geht das nicht, sagte die Richterin. Sie hatte 2 Jahre, 6 Monate, oder 3 Jahre, 2 Monate für Kudelski im Sinne, noch gleich mit für den wenig beispielhaften Lebenslauf dieses Mannes, den zum Teil anrüchigen Beruf, der in Einzelheiten ermittelt worden war. Sie traute dem Angeklagten alles mögliche zu und wollte vorbeugen.

Projektemacher

Eingemachte Elefantenwünsche

Von A. Weber, ursprünglich Schriftsetzer, dann zweiter
Bildungsweg, heute in einer Werbefirma, war bekannt,
daß er ein Manuskript von 1 800 Seiten, eng beschrieben,
teilweise im Stenogramm (in kleiner Schrift, so daß die
Seite vermutlich mehr als 30 Zeilen zu 65 Anschlägen enthielt), verfaßt hatte. Heiner Boehncke, Redaktionsmit-
glied der Zeitschrift ÄuK (*Ästhetik und Kommunikation*), immer auf der Suche nach möglichen Nachfolgern
Travens oder von Arbeiterschriftstellern, wobei er im
Falle A. Webers diesen Begriff weit auslegen wollte,
suchte diesen Autor auf. A. Weber weigerte sich aber, das
Manuskript vorzuzeigen. Er zeigte nur die sog. Reinschrift. Sie enthielt auf fünf DIN-A4-Seiten fünf Entwürfe
für die ersten Zeilen eines ersten Kapitels. Boehncke las:
»Entwurf 1
Eingemachte Elefantenwünsche
1. Kapitel
Eine Ärztin mit Namen Dora. Ihre Diagnose war falsch,
aber es ergab sich ein fröhlicher Abend. Sie ging mit ihm
auf das Zimmer. Eine richtige Ärztin hatte er noch nicht
gehabt. Der Krebs, den er in sich hatte, blieb unentdeckt.
Daran konnte man nichts machen, sagte er später. Sein
Gesicht war zuletzt ziemlich verfallen. Sein Blut war praktisch aufgefressen von den Innereien ...«

»Entwurf 2
Eingemachte Elefantenwünsche
1. Kapitel
Als Beitrag zur unaufhaltsamen Revolution übernahm R.
das Ecklokal, das Trautel bis zu ihrem Krankenhausauf-
enthalt, von dem sie nicht zurückkehrte, gut in Schuß
hatte ...«

»Entwurf 3
Eingemachte Elefantenwünsche
1. Kapitel
Inge besitzt eine abschließbare Metallkiste aus ehemaligen Wehrmachtbeständen. In dieser verwahrte sie ein Fläschchen Pfefferminzlikör, Schmucksachen, Papiere, Gürtel, Schals usf. In die Kiste durfte niemand hineinsehen. Meier: Was machst du mit deiner Schatzkiste? Inge: Ich suche was raus, was ich umbinden kann.«

Zu Entwurf 3 war in der Reinschrift noch ein Motto notiert:

»Man sagt, daß die Sonnen- und Mondfinsternisse Unglück verkünden, weil man an das Unglück gewöhnt ist: Es ereignet sich so viel Schlimmes, daß sie es oft voraussagen. Wenn man hingegen sagte, daß sie Glück verkünden, würden sie oft lügen. Man verspricht das Glück nur wie seltene Himmelserscheinungen.« (Pascal 752)

Das ist wenig, sagte Boehncke. Weber war nicht beleidigt. Er erwartete ja keine literaturhistorische Einstufung, sondern hatte auf die menschliche Bitte hin, etwas vorzuzeigen, einen Einblick in die Reinschrift verschafft.

Ich hatte Sie so verstanden, sagte Boehncke, daß Sie an einem großen Tragödienstoff arbeiten. Das ist richtig, bestätigte Weber. Dann ist wohl der übrige Apparat, Ihre 1800 Seiten, sicher ein größerer Zusammenhang? Nein, sagte Weber, das sind auch lauter einzelne Stücke. Wieso, fragte Boehncke, schreiben Sie Ihre Geschichten nicht in Form eines großen Romans?

WEBER: Ich muß immer neu ansetzen.
BOEHNCKE: Dann ist das alles Entwurf?
W: Ja. Und der Entwurf hätte nur dann eine Information,

immer vorausgesetzt, daß er entstünde – was aber nicht geplant ist – und daß er zu einem Ergebnis führt, auch das ist ausgeschlossen: daß ich dann angeben könnte, worüber ich überhaupt schreibe. Ich hätte dann die ersten drei bis siebzehn Zeilen und könnte diese fortsetzen als Roman. Aber wie gesagt, kann es dazu nicht kommen.

B: Und das wäre dann aber ein Zusammenhang, ein Roman?

W: Gewiß nicht.

B: Und warum? Wollen Sie nicht?

W: Ich kann nicht.

B: Sie meinen, Sie können nicht schreiben, weil Sie kein Schriftsteller sind?

W: Das weiß man nicht vorher, ob man schreiben kann. Vielleicht, vielleicht nicht.

B: Warum versuchen Sie es dann nicht einmal mit einem großen Roman?

W: Warum soll ich das versuchen?

B: Hätten Sie denn bestimmte Einwände gegen die Romanform, wenn Sie so sicher sind, daß es dahin nicht kommen wird? Obwohl Sie doch gar nicht bis zu diesem Punkt vorstoßen, und ich zähle hier zwölf Zeilen, das ist das Längste?

W: Dann müßte ich mich konzentrieren.

B: Und warum tun Sie das nicht? Das ist doch etwas Schönes.

W: Und kalt gegen alles, was in diesen Zusammenhang nicht paßt?

B: Worum geht es denn in Ihrem Fragment? Ich meine die 1 800 Seiten.

W: Um Elefantenwünsche.

B: Und wie kommen Sie auf den Titel: Eingemachte Elefantenwünsche?

w: Ich spiele auf das Elefantengedächtnis an. Aber das gibt es in der Natur nicht, sondern nur, wenn man es gewissermaßen in Einmachgläsern einsammelt und aufhebt. Gewissermaßen von früher her. Ein Elefant z. B., von einem Schneider vor Jahren in den Rüssel gestochen, erkennt zwanzig Jahre danach im ersten Stockwerk einer Straße, nehmen wir an 1934, diesen Schneider, es muß nicht der Beruf sein, sondern kann ein Mann namens Schneider sein, reißt ihn mit dem Rüssel herab und zerschmettert ihn auf dem Pflaster.

b: Eine unverhältnismäßige Reaktion.

w: Gewiß.

b: Ein Nadelstich, und dafür die Todesstrafe.

w: Vielleicht kam noch anderes hinzu.

b: Nun ist das ein Märchen. Und das Bild vom Elefanten mit dem langen Gedächtnis ist keine biologische Tatsache, sondern ein Klischee.

w: Absolut. Ich gehe aber außerdem davon aus, daß Elefanten ihr Gedächtnis vererben. Das Geheimnis der Elefantenfriedhöfe! Es entsteht dort eine Art Gattungsgedächtnis. Insofern sind sie durchaus gefährliche, hochexplosive Tiere. Man hört ja immer wieder von Ereignissen ...

b: Vielleicht ist das etwas unwissenschaftlich?

w: Unter uns gesagt: vermutlich.

b: Im Roman wäre das wurscht. Sie nennen aber Ihre Aufzeichnungen einen Erfahrungsbericht.

w: Erfahrungsbericht, ja.

b: Und Sie weigern sich, das Manuskript zu veröffentlichen. Das bißchen Reinschrift andererseits werden Sie so nicht veröffentlichen können.

w: Das kommt öfter vor.

b: Streben Sie denn eine Veröffentlichung gar nicht an? Oder wird die Reinschrift allmählich mehr?

w: Das muß man probieren, ob das mehr wird. Aber veröffentlicht wird das nicht.

b: Und warum weigern Sie sich, zu veröffentlichen?

w: Weil Veröffentlichung nichts nutzt.

b: Sie haben doch eben gesagt: Sie probieren. Jetzt probieren Sie aber gar nicht erst, wenn Sie es nicht veröffentlichen.

w: Da haben Sie recht.

b: Also vielleicht veröffentlichen Sie es doch?

w: Nein.

b: Haben Sie denn ein Argument dagegen?

w: Nein.

b: Warum sind Sie dann so sicher?

w: Ich bin nicht sicher.

b: Und trotzdem: nicht veröffentlichen?

w: Auf keinen Fall.

b: Nochmals: warum nicht?

w: Nützt nichts.

b: Aber was nützt dann was?

w: Das muß man eben ausprobieren.

Boehncke, der extrem neugierig war, hatte immer noch die Hoffnung, irgendwie durch penetrantes Ausfragen an die 1800 Seiten heranzukommen, ihm schien allein schon die Masse vielversprechend; hinzu kam, daß er gern nähere Angaben gehabt hätte, was das Eingemachte im »Prinzip: Elefantenwünsche« wäre, Verfahren, ästhetische Konstruktion usf. Andererseits war er nicht begriffsstutzig. Vielleicht wollte Weber darauf hinaus, daß er, Boehncke, sich so intensiv mit diesem Manuskript befaßte dadurch, daß es ihm vorenthalten blieb, während Weber vielleicht bezweifelte, daß er nach Befriedigung seiner Neugierde, also nach Veröffentlichung, noch so begierig sich damit auseinandersetzte. Oder Weber war ein

Nichtskönner. Sicher konnte Boehncke in diesem Punkt den Nachmittag und Abend über nicht sein. Etwas in Webers *Haltung* erinnerte ihn an die Wirkung von Büchern.

Der Mann ohne Eigenschaften

Einer der deutschen Autorenfilmer hatte eine Kalkulation aufgestellt, aber noch nicht bei den Gremien einreichen können. Es sollte sein nächster Versuch werden. Er neigte zur Verfilmung von Robert Musils *Der Mann ohne Eigenschaften*, von dem es heißt, es sei DER ROMAN DES JAHRHUNDERTS.

Der Produzent fragte den Regisseur:

– Wollen Sie selber inszenieren?
– Ja.
– Wenn Sie das Thema mal umreißen, ich kenne den Roman nicht, bzw. ich habe ihn nicht zu Ende gelesen.
– Bis wohin haben Sie denn gelesen?
– Den Anfang.
– Das tun die meisten.
– Wenn Sie den Inhalt mal in ein paar Sätzen andeuten?
– Der Mann ohne Eigenschaften …
– Ist klar. Der hat keine Eigenschaften. Aber wieso nicht?
– Das ist der Titel.
– Handelt das Buch denn nicht davon?
– Es handelt von einem Geschwisterpaar.
– Mit oder ohne Inzest?
– Weiß man nicht genau. Einige Stellen gegen Ende des Buches deuten eher auf Inzest, andere sprechen dagegen. Der Mann heißt Ulrich, seine Schwester Agathe.
– Aha. Und der Inhalt?
– Sie meinen die Handlung?
– Was passiert?
– Der Mann hat keine Eigenschaften. Das sagt etwas aus über das zwanzigste Jahrhundert. Das Buch enthält eine scharfsinnige Analyse des zwanzigsten Jahrhunderts.

– Und was kommt heraus?

– Das steht nicht im Buch.

– Vielleicht muß man es im Film hinzufügen?

– Ich wollte eigentlich bei dem Buch bleiben.

– Ja, Sie müßten aber dem Zuschauer die Handlung mitteilen. Sie können nicht sagen, dieser Ulrich hatte keine Eigenschaften, und eine Handlung gibt's auch nicht, und was das Jahrhundert angeht, wissen wir nicht, was herauskommt, und der Film hat keinen Anfang, kein Ende, und einen Mittelteil schon gar nicht. Das wäre z. B. für eine Vorankündigung ungeeignet.

– Man kann jeden Stoff zureden, wenn man so redet wie Sie.

– Der Mann ohne Eigenschaften ist an sich ein ganz guter Titel. Man denkt sich was dabei.

– Sie sind also mit dem Stoff einverstanden?

– Sagen wir mal so: Ihr Hinweis, daß man jeden Stoff zerreden kann, wenn man die Ausdrücke richtig wählt, hat mich beeindruckt. Lauter Kurzfassungen, und danach veröffentlichen wir, daß das berühmte Stoffe sind. Dann muß der Zuschauer aufpassen.

– Nur Inhaltsangaben?

– Ja. Und davon viele. Sozusagen der FILM OHNE EIGENSCHAFTEN. Junge Frau, die sich zu nichts entschließen kann, bekommt auch nicht den Mann, von dem sie glaubt, daß sie ihn will. Den anderen will sie aber auch nicht, darüber vergehen die Jahre. Ihr Kind verunglückt, und man weiß nicht, ob sie ihren Mann noch einmal wiedersieht. Der, von dem sie nur *glaubte*, daß sie ihn liebt, ist inzwischen gestorben. »Vom Winde verweht«! Herrlicher Stoff!

– Könnte man gleich mit einfügen.

– Sagen Sie, das ergibt ein wunderbares Ratespiel!

– Ich hatte aber vor, den Film über DER MANN OHNE
  EIGENSCHAFTEN ...
– Ich bin von meiner Lösung ganz begeistert. Man muß
  die *Eigenschaften* weglassen. *Der Mann*, das wäre ein
  ganz brauchbarer Titel, hätte auch was mit dem zwan-
  zigsten Jahrhundert zu tun.
– Ich hatte mich aber entschieden ...
– Ja, ich weiß, aber ich halte Ihre Lösung nicht für schlag-
  kräftig. Sie müssen mich ja nicht fragen, wenn Sie mei-
  nem Rat nicht folgen wollen.
– Was für einem Rat?
– Na ja, Sie hören nicht zu.

Kleists Reise

Die Macht der Gedanken

Zu jener Zeit, als Bonaparte seine Truppen bei Boulogne zur Überfahrt nach England in einem Lager versammelte, entschloß sich der Dichter Heinrich von Kleist zu einem entschiedenen Aufbruch. Mit seiner Schwester, die Offizierskleidung trug, ritt er über die Landstraßen Westfalens der französischen Grenze zu. Im Gepäck die Schriften Immanuel Kants. Im Kopf und auf der Zunge die lebendigsten Ausschmückungen und Erörterungen der wichtigsten, von ihm angestrichenen Stellen. Das meiste war schon ins Französische übersetzt.

Es drängte ihn mit ganzem Gemüt, in das Lager der Franzosen vorzudringen, die Korporale und Mannschaften zu unterrichten in den einzigen Gedankengängen, die in Europa die Konsistenz hatten, den neuen zivilisierten Menschen auszurüsten: ein jeglicher sein eigener Gesetzgeber. Eine Armee, die Gesetzgebung und Waffe gleichzeitig in den Händen zu halten wüßte.

Das Geschwisterpaar gelangte in der Dämmerstunde, es regnete über der Küste, an die Vedetten, die weiträumig das französische Lager abschirmten. Kleist verhandelte mit dem zuständigen Wachoffizier. Der Offizier hielt das Geschwisterpaar für verdächtig. Handelte es sich um britische Agenten, die sich als Deutsche verkleidet hatten? Die *Hetzschriften*, allerdings ohne Abbildungen, die der junge, deutsch und französisch sprechende Mann mit sich führte, wurden beschlagnahmt. Kleist protestierte gegen die Beschlagnahme von Kants Schriften und bestand darauf, daß der Protest in ein Protokoll aufgenommen würde. Die Geschwister übernachteten in einem in der Nähe befindlichen Dorf.

Am folgenden Tag wurden sie verhaftet und von einer Eskorte dem General vorgeführt, der den südlichen Teil des französischen Lagers kommandierte. Welche Art der Unterrichtung der französischen Armee hatte sich Kleist vorgestellt? Er hätte sicher einen einzelnen ihm vorgeführten Korporal überzeugen können, erstens, daß diesem in seiner intellektuellen Ausstattung etwas fehle; zweitens, daß die Gedankengänge Immanuel Kants, habe man sie nur in ihrem Zusammenhang und ihrer Vielfalt studiert, auf ein europäisches Gemeinwesen deuteten, ja, auf eine Konstitution des Erdballs, für die als erfahrener napoleonischer Fußsoldat zu kämpfen sich lohne. Ja, die Überwindung falschen Römertums, die Formung eines prometheischen Menschen setze eine individuell, im Herzen eines jeden einzelnen (der nicht Untertan wäre) immer erneut hergestellte Gesetzgebung voraus, so daß es lediglich erforderlich sei, die komplex und in deutscher Sprache formulierte Theorie auf einfachen Handzetteln in französische Sprache zu fassen, zu numerieren und umzuverteilen. An diesem Vormittag traf aber Kleist auf keinen Korporal in zuhörender Position. Er hätte als Querulant gegolten, hätte er nicht dem General geantwortet, sondern sich an den nächstbesten Korporal der Bewachungseskorte gewandt. So versuchte er, dem General, in dessen Sprache, die generelle Richtung seiner Absichten zu erläutern.

Am Tag darauf wurde bekannt, daß das Kaiserreich Österreich Frankreich den Krieg erklärt hatte. In Eile wurden die Lager bei Boulogne abgebrochen. Kleist und die Schwester wurden kommentarlos aus ihrer Haft im unbefestigten Zelt (sie aber hofften noch auf ein Gegenüber für Belehrung und Aussprache) entlassen. Kleist entwickelte sich aus vielfältigen Gründen in späterer Zeit zum Franzosenhasser, so daß er für die Übermittlung einer weltbürgerlichen Botschaft nicht mehr in Betracht kam. Zwischen dem System der Waffen und dem System der Gedanken war keine Einheit zu stiften.

Abb.: Untergrund-Schloß »an einem der wildesten und einsamsten Plätze der Natur«. »Nach einem Losverfahren sollten sieben oder siebzehn dieser Einsamkeiten für eine Unter- bzw. Überbauung ausgewählt werden.« Orte der Transformation.

Projekt Homunkulus

Goethe traf Petit während einer Badekur in Wiesbaden. Es ist bekannt, daß der Dichter seine Geheimkontakte zu französischen Revolutionären wie zu den Geheimgesellschaften der Freimaurer stets leugnete. Auch seine Verbindung mit italienischen und böhmischen Chemikern räumte er nicht ein, weil das seine Stellung als Minister hätte in Gefahr bringen können. Insofern gibt es einen *Untergrund-Goethe*. Die Hinweise Pierre Petits haben ihn angeregt. Er hielt den Zeitdruck, unter dem alle revolutionären Maßnahmen stattzufinden schienen, für »nicht förderlich«.

Zwölf Jahre nach Ende der Revolution jedoch gehörte er zu den wenigen, die die gesetzten Impulse weiter verfolgten, insbesondere das Projekt der Pflanzstätten, des Gartenbaus und der Menschenzüchtung.[1] Eine Position,

1 Goethe ist, wie sich aus den *Geheimschriften* ergibt, der Auffassung, daß sämtliche Ansätze der Französischen Revolution gesammelt und auf eine

in der Goethe mit Petit während des kurzen Aufenthalts an den Ufern des Rheins keine Verständigung erzielen konnte, war das PROJEKT HOMUNKULUS. Die Züchtung eines künstlichen Menschen mit den Mitteln der Chemie hielt Petit für antirevolutionär. Jedes Projekt einer Parallel-Menschheit lehnt der Wohlfahrtsausschuß ab, sagte er. Das Menschengeschlecht muß seinen Fortschritt aus dem Zentrum der Zivilisation heraus, als einheitliche Nationalität, wählen. Das war aus okkulter Erfahrung nicht Goethes Meinung. Er hatte hinter dem Glas die Lichterscheinung eines Menschleins gesehen, hatte miterlebt, wie dieses »bewegliche Wesen« (um nicht zu sagen Lebewesen) das Glas zerschlug, hinaustrat und sich verständlich äußerte. Der nervös gewordene Alchimist erschlug es, Goethe hielt das für Mord. Das war in einem Städtchen Norditaliens.

Er selber war dem Homunkulus-Projekt nachgegangen, ohne den Versuch zu machen, ein solches Wesen zu erzeugen. Er hätte nicht gewußt, wo er es aufbewahren sollte. Wie wird es ernährt? Wer behütet es vor Mißverständnissen der Umwelt? Er hatte als berühmter Mann nicht die Zeit, so etwas selber zu tun und war sein Leben lang abgeneigt, Projekte zu verfolgen, die er nicht selber kontrollierte.

Ein solches Wesen, wesentlich kleiner als ein Mensch, aber großenteils in der Gestalt eines Menschen, muß

Zeitstrecke von 30 000 Jahre projiziert gehören; an diesem korrekten Zeitmaß für »Veränderung des Menschengeschlechts« zeige sich von selbst, was daran substantiell und was Phrase sei. Auch könne sich erweisen, daß das Projekt hinfällig sei. Er aber nehme an, daß die geringe Chance, das »defiziente« Menschengeschlecht auf eine STRASSE DES FORTSCHRITTS zu setzen, in einem solchen Zeitmaß sich erweisen werde. Es sei offensichtlich ein Funken versteckt im Menschen, dessen Entwicklung aussichtsreich sei. Alle Ideen, diesen Funken aufzufinden und in Perpetuierung zu versetzen, litten jedoch an Übereilung.

nichts lernen, sagt Paracelsus, sondern *wir* müssen von *ihm* lernen. Es hat von seinem Schöpfer alles übernommen, was dieser weiß und worüber dieser als Gestalt verfügt. Wie ein Magnet zieht es chemisch (und vermutlich nach den Gesetzen des Lichts, ergänzt Goethe) aus dem Menschen, der den Homunkulus erzeugt, die Information heraus. Und zwar in idolisierter Form, d. h., dieses Wesen, das chemisch Mond und Sonne darstellt, sortiert DAS SCHÖNE, DAS ABSTRAKTE, DAS NICHT-DIFFERENZIERTE voneinander und bildet so einen magischen Spiegel des unvollkommenen Adam. Der junge Goethe hielt das für ein Projekt, das man wie eine Porzellanmanufaktur, wie eine Pflanzschule von Seidenraupenbäumen einrichten und durch das man der Menschheit eine Hilfskraft zueignen könnte, die für das Jahrhundert des Progresses die Entscheidungsschlacht liefert.

Später, mit abnehmender Lebensenergie, wurde Goethe vorsichtiger. Wie soll der defiziente Modus[2] Mensch in der Lage sein, ein Idol zu erwecken, das sozusagen seine guten Eigenschaften potenziert, zugleich selbst aber keine Menschenrechte beansprucht, sondern als Diener den besseren Menschen IN MIR erzeugt. Das schien ihm dann doch eher unwahrscheinlich in Anbetracht der übrigen Menschengeschichte. Er hat deshalb in *Faust II* den Homunkulus so dargestellt, daß er wie eine Flaschenpost ins Meer geworfen wird. Nach den Lehren der homöopathischen Potenzierung, wie sie Paracelsus vertritt, ist es nicht unmöglich, daß sich am Spurenelement dieses Homunkulus, sagt Goethe in den *Geheimschriften*, winzige Lebewesen am Sockel der Antarktis (heute kennen wir sie als Krill) infizieren und aus den Ozeanen eine zweite Intelli-

2 Defizient = es fehlen wesentliche Teile zu einem glücklichen Gelingen. Der Mensch ist ein Mangelwesen.

genz hervortritt, konkurrierend zur »sich abwertenden Menschheit«. Der neue Mensch oder die Intelligenz, die ihn auf dem blauen Planeten ersetzt, brauche die gesamte Zeit der Evolution, um zu entstehen. Das ist das Ergebnis, zu dem Goethe nach geheimen Laboratoriumsversuchen außerhalb von Weimar im 12. Jahr nach der Französischen Revolution gelangt. Es ist, sagt Goethe, ein Versäumnis, damit nicht oder zu spät zu beginnen. Und es ist Übereilung, wenn man sich den Zeitraum, der für die Entstehung erforderlich ist, kürzer vorstellt. Man solle eine solche zweite Evolution keinesfalls Homunkulus nennen, weil die Verkleinerungsform abwegig sei. Oft hielt Goethe die geheimnisvollen Medusen, vor allem die, die in der Mitte des Atlantiks wohnen, für Kandidaten einer alternativen Intelligenz.

Abb.: Untergrund-Goethe

Heiner Müller und das Projekt Quellwasser

Das Poetische heißt sammeln

Es war in der Woche nach Heiner Müllers Rückkehr aus Verdun. Er sehnte sich nach Brei. In Kantinen und Gaststätten gibt es das nicht. Deshalb entstand der Plan, sich nach Baden-Baden in ein Kurhotel umzuquartieren, wo es vielleicht bekömmliche Breikost gäbe. Es ging um Hörensagen. Nachts schlief er nicht, war tags schläfrig.[1]

In einer der langen Wartezeiten, die der Dichter in der generösen Hotelhalle verbrachte, trat ein Mann auf ihn zu, dessen Name Müller aus der akademischen Warteschleife der neuen Bundesländer zu kennen glaubte. Zunächst hielt er diesen Mann für verrückt. Das bezog sich vor allem auf die Bitte zur Zusammenarbeit. Der Dramatiker solle mit ihm, einem Techniker, Wissenschaftler und Geschäftsmann, eine Handelsgesellschaft gründen und diese durch die Herstellung poetischer Texte unterstützen. Den Gewinn, schlug der Gesprächspartner vor, sollten sie teilen.

In Baden-Baden halte er sich auf, berichtete der Mann, weil hier in unterirdischen Zisternen noch Wasser aus dem vorigen Jahrhundert aufbewahrt werde; Wasser, wie es Dostojewski bei seinen Besuchen noch benutzt habe. Die Qualität sei jedoch enttäuschend, kaum anders als heute. Ganz andere Geheimnisse enthielten die verschütteten Kanalsysteme des Irak, die ein Dr. Ing. H. Grapp erforscht und katalogisiert hätte. Zu erwähnen seien auch die Tiefwasserschläuche zwischen Spitzbergen und Grönland, unsichtbar im Meer verborgen, aber versehen mit Wasserqualitäten von großer Dichte. Eine Singularität sei

---

1 Wir schreiben November. Am 31. 12. war Heiner Müller tot.

H2O-20. Er habe das aus Unterlagen der Akademie der Wissenschaften der UdSSR[2], aber auch aus solchen der Labors des Wirtschaftsamts im Reichssicherheitshauptamt (RSHA) ermittelt; im übrigen seien die Berichte von der Staatssicherheit archiviert worden. Zu dem Bestand gehöre das vollständige Verzeichnis aller unterirdischen Gewässer Böhmens und Mährens mit besonderer Dokumentierung ihrer Qualitäten, Fließrichtung, Schwingung, ja der verschiedenartigen Helligkeit des Wassers, insgesamt 620 Seiten.

Die Bewertungsskala bewege sich zwischen 1 bis 12. Ob Müller ihm folge? Der nickt. Er mußte ohnehin warten. Gewässer mit Bewertungszahl 12, fährt der Geschäftsmann fort, können als unbezahlbar gelten. Sie entstehen auf dem Planeten aufgrund gewisser Schichtungen des Gesteins nur in drei oder fünf Fällen; z. B. im Pamir, von dort aber schwer abzutransportieren, da solches Wasser sich durch den Transport verändert. Nun stellte sich der Mann vor, gab Müller seine Visitenkarte. Er hieß Prof. Dr. F. Wilde.

In dem provisorischen Zustand zum Tode hin, in dem sich der Dramatiker befand, sind die persönlichen Verteidigungsmittel eines Menschen gegenüber der Willenskraft Dritter nicht besonders stark. Es gab nichts, was der Dramatiker sich nicht anhörte, was er nicht »geschehen« ließ. Ja, dieser »Mann der unerschütterlichen Ruhe« verfügte in seinem Kern (von dem er sich nährte; wenn die physische Nahrung ausbleibt, so tritt auf kurze Zeit die metaphysische an ihre Stelle) über einen Rest von VOR-

---

2 In diesen Geheimpapieren geht es vor allem um Wassertransfer per Luftbrücke zum Indischen Ozean über das Karakorum in die südlichen Gelände der Sowjetunion, die unter Trockenheit leiden. In dem Geheimdossier sind die Flugrouten, die Entsalzungstechniken und die Konstruktion der Transportgeräte beschrieben, die Flugzeugen nicht ähnlich sind.

STELLUNGSKRAFT. Geschäftsmann war er nie gewesen, er strebte es auch für die kurze Rest-Zeit nicht an. Es erwies sich aber, daß der aus seinem Amt vertriebene Forscher der früheren DDR (weitgehend unbefugt, unter höchster Geheimhaltung) ein Staatsgeheimnis hütete. Das Geheimnis bezog sich auf äußerst seltene Wasser, eine Sammlung von Proben in winzigen Reagenzgläsern. Eine einzelne Abteilung des untergegangenen Staatswesens hatte diesen Schatz angesammelt. Prof. Dr. F. Wilde, der zu den Sammlern gehört hatte, hatte das herrenlose Gut an sich genommen.

Die Altseen der Sahara. Es gibt zwölf solcher Seen. Mit einem Alter von 66 Millionen Jahren. Nur an der Oase Bisra gibt es eine Höhle, die Zugang zu einem dieser Seen gewährt. Der Zugang wurde auf Veranlassung des Afrika-Korps 1943 versiegelt, ehe die Briten Libyen einnahmen. Die Wasserproben enthielten Getier, das auf dem Planeten unbekannt ist. Das Wasser hatte einen »blutähnlichen Geschmack« und stillte den Durst eines durchschnittlichen Trinkers um 23 % schneller und vollständiger als das Einheitsdestillat nach DIN Reichsnorm, das wir als Trink-Wasser bezeichnen. Gelingt eine »Hebung« dieser Seen dadurch, daß eine Betonmasse unter dem Seegrund (in 21 km Tiefe) eingelassen wird, die den See-Grund gegen den mobilen Erdmantel abschirmt, den See andererseits in Boden nähe drückt, so wäre das Wasser förderbar. Solange es unter der Oberfläche der Sahara liegt, versalzt es nicht. Mit diesem Wasservorrat ist eine Klimaänderung in Nordafrika möglich, die die Zustände zur Zeit des TETHYS-MEERES wiederherstellt. Ein Projekt der Achse, geplant für 1952. Von DDR-Wasserbauingenieuren 1972 nachrecherchiert. Vermutlich Absturzgrund des Hubschraubers des Politbüromitglieds Lambertz. Verschlußsache.

Zur Gründung des gemeinsamen Geschäftsunternehmens kam es nicht mehr. Der Dramatiker hatte jedoch seine Einschätzung des seltsamen Gefährten vollständig verändert. Er sah in Wilde, der etwas so Elementares wie das Wasser auf Seltenheit untersucht, einen poetischen Kollegen. Gern wollte er das Projekt mit einigen Versen unterstützen. Sie blieben bis 5.00 Uhr früh in der Halle.

Wenn das Poetische ein Einsammelvorgang ist wie die Beeren- und Kräutersuche, dann zeigt sich die Qualität des Poetischen in der Zähigkeit, Vollständigkeit, Hartnäckigkeit und Leidenschaft der Suche. Es geht um ein Sich-selbst-zwar-vollständig-oder-fast-vollständig-Einsammeln. Eine schwer lesbare Handskizze dazu ist Müllers letztes Werk.

Zwischenmusik für Große Gesangsmaschinen

Ein Projekt von Heiner Müller und Luigi Nono

Im 19. Jahrhundert wurde noch stark improvisiert. Der klassische Gesangstil der Kastratenstimmen (mit liegendem, ruhigem Atem) war ungeduldig aufgegeben worden. Damit war der Vorrang der Stimme dahin, der Stimmenträger wurde Teil des Orchesters, ein »Symphoniker«.

Später wurde, zur Wiederherstellung des Einzigartigen, des aus der Symphonie Hinausweisenden, nach Glanzstimmen und Stimmstärke gesucht. Richard Wagner adelte, in Kontrast dazu, den »notenkundigen Laien«, den naiven Stimmgewaltigen.

Im 20. Jahrhundert aber entwickelten sich vor allem in den Ausbildungsstätten der beiden Supermächte die Großen Gesangsmaschinen. Eine mit letztem Einsatz gesungene Stimme konnte Trommelfelle zerstören, ja, das Hirn durch Einsatz der Resonanz auf kürzestem Abstand unwiederbringlich zerstören. Die entschlossene Stimme tötet.

In seinen Tischgesprächen weist A. Hitler darauf hin, wie falsch es sei, die Stimmausbildung oder den Autobahnbau von der sogenannten Bedarfsfrage abhängig zu machen. Man habe ihm mitgeteilt, sagte er, es seien genug Wagner-Tenöre vorhanden. Doch dann habe sich gezeigt, wie groß der Engpaß überhaupt sei. Man komme jetzt, 1942, im Krieg gar nicht nach mit der Ausbildung gewaltiger Stimmen. Und dies betreffe nur Wagner, man müsse aber auch an die Musik denken, die man nach dem Endsieg benötige. In welcher Stimmstärke werde man ausgebildet sein müssen, um die gewaltigen Denkmäler für die gefallenen Soldaten im Osten mit Tönen auszufüllen. Ob die menschliche Stimme auch als ultimative Waffe in Betracht komme, über Verstärker die Willenskraft des Gegners zertrümmernd, sozusagen die Wirkung der Luftwaffe und der Artillerie aus dem Geiste der Musik verstärkend, das könne er im Augenblick nicht beurteilen. Er habe aber den Eindruck, daß die menschliche Entwicklung, die uns jetzt von der Tierwelt trenne, zugleich aber auch von Sagen und Künsten, die früher den Götterhimmel erfüllten, Gesängen, Sturmliedern usw., noch keineswegs abgeschlossen sei. Gerade die Technik multipliziere die menschliche Willenskraft ins Unglaubliche. Er rechne es den großen Künstlern hoch an, daß sie mit der Stärke ihrer Stimme einen Menschen in Stücke schlagen, ein Hirn erschüttern oder zersetzen könnten, dies aber (selbst im Zorn, selbst aus dem leidenschaftlichen Spiel heraus, das sie auf der Bühne vollbrächten) noch nie getan hätten. Insofern, sagte der Führer, sei die Musik grundsätzlich sanft.

Müller/Nono schrieben, als »Großes Tableau« vor dem 5. Akt ihres »König Lear«, eine »Zwischenmusik für Große Gesangsmaschinen«. Sie war im genauen Sinn keine Musik mehr, sondern die Parade der technischen Laute und Geräusche, die das gewalttätige Singen begleitet, wenn es sich zu äußerster Anstrengung konzentriert. Ein hoher Sopran, der das Paukengetümmel in Verdis »Requiem« übertönen will, sagte Heiner Müller, schifft naturgemäß in die Windel, weil kein Unterleib die Region vom hohen As aufwärts bei halbgefüllter Blase aushält. Dies gibt ein schmatzendes, fließendes Geräusch, das mit einem unterhalb des Gürtels befestigten Mikrophon aufgenommen wird. Die Luftholer für den Bariton in der Stretten-Folge in »Rigoletto«, 2. Akt, kommen »reißend«. Die Sängerin der Isolde, Hildegard Behrens, kämpfte während des Liebestodes mit einem Hustenreiz. In seinem Freiburger Studio isolierte Nono die in den Pausen durch den unterdrückten Hustenanfall aufwärts gejagte Atmung, die durch den nächsten langgezogenen Ton, d. h. durch schiere Disziplin besiegt wird. So sammelt Nono eine »Bibliothek der sanglichen Leistung«. Dieses Rohmaterial hat er in Form einer Kassette an Heiner Müller übergeben. Ziel ist es, eine Bewegung dieser Töne im Raum zu organisieren und den so geschaffenen Raumton exzessiver Leistung in den 66 Chören des Doms von Venedig aufzuführen.

Den von Müller hierzu entworfenen Text, der sich nicht unmittelbar auf die Töne bzw. das Projekt bezieht, konnte man während des Konzerts mit Hilfe einer Taschenlampe lesen. Wie in einer Ausstellung oder einem Zoo, in dem Invaliden (alle klassischen Verwundungen beider Weltkriege) zu sehen wären, sollten die Ruinen extremer Stimmbewältigung in Venedig aufgeführt und in ein Filmdokument gebannt werden. Der Film – die Texte von Müller werden über vier Lautsprecher hinzugegeben – bildet das »Große Tableau«, das den 5. Akt des »Lear« eröffnet. Der verzweifelte König herrscht nicht einmal mehr über ein Restreich. Sein Reich liegt in Trümmern.

Von Harry Kupfer sagte man, daß er seine Tristan-Bühnenbilder so gestaltete, daß die Wassergläser für die Sänger angemessen versteckt werden konnten. Nono ließ die pfeifende Atmung und das Geräusch des hastig in die Kehle geschütteten Wassers von seinem Mikrophon aufnehmen. Beide, Müller und Nono, waren nicht träge oder faul, wenn sie sich unnötiger Eingriffe enthielten und die gesammelten Geräuschfolgen so beließen, wie sie waren. Die Ausdruckskraft bestand in der AUTHENTIZITÄT.

Opernprojekt in Anlehnung an die Seidenstraße

Unerwartete Chance für die Oper

Weit im Osten des euroasiatischen Kontinents liegen GUS-Länder, deren Bevölkerungen Opern so wenig kennen, daß sie den Verfall dieser Spitzenwerke des 19. Jahrhunderts in der Gunst des Publikums nicht mitverfolgt haben. Für sie sind alle Opern neu. Das sagte sich der Buchprüfer und Wirtschaftsberater Detlef Mückert, der sein Domizil in Mühlheim/Ruhr hatte und für seine Person Opernliebhaber war. Verbrüdert, d.h. in Thekengespräche verwickelt, die eine Vielzahl seiner Lebenszeit ausmachen, war er mit Achim Laue, einem Vermittler junger Opernsänger, der die Karrieremöglichkeiten der ihm ANVERTRAUTEN in Westdeutschland als aussichtslos einschätzte. Sie waren beide Realisten.

Abb.: »Kopf der Leidenschaft (die Oper), was wäre ihr Fuß?«
Th. W. Adorno

In Kirgistan und der Tadschikischen Republik aber waren Publikumsressourcen versteckt, so dachten die beiden

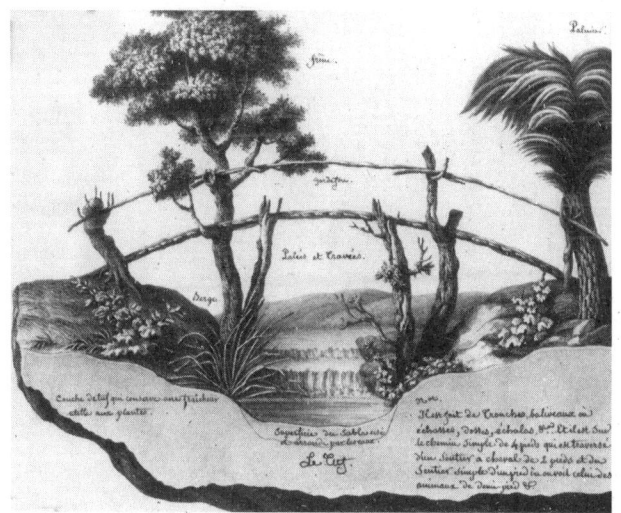

Abb.: Noch heute begehbare Brücke über einen Nebenfluß des Jaxartes.

»Fuß der Leidenschaft« = Ausdauer. Im Nachtrab der Heere des Königs von Makedonien wandern Landvermesser von den Stätten Griechenlands zum Pamir, zum Indus. In Ägypten suchen sie die Quellen des Nils. Alles, was sie in Erfahrung bringen, an Land vermessen, dem griechischen Geisterreich aneignen, haben sie mit EIGENEN FÜSSEN abgeschritten. In Doppelschritten gezählt und in Parasangen. Jeder, der die Strecke maß, hat ein Stück Leben zurückgelassen.

Freunde, die eine Renaissance der Oper gestatteten. Warum sollten nicht tief im Osten PULKS DER ERNST-HAFTIGKEIT (was sind Opern anderes?) eine Wiederge-burt der Opernhäuser bewirken?

Dazu war ein Finanztransfer nach Osten notwendig. Mückert hat hierfür Investorengelder gesammelt. Eine solche Sammlung hat ein einfaches Schema. In einem Hotel werden Zahnärzte, Rentiers, junge Manager versam-

Abb.: Brunnen an einer spätantiken Landstraße.

melt, das Ganze versetzt mit attraktiven Frauen. Achim Laue trägt vor. Er hat sich von Mückert eine Sprechweise angeeignet, die die an sich nicht mitteilbaren Ernsthaftigkeitswerte des Projekts in eine Kolonne von Prämissen und Folgerungen verwandeln, die eine Rendite versprechen. Unwahrscheinlicher als ein Börsenerfolg ist auch die Dividende dieses Opern-Projekts nicht.

Laue und Mückert, inzwischen Co. (weil Mückerts Frau ihr Erbteil verpfändet hat), haben durch Siegfried Graue einen imaginären Opernführer herstellen lassen. Die darin enthaltenen Werke sind entgegen ihrer Entstehungszeit im 16. bis 19. Jahrhundert perspektivisch verkürzt. Kein Werk dauert länger als 15 Minuten. Sechs mal 15 Minuten = 90 Minuten. Die Pause von 30 Minuten dient dem Basargespräch und dem Handel, so wie es in den neuen Ländern des Ostens, die zur Aufnahme in die

EG drängen, üblich ist. Es folgen nach der Pause drei Werke, d.h. ein 45-Minuten-Zusammenhang, als RAUS-SCHMEISSER. Die Rückfahrt der Zuschauer, zum Teil in die Gebirgszonen des Landes, setzt einen Vorstellungsbeginn um 17.00 Uhr voraus und ein definitives Ende nach 165 Minuten. Der Abtransport erfolgt in Bussen.

Xaver Holtzmanns Projekt:
»Imaginärer Opernführer«

Der Redakteur der Berliner Ausgabe der FAZ war zu mehr Neugierde berechtigt, als man in den Tageszeitungen mit großen Namen vermutet. So hat er auch den relativ wenig bekannten Xaver Holtzmann entdeckt, dessen Publikation IMAGINÄRER OPERNFÜHRER mit einer Auflage von 600 Stück ausverkauft war.

– Was ein Opernführer ist, wissen wir, was aber soll heißen: »imaginär«?
– Ich frage: welche Opern gibt es nicht? Wir verfügen im 20. Jahrhundert über opernfähige Stoffe, auch in allen übrigen Jahrhunderten gibt es Stoffe, die der ernsthaften Bearbeitung, also einer Oper, einem »Werk«, würdig sind, aber für gewisse Stoffe gibt es Opern und für gewisse nicht. Das hat mich interessiert. Darauf orientiere ich eine Forderung oder ein Raster. Warum gibt es nicht, wenn die Operngeschichte über etwa achtzigtausend Opern verfügt, die Chance, etwa siebenhundert weitere Opern herzustellen, die zur Wiedergabe des Erfahrungsgehalts unserer Zeit fehlen?
– Deshalb Ihre Projekte?
– Jawohl. Ich schlage Projekte vor, weil man gegen die Stummheit nur durch praktische Projekte ankämpfen kann.
– Für den Stoff *Tosca* haben Sie siebenundachtzig Opern angefordert?
– Nicht ohne Grund. Polizeichefs in der Welt gibt es zur Zeit 88 400. IM LAUFE DER ZEIT entsprechend mehr. Wenn Sie historisch zurückgreifen, so finden Sie eine üppige Artenvielzahl. Je nachdem muß man die Tragö-

die der *Tosca* verschieden behandeln. Mein Buch ist eine Landkarte, an der sich Komponisten und Librettisten orientieren sollen.
– Sollen oder können?
– Vom Können hängt es ab.

Abrüstung des tragischen Geschehens

– Abrüstung ist eine Ihrer Lieblingsvokabeln?
– Es betrifft das tragische Geschehen.
– Was ist tragisch?
– Bei Aristoteles gibt es als höchste Form des tragischen Geschehens: die WIEDERERKENNUNG im letzten Moment. Eben noch will, von Rachedurst getränkt, die Frau den Schuldigen ermorden, da erkennt sie den eigenen Sohn. Diese Wiedererkennung liegt für die Athener näher als die Vorführung depressiver Schicksale. Im unmöglichen Moment Rettung, das rührt an.
– Da können Sie aber wenige Opern aufzählen, die das berichten.
– Das nenne ich den Börsianismus der Oper. 150 Jahre lang überbieten sich die Opern, das Ende immer schrecklicher zu gestalten, mehr Grund zur Erschütterung zu liefern. Meines Erachtens haben sie damit die Zustimmung der Bevölkerung verloren.
– Unter Hitler noch nicht.
– Nein. Am Volksempfänger 99 % Zustimmung. Aber das Projekt ist falsch. Man muß nach einem GLÜCKLICHEN AUSGANG suchen.

Trotz der exzessiven Freiheit des Berlin-Teils der FAZ durfte der Redakteur nur eine Kurzfassung drucken. Das ästhetische Ideal Holtzmanns (er hätte nicht von einem

ästhetischen Gefühl, sondern von einem Forschungser-
gebnis gesprochen) schien nicht zielgruppennah.

Mehr Tiere auf Erden als Sterne
in der Milchstraße

Aus Holtzmanns Eröffnungsbilanz zum 21. Jahrhundert

Xaver Holtzmann hat einen Zwischenspurt eingelegt. Die Sponsoren sind UNEP (United Nations Environment Programme), IUCN (The World Conservation Union) und WCMC (World Conservation Monitoring Centre).

In einer Publikation errechnet er die Zahl der Tiere auf dem Planeten, vergleicht sie mit der Zahl der Sterne in unserer Galaxie. Dies ist erheblich für den Fall einer Sammelklage, sollte der Planet vernichtet werden.

Die Sterne der Milchstraße, mit einer Fehlerrate von 0,3 % gezählt: 200 Milliarden. Demgegenüber die Zahl aller Tiere auf der Erde: Eine Trillion. Hiervon zehn Billiarden Ameisen, 300 Milliarden Vögel.[1]

Es entfallen auf einen Elefanten 10 000 Menschen, auf einen Weißstorch 20 000, auf einen Löwen 100 000, auf einen Tiger 1 000 000, auf einen großen Panda 5 000 000 und auf das seltenste, wildlebende Tier (es gibt nur noch ein Exemplar dieser Papageienart), den Spixara, sechs Milliarden Menschen.

Für Sammelklagen interessant sind die Heimtiere. 106 Millionen Katzen (ohne streunende), 94 Millionen Hunde (ohne streunende). Es treten die Nutztiere hinzu: Drei Billionen Bienen, 20 Milliarden andere Tiere: 13 Milliarden Hühner, 1,3 Milliarden Rinder, eine Milliarde Schafe, 935 Millionen Schweine, 699 Millionen Ziegen, 209 Millionen Gänse, 246,4 Millionen Truthühner, 162,3 Millio-

---

1 Mittelwert. Die Schätzungen bewegen sich zwischen 200 und 400 Milliarden. Somit kommen auf einen Menschen 50 Vögel und an Tieren insgesamt 167 Millionen.

nen Hausbüffel, 60,9 Millionen Pferde, 19 Millionen Kamele, 2,6 Millionen Farmkrokodile.

Hinzu tritt bei Verlust des Planeten: Erdöl, Kohle, Bodenschätze, umbauter Raum, Antiquitäten.[2] Bei den Vögeln führt Xaver Holtzmann im einzelnen auf: die Stadttaube (Felsentaube, verwilderte Haustaube) 32 Millionen (Zahl steigend), Blutschnabelweber 1,5 Milliarden, Feldlerche 320 Millionen, Rauchschwalbe 15 Millionen, Silbermöwe 2,3 Millionen, Knut 1,3 Millionen (stabil), Gelbfußflamingo 50 000, europäischer Kranich 250 000, Riesenseeadler 7 500, Rotstichkakadu 3 000 (sinkend), Humboldtpinguin 20 000, Kaiserpinguin 350 000 (stabil).

Auf einen Menschen kommen, errechnet Xaver Holtzmann, 500 Bäume, 6833 m³ erneuerbares Süßwasser.

Das Leben auf Erden wiegt 1 850 Milliarden Tonnen. Davon sind 99 % pflanzlicher Natur. Die Biomasse des Menschen beträgt 0,1 Milliarden Tonnen. In den offenen Ozeanen wachsen jährlich 41,5 Milliarden Tonnen hinzu, auf den Kontinenten 117,5 Milliarden Tonnen. In der Stadt Brüssel wiegen die Einwohner 7,16 % des Lebendgewichts (d. h. des Gewichts der Stadt unter Abzug nichtlebender Steine, Metalle und sonstiger städtischer Materie), die Regenwürmer 0,97 %, die Hunde 0,12 %, übrige Tiere 0,61 %, das Böse wiegt 61 %, das Gute 26 %, der Rest ist Schwund.

Ziel der von Xaver Holtzmann zusammengeführten Daten war es, eine Eröffnungsbilanz des 21. Jahrhunderts zu erstellen. Der gründliche Holtzmann fügte aus Quellen der Schätzungen eine Bilanz zum 31. 12. 1799 und zum 31. 12. des Jahres 1000 hinzu. Für das Jahr 1000 sind die

2 Für die Sammelklage unerheblich ist der entgangene Gewinn, d.h. die noch nicht gehobenen Bodenschätze, die noch »herrenloses Gut« darstellen.

Daten deshalb ungenau, weil der Zeitpunkt des 31. 12. durch die inzwischen erfolgten Kalenderumschreibungen nur ungefähr feststellbar ist.

Die Hinrichtung eines Elefanten

Ich, der jeden Vierteldollar ehrt, aus Odessa und seit zwei Jahren in New York, habe das Glück, dem großen Edwin S. Porter als Rechercheur und Kabelträger zu dienen. Ingenieur Porter ist als Regisseur Angestellter der Edison-Filmproduktionsgesellschaft. Ich bin als Voraustrupp schon seit vier Uhr früh vor Ort. Die Vergnügungsstätten von Coney Island, Ort unseres Filmaufnahme-Termins, liegen im Schlaf. Die Sonne wird von See her erwartet.

Das Untier, das aussah wie andere Elefanten auch, hatte keine Tücke im Blick des rundlichen Auges, stand in seinem Zelt, Stroh unter den Füßen, »wartete auf die Vollstreckung«. Die Wärter, davon ging ich aus, mochten das Tier nicht, da es drei ihrer Kollegen umgebracht hatte. Sie versorgten es, wie der Dienstplan es vorschrieb. So zermalmte das Tier in seinem Maul Rüben und Heu. Seine Untaten hatte es wohl vergessen oder gar nicht als »Schuld« wahrgenommen, vertrauensvoll blickte es in den Morgen.

Zwei Stunden später wurde die Kamera herangetragen. Die Wärter führten das delinquente Tier auf einen freien Vorplatz, auf dem Seile einen Abstand zwischen Tier und Zuschauer legten. Am linken Vorderfuß und am rechten Hinterfuß wurden elektrische Kabel angebracht, Elefanten sind Paßgänger, es genügt, je eines der Glieder einer Seite zu lähmen, um beide Glieder unbeweglich zu machen.

Wir sind bereit, rief Regisseur Porter. Er hatte die Kamera konstruiert, die auch als Filmvorführgerät patentiert ist. Die Crew besaß noch nicht das Raffinement des Jahres 1904, das den Höhepunkt der Edison-Unternehmen markiert. Es waren deshalb keine Lichtquellen im

Rücken des Elefanten postiert, die die Kontur des zitternden Tieres gegen den Horizont abgegrenzt[1] hätten. Noch allerdings zitterte der Elefant nicht, stand ruhig da. Die Zuschauer wurden veranlaßt, Tickets zu lösen. Man wartete mit der »Hinrichtung auf dem elektrischen Stuhl in Coney Island«, bis mehr Publikum mit den Vorortzügen angekommen wäre.

Gegen 11 Uhr zündeten die Wärter die Elektroden. Der Gigant bäumte sich auf. Ich hatte den Eindruck, daß sich die Muskeln spannten. An den Fesseln der »Elefantenfüße« Qualm. Dann stürzte der Riesenleib aus Eiweiß auf die linke Seite, ein Haufen Elend.

Die Wärter und die Filmoperateure waren unmittelbar nach diesem Sturz entsetzt, schienen aufgeregt. Porter sagte: Das wird sensationell. Die Filmbüchsen mit den Negativen wurden beschriftet: Name der Firma. Datum. Titel: »Electrocuting of an elephant«. Die Wärter, die gewohnt waren, das Tier zu füttern, es abzuspritzen, die Exkremente zu entsorgen, durch den Tod der drei Kollegen in ihrer Stimmung irritiert, auch wenn sie auf deren Plätzen nachrückten, waren verschwunden. Eine Kritik an dem Verfahren hatten sie nicht geäußert.

Auch ich äußerte mich nicht. Die 35-mm-Aufnahmen von der Vollstreckung der Todesstrafe an dem Afrikaner sorgten für eine ungewohnte Zuschauerfrequenz. Noch im folgenden Jahr sahen zahllose Kinobesucher die wenigen Minuten des Filmstreifens, vermutlich empfanden sie die Bilder als Beweis, daß sie selbst noch lebten.

Ich habe mir den Film inzwischen vierzehnmal angeschaut. Ich kann sagen: man sieht sehr wenig. Nach etwa einviertel Minuten kann man im Grau die Dampfwolke ausmachen, als die Füße des Tieres brennen. An-

---

1 Ohne solches »Spitzlicht« hebt sich die graue Haut nicht vom Horizont ab. Der Blickwinkel der Kamera lag »landeinwärts«.

schließend den eindrucksvollen Sturz. An eine »Hinrichtung auf dem elektrischen Stuhl« erinnert mich die Szene nicht. Die ganze Wirkung des Streifens beruht auf dem Titel, der Vorankündigung. Wir haben später die »Hinrichtung des Mörders von Präsident McKinley« gedreht (und die Zuschauerzahlen des Elefantenfilms übertroffen). Die Aufnahme war gestellt, der mit Gas Hingerichtete ein Statist.

Der für mich aufregendste Moment wurde nicht gefilmt: wie der Elefant sich von den Wärtern ruhig auf den Vorplatz führen läßt, er, der sich losreißen und jedes Hindernis hätte niedertrampeln können.

Kino in der Not

Nahe der Grenze des Zentrums von Beirut zur Südstadt, noch in der Zerstörungszone der Luftangriffe gelegen, befand sich das Kino ELDORADO. Es war bis auf die Grundmauern zerstört. Das Ehepaar, das die Spielstätte seit Jahrzehnten betrieb, hatte die Trümmer weggeräumt und auf der planen Betonfläche des Grundrisses ein Zeltdach errichtet. Unter dem Zelt standen die geretteten Projektoren. Davor die Stuhlreihen (Caféhaus-Stühle als Behelf), davor die Leinwand. Mit dem Filmton mischte sich bei Vorführung der Schlachtlärm, der sich näherte und wieder entfernte. Die Zuschauer waren unter dem Zeltdach etwas sicherer als in den festen Häusern, da zerstörte Gebäude selten ein zweites Mal angegriffen wurden und in diesem »Kinosaal« keine Verschüttung durch einstürzende Baumasse zu befürchten war.

Das Ehepaar, das vertrauensvoll dieses Kino führte, kämpfte seinen Kampf mit aussichtslosem Material. Dennoch waren die Sitze unter dem Zeltdach immer besetzt. Eine Kasse gab es nicht, so wie es keinen speziellen Eingang gab; vielmehr wurde nach Art einer Kollekte das Eintrittsgeld der Zuschauer durch Herumgehen zwischen den Reihen eingezogen. Es wurden gespielt: *Fluch der Karibik*, am folgenden Abend zwei indische Melodramen mit Untertiteln, danach *Die Ritter des Windes* (von Chen Kaige). An sich war das ELDORADO als Programmkino gedacht. Die beiden Betreiber waren aber auf Filme angewiesen, die zur Verfügung standen, ohne Rücksicht darauf, ob sie zueinander paßten. Dieses Notkino war für die Menschen tröstlich. Sie saßen (die Mittel, zu flüchten, welche die Reichen besaßen, hatten sie nicht) inmitten der Gefahr gern gesellig beieinander. Es war gleich, was das

Programm zeigte, wenn nur die Projektoren in Gang blieben. Für den Fall von Stromsperre hatten diese älteren
Vorführ-Fabrikate eine ansetzbare Kurbel, die es ermöglichte, sie von Hand in Bewegung zu halten.

Die Brunnen der Götter

Akasha-Filmprojekt mit Andrej Tarkowski

In einem Berliner Zimmer, das an eine Küche grenzte, saß (oder war hingesetzt von den befreundeten Seelen, die ihn versorgten) Andrej Tarkowski. Einer der wenigen Großen unter den Filmregisseuren der Welt, vom sowjetischen Filmverband verstoßen, in Hollywood unbekannt.

Ich werde von Abgesandten zu dem Versteck geführt. Wir hatten über Dritte unsere gemeinsame Absicht markiert, einen Film, ausgehend von dem Buch von Rudolf Steiner, *Akasha-Chronik*, herzustellen; Tarkowski hatte von den Kollektiv-Filmen *Deutschland im Herbst, Der Kandidat, Krieg und Frieden* gehört. Er war kooperationswillig.

Eine Meinungsverschiedenheit war beizulegen. Ich ging davon aus, daß der Film ohne Filmförderung, d. h. ohne Zutun einer Behörde hergestellt werden müsse. Deshalb mußten die Drehbedingungen einfach, d. h. kostengünstig sein. Das, worum es ging, einschließlich der Hinweise auf die Geheimlehren der Helène Blawatsky, die ich als Hintergrund der Darlegung von Steiner einbringen wollte, bestand zum geringsten Teil aus »verfilmbaren Bildern«. Andrej Tarkowski hatte dagegen im Sinn, daß die Dreharbeiten an einem herausgehobenen Ort, z.B. an Kreuzwegen zwischen Himalaya und Karakorum, d. h. auf tibetanischem Gelände, stattfinden sollten. Es gäbe dort Chreoden, so begann er das Gespräch, sobald ich saß und mit Tee versorgt war. Das sind »notwendige Wege«. Nur an diesen Orten, ein Ort sei aber immer die Summe aller Bewegungen, die auf ihm stattgefunden hätten, sei es aussichtsreich, daß eine Filmaufzeichnung, ja daß der Plan einer solchen Aufzeichnung uns gelänge.

Ohne den rechten Ort könnten wir uns erst gar nichts ausdenken.

In der russischen Gruppe, die ihn versorgte, war eine gewisse Geheimnistuerei im Schwange. Ich war nicht sicher, daß seine Botschaft, von dieser Umgebung ins Deutsche übersetzt, gerade was ihre unpraktische Seite betraf, sein letztes Wort sein sollte. Er hatte das Gespräch angefordert. Auf meine Mentalität mußte er eine gewisse Rücksicht nehmen.[1]

Es gäbe, sagte Tarkowski, nachdem ich meine zweite Ladung Tee und zwei Blinis erhalten hatte, in Süditalien, wenig entfernt von Neapel, einen der »Brunnen«, schon in der Antike bekannt (bei Ovid erwähnt), und dort sei er gewesen. Der Zugang sei kompliziert, weil der Brunnen selbst durch eine christliche Kapelle überbaut sei. Die Kapelle wiederum findet man nur, wenn man in einem Patrizierhaus, einem Landhaus, und dort in den Kellern einen Durchstieg findet, der in ein tieferes Kellergewölbe führt, von dort aus muß man den Boden aufhacken. Hier, weil alles an einem Hang gelegen ist, bricht Licht herein, und der Zugang findet sich. Ich habe beim Eintritt sogleich die Empfindung gehabt, sagte Tarkowski, daß der Weg wenig tiefer, gleich unterhalb des Bodens, zu einem jener Brunnen führt, die die Verbindung zur Unterwelt herstellen. Um diese Empfindung gehe es in dem ganzen Film.

Es nützt nichts, diesen Ort zu filmen, sagte ich, nicht einmal wenn wir die Grabung nach dem Brunnen doku-

---

1 Daß es günstige Orte und Zeiten gibt, ohne die nichts gelingt, darüber waren wir nicht verschiedener Meinung. Ich kann an einem Brunnen, der mich bewegt hat, ein Sandkorn, eine Taube oder eine Ameise filmen, und das gelingt, weil GOTT KAIROS half. Das ist jedoch, gesehen von den Verwaltungsbehörden des Films, Luxus. Man muß, wenn man solche Orte (und vor allem Zeiten) zu zweit finden will, von diesen Behörden unabhängig sein. Dann aber muß man die Orte (und günstigen Zeiten) suchen, wo man sie findet. Also auf Glück vertrauen und nicht PLANEN.

mentieren, fänden wir irgend etwas im Sinne von Rudolf Steiner. Nein, erwiderte er, aber jene Empfindung, wenn Sie sie teilen (und dazu müssen wir gar nicht nach Süditalien fahren, es genügt, wenn Sie es mir hier in diesem Zimmer nachempfinden und bestätigen), werde der seismographische Führer sein, der die Bilder lenkt. Die Übersetzer, eine junge Russin und ihr Freund, die zum inneren Kreis der Versorger Tarkowskis gehörten, stritten kurze Zeit über die Übersetzung des Wortes SEISMOGRAPHISCH. Tarkowski hatte einen russischen Ausdruck benutzt, der nicht exakt ins Deutsche übersetzbar war; die Wortfolge bedeutete »schwebend«; mit einer Resonanz ausgestattet, konnte es aber auch »thrilling«, »bewegend«; »con moto« bedeuten, aber auch »zerstörend«. Tarkowski pausierte, hörte ruhig zu. In den Rillen und Markierungen der Haut seines Gesichts drückte sich ein hohes Maß von Entschiedenheit aus. Er war darauf aus, den Film zu »diktieren«. Andererseits suchte er »Zusammenarbeit«. Er war aber Zusammenarbeit nicht gewohnt.

Die Texte der Akasha-Chronik reichen weit zurück. Sie beschreiben die Herkunft der Menschen, vor allem aber die vielen Bewegungen des Geistes, die nicht in die menschliche Gegenwart eingegangen sind.

Finden die Übergänge als Katastrophen statt? Sind die stärksten Geister des vorigen Zeitalters, die nunmehr Gegengeister eines neuen Zeitalters sind, Ruinen, Bruchstücke, lebendige Partikel, ähnlich Viren, oder sind sie Lava, wie nach einem Vulkanausbruch? Was zieht Tarkowskis Empfinden nach Tibet? Oder ist das Kreuzweg- und Gipfelfilmprojekt nur eine Idee? So wie Richard Wagner Bayreuth braucht, um sich beweisbar durchzusetzen? Braucht Genie ökonomischen Exzeß, um sich abzuheben vom Durchschnitt?

Es zeigte sich, daß Tarkowskis Hinweis auf Tibet auf ei-

Abb.: »Bisher war zwischen Sonne, Erde und Mond keine materielle Trennung. Die drei waren in ihrer Wirkung auf den Menschen *ein* Körper. Jetzt trat die Trennung ein [...]. Die feinere Stofflichkeit [...] sondert sich als Sonne ab; der derbste Teil trat als Mond heraus; und die Erde hielt mit ihrer Stofflichkeit die Mitte zwischen beiden [...] die Seele fing an, die Gegenstände um sich her farbig zu sehen. Das war verknüpft mit der Ausbildung neuer Sehwerkzeuge. Zu dem unbestimmten Fühlen des Lichts und der Dunkelheit in früheren Zuständen hatte der Leib ein heute nicht mehr vorhandenes Auge.«

Rudolf Steiner, *Aus der Akasha-Chronik*, erstmals erschienen in der Zeitschrift Luzifer-Gnosis, 1904-1908, S. 14-35.

Eingang zu einer spätantiken Wasserstelle in einem Tal des Pamir. Die Hölzer (li. und re. oben) ohne Wurzeln sind seit 2000 Jahren frisch.

nem Übersetzungsfehler beruhte. Es ging um gewisse Täler und Gletscher im Hindukusch. Hier liegen ganz in der Nähe, Tarkowski selbst hat diese Landschaft nicht besucht, aber davon gehört, »von keinem je betretene Ge-

Abb.: Garten mit teils unterirdischer Tempelanlage. Widmung über dem Eingang: Der Einsamkeit.

lände« und einige »Gärten von außerordentlicher Schönheit«. Die Gärten sind noch bepflanzt nach ältesten Vorschriften von Atlantis und enthalten durch ihre Vegetation und ihre Bearbeitung Kunde von jenem Gestirn, von dem die PERFEKTEN sich ableiten. Wenn man sucht, meinte Tarkowski, wird man dort auch alte Bücher finden.

Ich schlage vor, zunächst ohne Filmapparaturen dorthin zu fahren und die Nachricht zu verifizieren. Für den Film schwebt mir vor: ein Hauptdarsteller, körperlich und geistig robust, ein Landvermesser (Geograph). Er leitet eine Expedition. Sie ist unzulänglich ausgestattet, unterfinanziert, so wie es auch uns ergehen wird. Er hat sich auf die Expedition begeben, obwohl die Finanzierung der Expedition weder in den Planungen dieses noch des nächsten Jahres ausgewiesen ist. Von allen Plänen verlassen. So findet diese Expedition in den Tälern in der Nähe des Pik Kommunismus jene Gärten, wilden Gletscher und Orte. Hier, nur von unseren Empfindungen im Berliner Zimmer in der Mommsen-Straße gespeist, sehen wir den rechten Ort vor uns.

Ja, sagt Tarkowski. Es sind tatsächlich wilde Täler, und es geht um ein und denselben Fluß, der das Tal durchzieht, aber es ist ein Fluß, der über lange Strecken nicht zu sehen ist. Von den höchsten Gipfeln des Gebirges zieht sich eine Nässe herab, ein Zug wäßriger Moleküle, und daraus werden einst die Grenzflüsse Oxus und Jaxartes entstehen. Wer darin je badet, wird Stärke empfinden, weil die Äonen ihn durchfließen. Sammeln, retten, in der Verwirrung nicht verzweifeln, sagt Tarkowski, das ist der Sinn des dritten Thrones, der ein fließendes Gewässer ist, das niemand sieht.

Das alles muß von dem ganz unpolitischen, etwas sturen Landvermesser gefunden werden, sage ich. Wonach er gar nicht sucht, das findet er. Seine Sturheit, das entspricht unserer Kamera, die Bilder fordert. Das, was er tatsächlich findet, entspricht dem Zauber der Optiken, die, zum Teil sechshundert Jahre alt, von holländischen Handwerkern entwickelt, etwas aufzunehmen vermögen, was das menschliche Auge nicht sieht. Zum Beispiel die 90er Makro-Kilar. Jawohl, sagte Tarkowski, darauf müssen wir vertrauen.

Die Übersetzer sagen: Was der Meister gesagt hat, kann heißen: »er billigt es« oder »er bestätigt es«, oder es kann heißen: »das ist das einzige, worauf wir uns verlassen werden«.

Die Tiere führen unseren Helden, der nicht weiß, was er sucht, sagt Tarkowski. Sie wollen in jenes Tal vordringen, haben Verlangen nach dem Garten, auch wenn Tiere »nichts wissen«, und sie folgen dem unsichtbaren Strom, bis er ans Licht tritt. Es ist, ich sehe es vor mir, eines der schönsten Täler der Welt. Hochwüchsige weiße Pferde finden sich dort, von Lysimachos gepflanzte Baumalleen.

Wir brauchen sowjetische Visa, sagte ich. Und die Flüsse der Antike heißen heute Amu-Darja und Syr-Darja. Wir müssen uns für *eines* der beiden Flußtäler entscheiden. In der Moderne transportiert jeder der zwei Flüsse, für die Kamera gut sichtbar, Lehm, sich wälzendes Erdwerk, bis das Wasser versandet, ehe es überhaupt zum Aralsee gelangt, wohin es einst tendierte. Wir müßten viel Glück haben, wenn wir etwas, das Rudolf Steiners Mitteilungen in der Akasha-Chronik in den Spuren eines Bildes wiedergibt, überhaupt finden. Vielleicht finden wir »Häuser der Sowjetunion«, Sanierungsgebiete, Kanäle und Umleitungen des Flusses, Baumwollplantagen. Wir sollten statt dessen nach Schloß Elmau fahren oder nach Spitzingsee und fänden in mancher Krume, mancher Quelle, manchem Getier mehr Andeutung dessen, wovon Steiner spricht (der ja frühere Texte referiert), als bei einer Reise zur Pamir-Seite der Sowjetunion.

Dann müssen wir die Hindukusch-Seite wählen, die zu Indien gehört, antwortete Tarkowski. Allein das Himmelszelt über diesen trockenen Bergen, einige Quadratmeter Boden, die kein Mensch je betrat – das wären Bilder. Gegen die Planer von Moskau gerichtet. Wir werden einiges von dem, was Sie Bilder nennen, an einem anderen Ort nacherzählen müssen, meinte Tarkowski. Was ist authentisch? Was kann man nachstellen? Nordgeorgien ist nicht weniger authentisch als Afghanistan. Wenn aber jenes Gespür für den Ort einsetzt, wie ich es bei Neapel empfand, dann können Dreharbeiten nur an solchen Orten durchgeführt werden, wo sich ein gleiches Gefühl ergibt. Sind wir Wünschelruten, fragte ich? Mal der eine, mal der andere, am besten aber zu zweit, antwortete Tarkowski. Man muß auf die »Ankunft der Bilder warten«.

Es gibt sicher Spuren, sagte Tarkowski, aus den frühesten Zeitaltern. Man wird sie aufspüren, wenn es gelingt, daß wir uns leere Räume und leere Zeiten vorstellen. In diesem Sinne sind ja die Gelände nordöstlich von Oxus und Jaxartes LEERE GELÄNDE. Wo sollen wir Geheimnisvolles suchen, wenn nicht dort?

Wir können ebensogut, antwortete ich, Elementares verfilmen: den ersten Windstoß des Herbstes, den längsten Moment des Winters, die Morgenröten, von denen jede verschieden ist. Wenn es bei Homer heißt: »Scharf wehend das Aug wie der Nordost«, dann ist das schwer zu verfilmen, weil ja das Auge weht und nicht der Wind. Das könnten wir aber im Kalkstein der Alpen und an der See weit im Norden eher filmen als bei einer Expedition in ein antikes Land, das weder Sie noch ich kennen.

Das Wasser ist der Kutscher des Lebens

Wir müssen alle Verschiedenartigkeiten des Wassers und des Fließens beobachten, sagte Tarkowski. Deshalb könnten wir tatsächlich den ersten Turnus der Dreharbeiten hier in Europa festlegen. Es sind die Gewässer, die die Verbindungen halten durch die Zeitalter. Nicht die Luft, nicht das Feuer. Das Erdreich bewegt sich ohnehin nicht in großem Stil über den Planeten hinweg. Eine Wüste mag sich in hundert Jahren 200 km fortbewegen. Wann würde sie je den Planeten umrundet haben?

Ich war froh, ihn von den teuren Wegstrecken für die zwei Filmteams, mit denen wir drehen würden, abgebracht zu haben. Wieviel Material werden wir im kommenden Jahr schon verfilmt haben? fragte Tarkowski.

Wir verabredeten, daß jeder mit seinem Team schon in den nächsten Wochen anfangen sollte. Sozusagen filmische Notizen, die der Empfindung des Gesprächs, das wir hier führten, entsprächen. Das Institut für Filmgestaltung Ulm sollte einen Fonds für die Dreharbeiten bereitstellen.

Ich sehe Tarkowski, wie er im dunkler werdenden Zimmer zurückbleibt. Abgesandte trugen später noch Nachrichten zwischen uns hin und her. Die tödliche Krankheit überschattete kurz darauf seine Pläne. Seine Lebenskräfte veränderten sich. Sie wurden gieriger, weniger geeignet für die Ankunft von etwas, auf das man nur warten könnte. Inzwischen veränderte sich auch die Sowjetunion. Man hätte an den Originalplätzen drehen können. Tarkowski starb in einer Pariser Klinik.

Lesbarkeit von Zeichen

Der Graphiker Philemon Berdjew, Lemberg, jetzt in Warteschleife, früher Zentrales Institut für Graphik und Design der Akademie, arbeitet seit 1986 am Entwurf symbolischer Zeichen, die noch in 6000 Jahren einem Intelligenzwesen TÖDLICHE GEFAHR signalisieren. Es wird angenommen, daß der Adressat keine der heute gesprochenen Sprachen beherrscht. Er liest auch keine kyrillische Schrift. Die Zeichen müssen, auch bei Beschädigung oder Verwitterung, ein eindeutiges Signal wiedergeben. Zu berücksichtigen ist die kulturelle Umformung, in Zukunft beschleunigt, aus häßlich wird schön, aus Schrekken Attraktion, aus gut böse. Unter diesen Voraussetzungen ist Eindeutigkeit gefordert.

Rückschlüsse aus römischen Denkmälern, altbabylonischen Zeichen sind trügerisch, sagte Berdjew. Die Entwicklung der kommenden 6000 Jahre ist beides, langsamer und beschleunigter. Die tödliche Gefahr, vor der gewarnt werden soll, ist abstrakter, selbst unsichtbar.

Berdjew ist mit seinen Computern inzwischen ans Internet angeschlossen. Er hat Betteltouren unternommen, um Geld zusammenzubringen. Ein ehemaliges Mietshaus aus der Zeit der k. u. k. Monarchie ist von ihm gefüllt mit Entwürfen und Dateien, die auf umständliche Art, die für die Partner in den USA unhandlich sind, ein System zeitübergreifender Zeichen umfassen.

Es ist, sagt Philemon Berdjew, unsinnig, HEISSE SPOTS in den Pripjetsümpfen, die sich über Tausende von Quadratmeilen erstrecken, dadurch kennzeichnen zu wollen, daß man eine Art Verkehrsschild auf Waldpfaden anbringt. Man kann auch nicht wissen, ob künftige Intelligenzen nicht Riesen- oder Zwergengröße haben. Einige seiner Zeichen knüpfen an Arbeiten des Mathematikers Carl Friedrich Gauß an, die dieser für die Zarin Katharina entwickelt hat. Es handelt sich um eine Darstellung von Sätzen des Pythagoras, eingeritzt in das Erdenrund.

Gauß hatte von der Zarin Mittel erhalten, in den sibirischen Flachwald Schneisen einzuhauen, eine Meile breit, endlose Meilen lang. Die so dargestellten Hypotenusen über den Dreiecken sollten fremde Intelligenzen, die z. B. vom Mars oder anderen Gestirnen zu uns hersähen, davon überzeugen, daß inmitten des analphabetischen Rußland Kenntnisse der Mathematik verbreitet seien, das Interesse einer gastlichen Intelligenz die Fremden erwarte, falls sie sich dem Planeten annähern sollten. Welchen Anhaltspunkt, fragte Berdjew, gibt dieses Beispiel aber für die Aufstellung von Warnleuchten, die auf einen atomaren Unfall hinweisen sollten? Wer wird in Leuchten oder Zeichen, die eine Havarie dokumentieren, ein Zeichen gastlicher Intelligenz vermuten?

Ein Liebesversuch

Als das billigste Mittel, in den Lagern Massensterilisationen durchzuführen, erschien 1943 Röntgenbestrahlung. Zweifelhaft war, ob die so erzielte Unfruchtbarkeit nachhaltig war. Wir führten einen männlichen und einen weiblichen Gefangenen zu einem Versuch zusammen. Der dafür vorgesehene Raum war größer als die meisten anderen Zellen, er wurde mit Teppichen der Lagerleitung ausgelegt. Die Hoffnung, daß die Gefangenen in ihrer hochzeitlich ausgestalteten Zelle dem Versuch Genüge leisteten, erfüllte sich nicht.

Wußten sie von der erfolgten Sterilisation?
Das war nicht anzunehmen. Die beiden Gefangenen setzten sich in verschiedene Ecken des dielengedeckten und teppichbelegten Raumes. Es war durch das Bullauge, das der Beobachtung von außen diente, nicht zu erkennen, ob sie seit der Zusammenführung miteinander gesprochen hatten. Sie führten jedenfalls keine Gespräche. Diese Passivität war deshalb besonders unangenehm, weil hochgestellte Gäste sich zur Beobachtung des Versuchs angesagt hatten; um den Fortgang des Experiments zu beschleunigen, befahl der Standortarzt und Leiter des Versuchs, den beiden Gefangenen die Kleider fortzunehmen.

Schämten sich die Versuchspersonen?
Man kann nicht sagen, daß die Versuchspersonen sich schämten. Sie blieben im wesentlichen auch ohne ihre Kleidung in den bis dahin eingenommenen Positionen, sie schienen zu schlafen. Wir wollen sie ein bißchen aufwekken, sagte der Leiter des Versuchs. Es wurden Schallplatten herbeigeholt. Durch das Bullauge war zu sehen, daß

beide Gefangenen auf die Musik zunächst reagierten. Wenig später verfielen sie aber wieder in ihren apathischen Zustand. Für den Versuch war es wichtig, daß die Versuchspersonen endlich mit dem Versuch begannen, da nur so mit Sicherheit festgestellt werden konnte, ob die unauffällig erzeugte Unfruchtbarkeit bei den behandelten Personen auch über längere Zeitabschnitte hin wirksam blieb. Die am Versuch beteiligten Mannschaften warteten in den Gängen des Schlosses, einige Meter von der Zellentür entfernt. Sie verhielten sich im wesentlichen ruhig. Sie hatten Weisung, sich nur flüsternd miteinander zu verständigen. Ein Beobachter verfolgte den Verlauf des Geschehens im Innenraum. So sollten die beiden Gefangenen in dem Glauben gewiegt werden, sie seien jetzt allein.

Trotzdem kam in der Zelle keine erotische Spannung auf. Fast glaubten die Verantwortlichen, man hätte einen kleineren Raum wählen sollen. Die Versuchspersonen selbst waren sorgfältig ausgesucht. Nach den Akten mußten die beiden Versuchspersonen erhebliches erotisches Interesse aneinander empfinden.

Woher wußte man das?
J., Tochter eines Braunschweiger Regierungsrates, Jahrgang 1915, also etwa 28 Jahre, mit arischem Ehemann, Abitur, Studium der Kunstgeschichte, galt in der niedersächsischen Kleinstadt G. als unzertrennlich von der männlichen Versuchsperson, einem gewissen P., Jahrgang 1900, ohne Beruf. Wegen P. gab die J. den rettenden Ehemann auf. Sie folgte ihrem Liebhaber nach Prag, später nach Paris. 1938 gelang es, den P. auf Reichsgebiet zu verhaften. Einige Tage später erschien auf der Suche nach P. die J. auf Reichsgebiet und wurde ebenfalls verhaftet. Im Gefängnis und später im Lager versuchten die beiden mehrfach, zueinanderzukommen. Insofern unsere Ent-

täuschung: jetzt durften sie endlich, und jetzt wollten sie nicht.

Waren die Versuchspersonen nicht willig?
Grundsätzlich waren sie gehorsam. Ich möchte also sagen: willig.

Waren die Gefangenen gut ernährt?
Schon längere Zeit vor Beginn des Versuchs waren die in Aussicht genommenen Versuchspersonen besonders gut ernährt worden. Nun lagen sie bereits zwei Tage im gleichen Raum, ohne daß Annäherungsversuche festzustellen waren. Wir gaben ihnen Eiweißgallert aus Eiern zu trinken, die Gefangenen nahmen das Eiweiß gierig auf. Oberscharführer Wilhelm ließ die beiden aus Gartenschläuchen anspritzen, anschließend wurden sie wieder, frierend, in das Dielenzimmer geführt, aber auch das Wärmebedürfnis führte sie nicht zueinander.

Fürchteten sie die Freigeisterei, der sie sich ausgesetzt sahen? Glaubten sie, dies wäre eine Prüfung, bei der sie ihre Moralität zu erweisen hätten? Lag das Unglück des Lagers wie eine hohe Wand zwischen ihnen?

Wußten sie, daß im Falle einer Schwängerung beide Körper seziert und untersucht würden?
Daß die Versuchspersonen das wußten oder auch nur ahnten, ist unwahrscheinlich. Von der Lagerleitung wurden ihnen wiederholt positive Zusicherungen für den Überlebensfall gemacht. Ich glaube, sie wollten nicht. Zur Enttäuschung des eigens herangereisten Obergruppenführers A. Zerbst und seiner Begleitung ließ sich das Experiment nicht durchführen, da alle Mittel, auch die gewaltsamen, nicht zu einem positiven Versuchsausgang führten. Wir preßten ihre Leiber aneinander, hielten sie

unter langsamer Erwärmung in Hautnähe aneinander, bestrichen sie mit Alkohol und gaben den Personen Alkohol, Rotwein mit Ei, auch Fleisch zu essen und Schampus zu trinken, wir korrigierten die Beleuchtung, nichts davon führte jedoch zur Erregung.

Hat man denn alles versucht?
Ich kann garantieren, daß alles versucht worden ist. Wir hatten einen Oberscharführer unter uns, der etwas davon verstand.

Er versuchte nach und nach alles, was sonst todsicher wirkt. Wir konnten schließlich nicht selbst hineingehen und unser Glück versuchen, weil das Rassenschande gewesen wäre. Nichts von den Mitteln, die versucht wurden, führte zur Erregung.

Wurden Sie selbst erregt?
Jedenfalls eher als die beiden im Raum; wenigstens sah es so aus. Andererseits wäre uns das verboten gewesen. Infolgedessen glaube ich nicht, daß wir erregt waren. Vielleicht aufgeregt, da die Sache nicht klappte.

> *Will ich liebend Dir gehören,*
> *kommst Du zu mir heute Nacht?*

Es gab keine Möglichkeit, die Versuchspersonen zu einer eindeutigen Reaktion zu gewinnen, und so wurde der Versuch ergebnislos abgebrochen. Später wurde er mit anderen Personen wiederaufgenommen.

Was geschah mit den Versuchspersonen?
Die widerspenstigen Versuchspersonen wurden erschossen.

Soll das besagen, daß an einem bestimmten Punkt des Un-
glücks Liebe nicht mehr zu bewerkstelligen ist?

Ich, der Eisenhändler

Schmiedewerkstatt, Reparaturwerkstätten für Eisenprodukte, auch Hochöfen und schwere Werkzeugmaschinen, Eisenhandel, das waren nacheinander die Berufe meiner Voreltern an der Grenze von Ruhrgebiet und Sauerland. Ich selbst bin 1912 geboren, sagte der Qualitätsprüfer für Alteisenmaterial und Eisenhändler Simon F., der heute längst tot ist. Für mich, sagte er, hat Eisen keine Geheimnisse. Ein Beruf besteht für mich darin, daß ich alle Fähigkeiten meines Faches in mir vereinige.

Ich traf Simon F. auf einer Fachversammlung von Alteisenhändlern. Es ging unter diesen bitteren Konkurrenten nur darum, sich voreinander auszuzeichnen. Wie einen Panzer trugen diese Menschen ihr sorgfältig erworbenes Wissen mit sich, verglichen die Kostüme ihrer Qualifikation, vergaßen, Rivalen zu sein.

Die verschiedenen Epochen der Eisenindustrie trugen sie gewissermaßen in sich.

– Oder wie eine zweite Haut?
– Dann müßten sie sich bei jeder Änderung dieser Industrie häuten. Die Bedeutung des Eisens wechselt. Nein, sie trugen die *Geschichte* des Eisenzeitalters in sich.

Glanzstücke aus Eisen, z.B. Kanonen, Kräne, Schiffsschrauben, auf den Weltausstellungen vorgeführt, warfen ihr Licht in jede Werkstatt, die mit Eisen zu tun hatte. Die Euphorie, die annahm, Eisen sei Anführerin des Fortschritts, wurde mit dem Ende des Ersten Weltkriegs wirtschaftlich dementiert. Zuviel Eisen in Form von Schrott war lieferbar, zuwenig neues Eisen wurde gebraucht für Waffen, Brücken, Maschinerie, wenigstens in Europa.

Das war der Grund dafür, daß der Alteisenprüfer Simon F. sich auf Eisenhandel verlegte, wofür er nur einen Teil seiner Kenntnisse benötigte. Im Jahr 1932 aber öffnete sich der fachliche Horizont erneut. Bedeutendste Schätze an Alteisen, die in Scapa Flow versenkte deutsche Hochseeflotte, waren in zwölf Auktionen, die sich jeweils auf einen bestimmten Abschnitt der Bucht bezogen, zur Ausbeutung freigegeben. Man mußte nur von schwerem Schwimmgerät aus tauchen, unten das Material schneiden und mit Kränen die wertvolle Substanz, wie sie in dieser Qualität in der Jetztzeit gar nicht mehr hergestellt wurde, heben. In Simon F. lebte, von den Vorfahren her eingeprägt, in ihm durch Fachkenntnis und Handwerk (zuletzt durch Handel und Erfolg unter unwahrscheinlichen Umständen der Wirtschaftskrise von 1929) gezüchtet, ein Glaube, d. h. eine für nichts in der Welt käufliche Annahme, daß solches vom Meeresboden gehobene Erz noch einmal zu einem wichtigen Zweck brauchbar sein werde. So investierte er geliehenes Geld in die Ersteigerung und Hebung des einzigartigen Marineschrotts, zahlte gewaltige Lagerungskosten in Scheunen und Kelleranlagen Schottlands. 1934 meldete er Bankrott an. Dann, zu spät, stand der Rüstungsboom von 1936 bereit, die sorgfältig geprüften, handwerklich korrekt gelagerten Materialien in seinen Kreislauf aufzunehmen. Dazu waren die Banken, die das Eigentum aus dem Bankrott anzulegen hatten, nicht in der Lage. Simon F. schrieb Eingaben, prozessierte. Das wertvolle Eisen und sein Fachwissen kamen jedoch nie mehr zueinander. Erst spät, im Jahr 1944, entdeckte ein britischer Zollinspektor die wertvollen Lagerbestände. Sie wurden bis August 1945 so umgelagert, daß sie jetzt den Weg zur industriellen Neuanfertigung von Panzern und Kriegsschiffen gefunden hätten. Schon aber stagnierten die Aufträge infolge des

Kriegsendes. Auch brauchte man für die Hauptwerkzeuge künftiger Kriege Aluminium und Edelmetalle, nicht mehr die Grundform aller Industrie: das Eisen.

Simon F. fühlte sich zunehmend überflüssig. In ihm starb etwas zugleich mit der Entwertung seines Wissens. Dieses Wissen war ja nicht nur mental. Es war durch Sorgfalt von Eltern, Voreltern und deren Vorfahren befestigt, die bereits Schmiede gewesen waren vor jeder Industrie. Auch im Fingerspitzengefühl, im Auge, das einen Metallbruch sah, präsent. Erst ganz am Schluß war solches Wissen in der Bestimmung des Preises wirksam. Wiesen und Wälder solchen Wissens gingen in Simon F. in den Jahren bis 1952 wie durch eine Dürre zugrunde. Geologen weisen nach, daß sich in Teilen der USA Dürren über 60 bis 200 Jahre erstreckten, die in ihrem Bereich alles Leben auslöschten. Es gibt keine Sicherheit gegen solche Verwüstung in der Ersten und auch nicht in der Zweiten Natur. Simon F. starb 1953, d. h. jung.

– Zur Beerdigung erschienen die Mitglieder des Siegener Eisenhandels vollzählig.
– Obwohl er Bankrotteur war?
– Seine Fachkenntnis war unbestritten. Auch war er in den Rüstungsringen des Krieges als hervorragender Fachmann wieder zur Geltung gekommen.
– Zur Zeit seines Todes wurde noch die Montanunion beschlossen, ein Europaplan, gegründet auf Kohle und Stahl?
– Das sah Simon F. schon nicht mehr als »neuen Horizont«. Es zeigte sich ja dann auch, daß die Einheit von Kohle und Stahl zum Subventionsobjekt wurde.
– Simon F. schrieb aber doch in seinem Todesjahr »Das Buch vom Eisen«.
– Ja, es enthält eine Archäologie der Qualitäten, die man insgesamt als Eisen bezeichnet.

Abb.: Schienen

– Aber es ist nie dasselbe?
– Nein, ein Eisen von 1807 ließ sich schon 1912 nicht
  mehr herstellen. Die Eisensorten verhalten sich, je weniger sie gebraucht werden, wie Antiquitäten zueinander.
– Man braucht aber immer nur eine Durchschnittsform
  von Eisen oder Stahl?
– Ja, darunter litt Simon F.: Die Rationalität braucht das
  eine, Eisen ist das andere.

In der Zweiten Natur

Sie trug eine Manschette oder Stulpe aus Wolle um ihren Oberschenkel. Das bedeutete: Ich bin dort nicht nackt, auch wenn es so aussieht. Für ein volles Beinkleid, ein ordentliches, war es hier im Viertel am Fluß in Shanghai zu heiß. Man konnte der feuchten Hitze nur mit viel Hautfläche, schwitzfähiger Haut, begegnen. Anders als in Singkiang, wo der Familienclan herkam und wo die Hitze trocken war.

Die Frau war höher gewachsen und korpulenter als die anderen Mitglieder der Familiengruppe. Sie bezeichnete die Mitte der Sitzgruppe, die in der engen Gasse saß. Gemeinsam sortierten sie einen Vorrat an Elektrokabeln, Verteilern und Schaltern, welche sie aus dem Abraum, der beim Umbau der Stadt stets neu anfiel, gesammelt hatten. In einer großen Plastikschüssel sammelten sie das Kupfer, in einer Wanne die Kunststoffteile, in einer anderen Wanne lagen die Verteiler, aus denen wiederum die Schrauben herausgedreht waren. Dies alles wird gegen ein Handgeld an Händler verkauft und ernährt so den Clan, der in der Stadt keinen legalen Status besitzt. Dieses Viertel am Fluß wird demnächst abgerissen sein. Investoren haben den Boden schon erworben. Dann wird dieser Clan, wie die gesamte Bevölkerung am Fluß, auf Neubauten an den Rändern der Megastadt verteilt. Bei diesem Vorgang, so hoffen sie, werden sie in den organisatorischen Kreislauf aufgenommen, da man sie nicht zwangsumsetzen und zugleich als Illegale behandeln kann.

Gewohnt sind sie, dem Boden etwas abzugewinnen. Den Boden der Ersten Natur gibt es hier nicht. Dennoch herrscht Naturalwirtschaft. Es geht um die Früchte der ZWEITEN NATUR, gut produzierte, jetzt überflüssig gewordene Güter. Die Clan-Chefin regiert ein Sammlervolk. Es ist bereit, Siedlervolk zu werden, auch ein lernendes Volk. Alles, was brauchbar ist, werden sie beurteilen, mit ihrer Aufmerksamkeit versehen, wenn das die Bedingung dafür ist, daß sie nicht dorthin zurückgeschickt werden, woher sie kommen. Sie sind zufrieden, wenn sie zusammenbleiben dürfen. Sie wollen Bodenhaftung behalten.

- Was nennen Sie Bodenhaftung?
- Ein geläufiger Ausdruck.
- Diese Menschen hier sitzen auf dem Boden einer engen Straße in einem Altbauviertel. Sie sammeln Fundstücke der technischen Welt, so wie in anderen Weltteilen Leute Krabben puhlen oder, mit mehr Körperbewegung, Ähren lesen.
- Wir sprechen von einem »gesellschaftlichen Boden«.
- Wir reden von einer Straße, die in 8 Wochen nicht mehr existieren wird. Bagger stehen in Bereitschaft, diesen Untergrund 40 Meter tief zu durchwühlen. Danach wird die Straße, auf welcher dieser Clan sitzt, nie mehr auffindbar sein.
- Die Leute werden verstreut sein. Sie hoffen, daß sie *gemeinsam* im Raum versetzt werden.
- Inwiefern kann man in einem solchen Zusammenhang von Bodenhaftung sprechen?

Vom Fluß her war, während die beiden Soziologen ihre Beobachtungen anstellten, eine Art Strahlung oder Strömung zu sehen. Eine Luftbewegung von giftig-gelber Farbe. Der Fluß, auf dem eine Brühe merkwürdiger Farben sich zum Meer hin vorwärtsbewegte, sozusagen als »Fortschritt der Wassermassen«, hatte seine Schwaden und Dünste mit der feuchten Hitze verbunden, die über der Mega-Stadt lag. Diese Wolke würde, weil der Fluß langfristiger strömte, als die Bauten der Stadt sich veränderten, noch nach Niederlegung des Altstadtviertels über die Baustellen dahinziehen. Mit etwas Phantasie konnten die zwei Soziologen, welche die Szene beobachteten, sich vorstellen, daß solche Schwaden von der »Geschichte aller toten Geschlechter von Technikern und Ingenieuren« zeugten, die insofern nach ihrem Ableben, solange nämlich das von ihnen Hergestellte Bestand hatte, »täglich wiederauferstanden«. Immerhin nährte sich der Clan, der an diesem Vormittag seine Stellung nicht veränderte, von solchen »Seelenresten«.

In Gefahr und größter Not

Szenen aus dem Ersten Weltkrieg

I
Bildbeschreibung

Totes Pferd in der Mitte. Mondesglanz. Ein deutscher Soldat faßt in die Tasche eines Toten. In der anderen Hand hält er eine Uhr, die er seinem Mittäter entgegenstreckt. Dieser kann sich über das Geschenk nicht freuen. Er blickt angstvoll zu einer im Hintergrund auftauchenden Patrouille hin, die sich zu Pferde nähert. Sind es tote Kameraden oder sind es Feinde, die von den beiden beklaut wurden?

– Was bleibt an Hoffnung?
– Sie können die Beutestücke – denn schon lange haben sie auf dem Schlachtfeld Beute eingesammelt – nicht rasch genug von sich werfen. Die Patrouille wird sie untersuchen, die fremden Gegenstände finden.
– Da nützt kein Flehen?
– Nein, sie werden verhaftet und verhört.
– Auf Plünderung steht der Tod.
– Unzweifelhaft.
– Könnten sie noch weglaufen?
– Nicht, wenn sie zu Pferd verfolgt werden.
– Könnten sie sich zu den Toten legen? So tun, als gehörten sie zum Schlachtfeld?
– Sie wurden bereits gesehen. Ihre einzige Chance wäre ein plötzlicher Granateneinschlag, der die Schlacht wiederbelebt. Dann galoppiert die Patrouille davon.

Die beiden Leichenfledderer haben wenig Chancen, das Sonnenlicht des folgenden Tages zu erblicken. Man sieht den Zweifel im Gesicht des Täters, der die wertvolle Uhr nicht mehr entgegennehmen will, die ihm sein Mittäter reicht.

2
»Nerven wie Drahtseile«

Während der Schlacht an der Somme wurden Offiziere der Ost-Divisionen von Rußland an die Westfront kommandiert, weil man annahm, daß sie mit größerer Ruhe auf die Attacken des Feindes reagieren würden, »sachlicher« in ihren Befehlsständen ihre Funktionen ausüben würden als die Nervenbündel, welche die Westfront befehligten. Nicht funktional war es, daß Nerven nur bis zu einem gewissen Grad Streß vertragen, dann ihren Dienst versagen, so daß ein »heulendes Elend« zur Befehlsgebung oder zur Ausführung von Befehlen gleichermaßen unfähig war. Ebenfalls unfunktional war ein durch »eisernen Willen unterdrücktes heulendes Elend«; ein solches Ich blieb starr und vermochte die Befehle oder deren Ausführung nicht an die konkrete Situation anzupassen.

Das Fürchterliche, berichten bald darauf die frisch aus dem Osten importierten Offiziere, die schon nach wenigen Wochen als »ausgebrannt« galten, waren nicht die Geschosse des Feindes, sondern das eigene Vorstellungsvermögen, das die Befehle an die Truppe begleitete. Wir, die Offiziere, hieß es, sind wie Scharfrichter tätig, wenn wir unsere Leute in den Stellungen vorn festhalten.

Wer dieses Phantasievermögen nicht besaß, blieb vom Versagen der Nerven unbehelligt. Dieser Typ des phantasielosen Offiziers war wiederum im Bewegungskrieg unbrauchbar.

Das Stichwort hieß: »Nerven wie Drahtseile«. Man

fahndete, wie man so etwas in den Mannschaften und Offizieren installieren könnte. Dazu sagte der Militärarzt Dr. Dänicke (Ordinarius für Nervenheilkunde in Jena): Nerven haben keine Funktionen, die in irgendeiner Weise an Drahtseile erinnern. Wenn zwei Volkswirtschaften, also Industrien, miteinander ringen und schließlich diejenige Seite, die es länger aushält als die andere, Sieger ist, so wird eine Leistung von den Menschen verlangt, auf die sie die Evolution nicht vorbereitet hat: »Abwarten unter aussichtslosen Bedingungen«.

Man versuchte es mit »Butterkuchen«, sozusagen durch Einfettung der Nervenbahnen, begrenzt auf Offizierskreise. Besser wäre, erwiderte Dr. Dänicke, Anästhesie, z. B. Zwangsschlaf. Das tatsächliche Einziehen von Impulsleitungen aus Kupferamalgam zu Versuchszwecken bei Schwerstverwundeten, um sie »nervenlos« zu stellen, führte in jedem Fall zum Tod der Probanden. Das beste Mittel war noch, die Stäbe nach weit rückwärts zu verlagern und Frontbesuche von Offizieren zu untersagen. So blieb zumindest der Ausgangspunkt der Befehle intakt.

3
Besondere Anwendung von Arbeitskraft

Die Bohrungen im Hügel von Vauquois

> »Eine feindliche Höhe zu erobern
> ist schlimm, aber sie dann halten
> zu müssen, ist grauenvoll.«

Unter dem Dorf Vauquois, das es nach der Schlacht nicht mehr gab und das bis heute nicht wieder errichtet wurde, haben deutsche und französische Pioniere, ausgesuchte Bergleute, in das Hügelgelände von beiden Seiten Stollen getrieben, die bis in eine Tiefe von 60 Metern reichen und, wie man nach dem Kriege gemessen hat, vereint eine Strecke von 17 km ausmachen.

Die Sprengungen begannen mit 50 kg Dynamit. Jetzt, am 14. Mai 1916, besaß eine deutsche Ladung die Zerstörungskraft von 60.000 kg Sprengstoff. Damit sprengten die deutschen Bergleute einen etwas höher gelegenen Tunnel der französischen Bergleute, die andernfalls den deutschen Tunnel gesprengt hätten. Inflationierung der Mittel auf engstem Raum.

– Alles Fachleute.
– Rasante Verlustquote an unersetzlichen Sprengmeistern und Bergleuten. Sie konnten nicht so schnell aus den Bergbaugebieten nachgezogen werden, wie sie umkamen.
– An beiden Seiten des Berges von Vauqois befanden sich zuletzt Unterkünfte und Lager ähnlich einer Stadt mit Depots, Latrinen, Waschräumen, Küchen, einer Kaserne, um den Angriff zu nähren.
– Zuletzt war der Hügel für weiteren Tunnelbau unbrauchbar geworden. Man kann im durch Sprengung erschütterten Erdreich keine Stollen mehr bauen.
– Was machten die Pioniere daraufhin?
– Sie bauten Betonröhren in den Berg hinein.
– Waren die brauchbar für Sprengungen?
– Man mußte die Ladung erneut steigern.
– Äußerlich sah es wie Kooperation aus. Die konzentrierte Arbeitskraft auf beiden Seiten antwortete präzise aufeinander.
– Nie wieder wurde auf so engem Raum eine derart qualifizierte Arbeitskraft verausgabt.

Freitag, der Dreizehnte

Im Jahr des Massakers von Verdun schrieb Otto Weinreich seine TRIKASTISCHE STUDIE: Beiträge zur Geschichte der Zahlen. Die dreizehnte Fee, die bei der Einladung vergessen wurde, spricht ihre Verwünschung aus, schreibt Weinreich, und lähmt das Reich für tausend Jahre. Die Zahl Dreizehn kann aber auch Judas bezeichnen, zwölf Jünger plus einen Verräter. Der Vorsitzende Richter im Thing der zwölf Kollegen ist der neutrale dreizehnte Richter, der die glückliche Entscheidung herbeiführt.

Die Chiffren Freitag und dreizehn seien, schreibt Weinreich, bis Anfang des 19. Jahrhunderts doppeldeutig. Es gebe in den Erzählungen Mitteleuropas und des Balkans keinen Volksglauben, der aus diesen Chiffren ein Unglück vorhersage. Vielmehr sei der Aberglaube aus den Studierstuben von Studienräten und Archivdirektoren entstanden und werde seit 1830 durch populäre Pamphlete verbreitet. Archivdirektor Dr. Künecke, Kollege von Weinreich, führt die Metapher »Freitag, der Dreizehnte« 1916 in die Anekdotenhefte für die deutschen Frontsoldaten ein, 1917 in die Hefte für die Heimat. Im Dritten Reich ist Freitag, der Dreizehnte abgehandelt in VOLKSFORSCHUNG HEUTE, LEITSÄTZE DES DEUTSCHEN LANDSERS.

In Verdun gibt es sieben »Freitage, den Dreizehnten« – Tage des allgemeinen Schreckens, »ohne besondere Vorkommnisse«. Abgesehen von Freitag, dem Todestag Christi, schreibt der Mediävist Maaz, ist Freitag durch keine statistisch belegbare Häufung von Unglück gekennzeichnet. Tina Onassis verlegt den Stapellauf eines Großtankers mit Rücksicht auf Freitag, 13. Dezember, auf einen anderen Zeitpunkt.

1869 zeigt sich in Wien der Zusammenbruch des Goldmarkts am SCHWARZEN FREITAG, jedoch an keinem Dreizehnten. Der Zusammenbruch der Märkte am Schwarzen Freitag 1928 ist falsch bezeichnet, weil sich der Zusammenbruch tatsächlich am Donnerstag und dann am darauffolgenden Dienstag vollzieht. Lediglich die Bekanntgabe in Europa erfolgte an einem Freitag, dem Dreizehnten. Apollo 13 wurde gerettet. Computerviren werden häufig auf Freitag, den Dreizehnten programmiert.

– Wir haben den Bekanntheitsgrad der Redewendung, »Freitag, der Dreizehnte, bitte als Unglückstag vermeiden«, durch Umfragen ermittelt. 97 % Bekanntheitsgrad. Die Zahl der Befragten, welche die Rubrik ZUTREFFEND ankreuzten, 97 %.
– Eine akademische Erfindung, Intellektuelle hatten Erfolg. Ähnlich wie die neuen Grenzen in Jugoslawien aus den Archiven kommen. Intellektuelle erfinden Nationen. Zum Schluß kämpfen UÇK, Serben, Muslime. Sie zahlen mit dem Leben für eine Erfindung.
– Wollen Sie damit sagen, daß sich Intelligenz auszahlt?
– Blutig.
– Aber in bezug auf Freitag, den Dreizehnten, unschuldig? Der Termin wird ja für Risiken vermieden?
– Darüber weiß man nichts. Öffentliches Wissen, d.h. Annahmen, die jeder übernimmt, sind unkontrollierbar hinsichtlich ihrer Folgen.
– Ist so etwas ein Vorurteil?
– Es ist kein Urteil, sondern eine gewohnheitsmäßige Nachspreche.
– Glauben Menschen so etwas?
– Sie glauben, daß sie Schaden nehmen, wenn sie es bestreiten. Es ist ein Mangel an Selbstbewußtsein.

– Wäre es anders bei Glückstagen? Wären die ein Zeichen von Selbstvertrauen?
– Man müßte Glückstage *erfinden*.

5
Die Machtergreifung der Dinge

Am 8. Mai 1916 Unfall im Dorf Douaumont. Aus Flammenwerfern ist Öl ausgelaufen. Der Flammenherd nicht zu löschen. Munitionsdepots explodieren. In den Tunnels und Hallen dieser Betonburg war alles gelagert, was dem feindlichen Beschuß draußen momentan entzogen sein sollte. Kolonnen fliehen durch die Gänge, »eine wirre, psychisch infektiöse Masse«. Vorwärtsdrängende machen Fliehenden, die aus einem Quergang kommen, keinen Platz. Handgranaten werden geworfen.

In der Propaganda war der Douaumont eine Trutzburg in deutscher Hand. Tatsächlich aber war der Betonklotz eine Rumpelkammer. Zur französischen Seite hin ohne Waffen. Man konnte keines der Geschütze des Forts zu dieser Seite richten. So handelte es sich lediglich um einen Behälter zum Unterstellen von Kriegswaren.

Diese Waren hatten sich jetzt verselbständigt und jagten die Menschen vor sich her. Wäre ein Befehlshaber erreichbar gewesen, hatte er in diesem Moment, selbst von Panik ergriffen, die Räumung des Berges befohlen.

Ich komme als Ordonnanzoffizier des Oberbefehlshabers viel herum. In dem Stockwerk des Douaumont, in dem ich mich befand, herrschte Ruhe. Uns war unheimlich, weil wir von den Flammen wußten. Solche Brände lassen erst kurz vor Erreichen eines Raumes ein brüllendes Geräusch hören. Zuvor verbreiten sie sich »unmerklich«, »kriechend« (über elektrische Leitungen und verdeckte Röhren). Wir fühlten uns besiegt. Wir schlossen die doppelten Eisentüren, verklebten alle Steckdosen, überprüften, daß keine Heizungsrohre oder Versorgungsleitungen zu unserem Unterstand führten.

Ich bin als bedingungsloser Anhänger Friedrich Nietzsches ein guter Beobachter, gerade im Extremfall. Ich versuchte, ruhig zu bleiben. Ich spürte die Erschütterung des Bodens und der Wände durch die Explosionen, die den Bau erschütterten. Wo bleibt bei einem solchen Ereignis die WILLENSKRAFT, der WILLE? Er ist das, was *vor* allem Bewußtsein (dieses war bei den Insassen des Douaumont augenscheinlich in Turbulenz begriffen und verwirrte die Sinne) die »innere Linie der Handlungen ausmacht«, also die Haltung, die über Sieger und Verlierer entscheidet. Waren wir bloß verloren oder Verlierer? Ich konnte, in der exakten Beobachtungsart meines Meisters, den WILLEN, d.h. den Treibsatz des Geschehens, nur in den Flammen selbst entdecken: in den Flammenwerfern (wie wir später nach Rekonstruktion des Geschehens erfuhren), und zwar den ersten, die explodierten und in den anderen Dingen die Explosion wachriefen. Diese Flammenwerfer, die wiederum von Erfindern und Konstrukteuren abstammten, die diese chemischen Kampfmaschinen so angeordnet hatten, daß sie zum »Ausräuchern« feindlicher Bunkerbesatzungen, dann aber auch naturgemäß zur Vernichtung von uns selbst, ihren Absendern, taugten. Es war ein Komprimat von MENSCHLICH-AUSSERMENSCHLICHEM WILLEN: feuerspeiende Stangen, in den Tornistern Flammensprühstoff, ein von chemisch erfahrenen Übermenschen zusammengesetzter Gesamtwille. Der war explodiert, über uns hergefallen, wobei ich korrekt sagen darf, daß es mich ja nicht traf, den philosophischen Beobachter.

– Ein Sieg der Dinge?
– Wenn Sie die Flammenwand, welche die Tunnel durch-
  wanderte, als »Ding« bezeichnen wollen. Niemand
  hätte ein solches Ding anfassen können. Es war weniger
  ein Ding als vielmehr »der Wille seiner Erzeuger«.
– Der Wille des Zufalls? »Das Werkzeug« entkam seinen
  »Wächtern« und löste eine Art Sklavenaufstand der
  Dinge aus?
– Sklaven waren die in den Betonschächten zusammen-
  gepferchten Menschen. Sie hatten Sinn und Verstand
  verloren. Man kann es nicht Leben nennen, was sie zu
  retten suchten. Wie sollten sie noch je ein Selbstbewußtsein entwickeln?

Es schien wie eine Prophetie. Was hier als WILLE ZUR
MACHT sich vordrängte, bestand aus einer komplexen
Vorgeschichte und zahlreichen Gegenseitigkeiten. Praktisch zündeten die Waffen der französischen Rüstungsindustrie unsere Flammenwerfer an, da es das eine ohne das
andere nie gegeben hätte. Die Herrschaft der Dinge: eine
Prophetie ohne Empfänger, denn die Sache wurde ge-
heimgehalten.

– Und die, die es unmittelbar erlebt hatten? Erzählten sie
  nichts?
– Wem sollten sie es erzählen? Wer hörte ihnen zu?
– Hätten Sie mit Ihrem Oberbefehlshaber, der Sie ja mag,
  darüber sprechen können?
– Nicht in der Ausdrucksweise Friedrich Nietzsches.
– Und in einer anderen?
– Kann man es nur schwer ausdrücken.

6

Der Kampf um die Karpatenpässe

Alles vergeblich. Sie kamen auf der Höhe der Karpaten-
pässe nicht an. Der Paß zur einen Seite lag bei Radoczyna,
der andere bei Konieczna. Die russischen Soldaten trugen
eingerollte Schlafsäcke um Bauch und Rücken. Durch den
Tiefschnee arbeiteten sie sich in Richtung Höhe. Unter
dem Beschuß von Schwarzlose- und Maxim-Maschinen-
gewehren. War ein Stück Körper durchschossen, gab es in
der Kälte für die Person keine Rettung. Das galt auch für
die Gräflein, Barone, die bürgerlichen Schwärmer, die als
Offiziere diese Truppe über die Berglehne trieben. Seitlich
der Kolonne, vor dem Feuer der k. u. k-Armee, gedeckt
durch einen Hügel hatte sich auf einem Bretterpodest eine
Kamera-Gruppe installiert. Sie fotografierte den Zug der
Unseligen, die den Paß zu erklimmen suchten. Selbst oben
angekommen, hätten diese Leute von ihren Zielen, den
Hauptstädten Budapest und Wien, nichts erblickt. Sie
hätten die Schneemassen lediglich abwärts treiben sehen.
   Sie waren später auf der Leinwand eher als Schatten zu
sehen, als daß man sie als »bewaffnete Menschen« hätte
identifizieren können. Die geschulterten Karabiner mit
aufgesetztem Bajonett hätten aus der Entfernung auch
Stöcke sein können, welche die Kolonne, die vor dem Beschuß immer wieder etwas zur Seite wich und sich in den
Schneewehen zu schützen suchte, aus Willkür mit sich
führte. Da das Kamera-Team nur diesen Vormarsch
filmte, nicht den in der Spätnachmittagsstunde stattfin-
denden Rückzug, ein Fluten bergab in Richtung Nordosten, zogen die Soldaten für alle Ewigkeit den ungewis-
sen Pässen zu – sooft nämlich diese Propagandafilme in
Kinos gezeigt werden. Immer gleichermaßen vergebens.
Von einem »Kampf«, wie es in den Aufschriften der Film-

büchsen hieß, konnte keine Rede sein. Die einen schossen unerbittlich aus verdeckten Stellungen in der Höhe, die anderen suchten in gleichmütigem Schritt, so gut es ging, den Kugeln auszuweichen und wenigstens an diesem Tag einige Meter an das befohlene Ziel näher heranzukommen, nicht um dieses Ziel zu erreichen, sondern um die Quälerei zu einem Ende zu bringen.

7
Das Urteil von Hamont

Noch galt die Autorität eines deutschen Militärrichters. Dr. jur. Stötter hatte seinen Sonderzug, bestehend aus einem Verhandlungswaggon und einem Schlafwagen (an Lokomotive und Tender angekoppelt), zurückdirigiert zum Bahnhof von Hamont, sobald er von dem gräßlichen Unfall erfahren hatte. Von den belgischen Behörden war Obstruktion zu erwarten. Noch herrschte preußische Justiz. Seine Zuständigkeiten ließ sich Dr. Stötter nicht beschneiden.

Die deutschen Armeen, ihre Waffen und Munitionsdepots, wurden im November 1918, entgegengesetzt zur Angriffsrichtung von 1914, auf den Eisenbahntrassen zurücktransportiert ins Reich. Eng aufeinanderfahrend, in Staugruppen geordnet, aber doch Tag und Nacht zur Weiterfahrt agitiert, bewegten sich Massen auf den Schienen. Auf dem belgischen Eisenbahnknotenpunkt Hamont hatten sich Munitions- und Lazarettzüge verknäult. Ein Munitionswaggon explodierte inmitten von elf Lazarettzügen. 1006 Tote!

Das wußte man erst nach der Untersuchung. Als Kriegsgerichtsrat Stötter eintraf, ging es lediglich um einen »unbeschreiblichen Notfall«. Er ließ den Wartesaal erster Klasse des Bahnhofs als Sitz seines Kriegsgerichts beschlagnahmen. Einige Pioniere hatten zwei Waggons der Lazarettzüge abkoppeln können und diese vom Explosionsort entfernt. Daher war die Flucht der Verwundeten, die zwischen den Gleisen der Züge sich zu retten versuchten, einander überrannten, in der Enge vom Brand ereilt wurden, in den Verhörprotokollen praktisch nicht wiederzugeben. Die Verantwortlichkeit war nicht zu klären.

Formal verantwortlich war der Bahnhofsvorstand, der eine Vermischung von Lazarett- und Munitionszügen im Stau und in Bahnhofsnähe nicht hätte zulassen dürfen. Er berief sich auf Notstand. Auf Befehle, die den forcierten Durchfluß der Züge ins Reich *ohne Rücksicht auf Bestimmungen des Feldeisenbahnwesens* anordneten.

Totschlag in 1006 Fällen, auch der Vorwurf fahrlässiger Tötung schien abwegig. Die Verhöre ergaben: Gassenjungen der Stadt hatten die Waggons, darunter den Munitionswaggon, mit Signalpistolen beschossen. Es war nicht bewiesen, daß der Munitionswaggon hierdurch zur Explosion gebracht worden war. Von zwei der wilden Jungs konnte Beweismaterial eingezogen werden. Das Verhör der Eltern ergab keinen Hinweis auf Sabotage.

Blieb als Schuldiger ein Feldwebel, der das örtliche Depot beaufsichtigte, aus dem die Signalpistolen von den Kindern entwendet worden waren.

Inmitten allgemeiner Niederlage; noch aber ist der Feldzug nicht verloren, solange die Militärjustiz besteht und am Tatort ihren Sitz nimmt. Es schien Dr. jur. Stötter unangemessen, seine zwei Gendarmen zu einer Verhaftung (und eventuell sorgfältiger Exekution der Todesstrafe) zu veranlassen. Es war kein geeigneter Angeklagter aus den Protokollen herauszufiltern. Wäre es nach der Qualität preußischer Militärgerichtsbarkeit gegangen, hätten wir diesen Krieg gewonnen, sagte sich Dr. Stötter, der im Zivilberuf Richter am Kammergericht war. So sah er die korrekte Beurteilung darin, überhaupt nichts zu entscheiden. *Nemo ultra posse obligatur* (Ulpian).

Die Qualität eines Richters entscheidet sich darin, was er unterläßt. Vier Stunden später überquerte der Sonderzug des Richters die Reichsgrenze.

8
Im Gefängnis der Pflicht

Die deutsche Oberste Heeresleitung (OHL) gab in der Schlacht um Reims – es ging um die letzte Offensive des Reichs im Jahr 1918 – am Abend des 18. Juli keine Befehle mehr aus. Das war eine neue Dimension der Verzweiflung. War es das Verhalten von Spielern, die verloren haben? Nein, es war die Verzweiflung von Insassen eines Gefängnisses: Sie saßen im Gefängnis der Pflicht.

Was heißt Pflicht? Eine Schuld aus vorangegangenem Tun? Eine Tätigkeit ohne Sinn? Aushalten? Das war unter den Bedingungen der Verzweiflung nicht zu beurteilen.

Einer, der die Karten 1:300.000 zu lesen und aneinanderzufügen verstand, sah das Verhängnis. Es gehörte dazu, daß er mit den Kameraden redete und nichts dadurch leichter wurde. Es beruhte darauf, daß einer ein Gesamtbild besaß. Verluste, wie sie an diesem Schreckenstag eingetreten waren, konnte niemand ersetzen. Tote, Verwundete, Überläufer: ganze Truppenteile liefen zum Feind über.

So liefen sie in den langen Gängen der Obersten Heeresleitung von Zimmer zu Zimmer, zu den Besprechungsräumen. Sie schämten sich voreinander. Fühlten sich schon monatelang als GEFANGENE DES SCHICKSALS. Die Depression griff über. Kaum einer reiste nach Berlin, ohne dort im Reichstag oder in den Ministerien ein Stück dieser GEFÄNGNISPSYCHOSE als Andenken zu hinterlassen; es war die Heeresleitung, welche die politischen Führer der Heimat entnervte.

Wie bewerkstelligt man den AUSGANG AUS SOLCH SELBSTVERSCHULDETER ENTMUTIGUNG? Gibt es einen GANG IN DIE FREIHEIT? Freiheit, das wäre die Pistole, sagte von Lossow. Wie man fremde Provinzen erobert, wußten sie. Wie man den Ausgang aus dem Gefängnis dieses STABSQUARTIERS EINES VERUN-GLÜCKTEN KRIEGS findet, wußten sie nicht.

Es kam ja nicht auf die individuelle Befreiung an, z. B. durch ein Gelage, einen Saustall für eine Nacht. Nein, niemand trank in diesen Tagen Alkohol. Auf Gegenseitigkeit bewachten sie einander, daß sie individuell gegenwärtig blieben, individuell nicht versagten. Sie wußten, daß gewisse Entschlüsse durch Alkohol gefördert werden konnten, der Einsatz von Regimentern wider besseres Wissen, die Selbsttötung. Einige hätten gerne mit dem Trinken angefangen, nur um schlafen zu können.

Wie funktioniert der AUSGANG AUS SOLCHEM UN-HEIL, aus der Knechtschaft? Durch nichts gelingt er. Sie enthielten sich dieser Aushilfe, des Alkohols. Sie enthielten sich an diesem Tag aller Befehle. Nicht jeder Befehl hätte eine Phrase sein müssen. Daß sie ihr bisheriges Tun, das schon vier Jahre währte (ja mit der Vorbereitung der Krise sogar 16 oder 20 Jahre, je nach Dienstalter im Generalstab), mit Bedauern wahrnahmen, gerne bei den Kämpfenden und Gefallenen Verzeihung erbeten hätten, das wäre eine Äußerung gewesen, kein Befehl.

So unterblieb an diesem Abend die Befehlsausgabe. Es gibt derzeit keinen PFAD DER AUFKLÄRUNG. Zu Beginn einer militärischen Niederlage, die auf dem Hochmut der

Vorzeiten beruht. Den Berg dieses Hochmuts vermag niemand, rückwärtsschreitend, zu überwinden. Auch findet sich jenseits des Hochmuts keineswegs DER AUSGANG INS LAND, DAS NICHT KNECHTET.

Eine seltsame Robinsonade

Ein amerikanischer Aviateur, der im Dezember 1926 auf einer der verstreuten Inseln des ehemaligen Bismarck-Archipels im Pazifik landete, berichtete von einer mißglückten Annäherung. Er habe nach der Notlandung versucht, die Verschalung des Motors zu öffnen, als sich ein bärtiger, individuell oder einheimisch in Felle gekleideter Weißer, bewaffnet mit einem Karabiner, dem Landeplatz genähert habe. Dieser habe ihn, den Flieger, der aus dem Cockpit seine Colttasche vorgezeigt hätte (wohl drohend, aber noch bei verschlossener Tasche), angeschossen, ihn sodann, in unverständlicher Sprache auf ihn einsprechend, zu einer Höhle getragen und die Wunde versorgt. Er habe den Blutstrom gestillt, indem er ein Holz auf sie aufgeschnallt und Borke-Blätter auf die Wunde gelegt habe.

Danach habe der Fremde bzw. Einheimische, stets das Gewehr mit sich führend, sich zum Flugzeug begeben, im Cockpit hantiert. Der Motor sei angesprungen, also sei dieser nur zeitweise defekt, die Notlandung auf dem Eiland ganz und gar unnötig gewesen; in ruckeliger Fahrt, jedoch mit überhöhtem Tempo, sei dann das Aeroplan, unbeeinflußt von den Hantierungen des bärtigen Weißen, eine Wegstrecke gerollt und in eine Felsschlucht gestürzt.

Nunmehr sei der bewaffnete Einheimische schwer verwundet gewesen. Er, der Aviateur, habe sich kriechend aus der Höhle bewegt und den bewußtlosen Mann aus dem Flugzeug gezerrt, schon in der Erwartung, daß ein Brand entstünde. Das war nicht der Fall. Das Gewehr des Bärtigen habe er in einer Entfernung von 30 Metern niedergelegt, um es unerreichbar zu machen, sodann habe er den schweren Mann, der inzwischen erwacht sei und ihn mit Kriechbewegungen unterstützt habe, zur jetzt GE-MEINSAMEN HÖHLE transportiert.

Die Wunden des Einheimischen, Brüche mit aus der Haut herausstehenden Knochensplittern, Platzwunden, hätten sich im tropischen Klima, auch infolge der Insekten, rasch entzündet.

Ein Wettlauf mit der Zeit sei entstanden. Er, der technisch Erfahrene, habe das Funkgerät der Maschine repariert, SOS gefunkt. So hätten Schiffe der US-Marine die Insel gefunden.

Der bärtige Rekonvaleszent gab in deutscher Sprache an, er habe dem Besucher seiner Insel nicht übelgewollt. Der Schuß habe sich im Schreck gelöst. So viele Jahre habe er keinen Menschen gesehen. Durch die Pflege des verwundeten Aviateurs habe er die Tat wiedergutmachen wollen.

Dem stand entgegen, daß er sich des Aeroplans zu bemächtigen versucht hatte. Vielleicht in der Absicht, allein von der Insel abzufliegen und den Eigentümer des Flugzeugs zurückzulassen. Nein, antwortete der Verdächtigte, er habe nur ausprobieren wollen, ob das Flugzeug überhaupt funktioniere. Zurückgelassen, wäre der Aviateur, ohne Erfahrung, wie man auf einem solchen Eiland überlebt, hoffnungslos verloren gewesen. Insofern lautete die Beschuldigung auf Diebstahlsversuch an einem Aeroplan in Tateinheit mit versuchter unterlassener Hilfeleistung. Dem Fremden wurden seine Rechte vorgelesen.

Es zeigte sich, daß sich der immer noch mit Fellen bekleidete Mann als deutscher Seesoldat 1914 aus der Belagerung von Tsingtau auf einer Jolle gerettet hatte. Sie strandete in der Nähe jenes Eilands, auf dem der Aviateur landete. Dort, berichtete der Fremdling, habe er zwölf Jahre überlebt, die Ankunft des Flugzeugs habe ihn überrascht. Sein Fehlverhalten beruhe darauf, daß er auf eine solche Situation durch nichts vorbereitet gewesen sei, weder durch seinen Beruf noch als Soldat, noch durch die Anpassung an das notdürftige Leben auf einer tropischen, doch »unwirtlichen« Insel. Für Menschenankunft sei hier nichts vorgesehen gewesen.

Das Seegericht, das auf dem US-Schiff, das die beiden rettete, gegen den Fremdling verhandelte, verzichtete auf strafrechtliche Sühne. Eine adäquate anwaltschaftliche Vertretung mit Kenntnis der Rechtsprechung war in den Weiten des Pazifik nicht zu organisieren. Zudem verpflichtete sich der Mann, obgleich noch mittellos, zivilrechtlich zum Schadensersatz. Er habe das Flugzeug zuschanden gefahren, auch wenn er dadurch dessen Funktionstüchtigkeit bewiesen habe, und sei demgemäß zum Ersatz verpflichtet.

In Kalifornien angekommen, wurde der BÄRTIGE WEISSE von einem Zirkus übernommen. Nunmehr verfügte er wieder über eine Flinte. Sie war zum Schießen unbrauchbar gemacht. In der Manege wurde aus Papp-Plastiken die Insel vorgetäuscht, ein Propellerflugzeug wurde hereingerollt. Die Begegnung des fremden Seesoldaten mit dem Aviateur wurde jeden Abend wiederholt.

Interessant für die Öffentlichkeit blieb der Bericht des für zwölf Jahre Verschollenen. Wie er einer Insel, die sich für die Ernährung eines Europäers nicht eignete, Nahrung abgerungen hatte. Außerdem Unterhaltung. Es ist ja schwierig, zwölf Jahre allein auf sich gestellt, in einer dem Horizont nach eng begrenzten Umwelt, nicht der Verzweiflung anheimzufallen.

Inzwischen waren vom Honorar des Geretteten, das die Anwälte des Aviateurs gepfändet hatten, ausreichende Mittel abgezweigt worden, so daß ein neues Flugzeug beschafft werden konnte. Der Flieger schloß sich dem Zirkusunternehmen an und umkreise tagsüber das Zelt mit

Reklameschleifen am Himmel. Abends rollte er, als authentischer Held, das Gefährt in die Manege. Nur er wußte, wie man gegenüber der Zirkuskapelle den Motor lauter stellt.

Ob sich die Kontrahenten inzwischen leiden mochten? Keine Anzeichen. Sie absolvierten, parallel zueinander, ihre Nummer, als seien sie nie miteinander bekannt gemacht worden. Ob der Deutsche Sehnsucht hatte nach Heimkehr? Die Rückanpassung schien ihm jetzt, sagte er, im Jahr 1932, schwierig. Er beherrschte das Englische fließend. Ein bärtiges Antlitz trug er nur abends zur Vorstellung.

Merkwürdig war, daß die auf gewöhnlichen Seekarten nicht eingetragene Insel inzwischen unauffindbar war. Besaß die Insel Zaubercharakter?

Es gibt sicher hermetische Kräfte, die an besonderen Orten der Welt Begegnungen und somit auch Rettungen vorsehen. So wie es Unglücksorte gibt, gewissermaßen gravitative Fallen für Mißgeschick. Hat das mit der Positionierung des Eisens im Erdkern zu tun? Prof. Dr. Dipl.-Ing. Detlef Schwitzke glaubt das nicht. Eher gehe es um gefährliche Strömungen, die auf ein solches Eiland hinführen und den Geretteten, sei es in der Luft oder auf See, keine andere Chance lassen, als hier anzulanden. Das Besondere aber bei dieser Insel in der Nähe von Rabaul habe vielleicht darin bestanden, daß eine starke Luftströmung, die den Motor des Aeroplans aussetzen ließ und eine rasche Strömung der See hier einander kreuzten. Später stellte sich heraus, daß auf jener Insel, von der hier berichtet wird (und die heute infolge einer Bewegung des Meeresuntergrunds verschwunden ist), vierzehn Robinsonaden stattgefunden haben, von denen jede friedlich durch Rettung endete, aber nur die eine, die des Bärtigen und des Aviateurs, in der Öffentlichkeit bekannt wurde.

Tour Eiffel

Ingénieur : Gustave Eiffel, 1889

Abb.: Mit 300 Metern Höhe war der Eiffelturm lange Zeit das höchste Bauwerk der Welt. Von fern, nächtlich beleuchtet, wirkt er filigran. Er wiegt sieben Millionen Kilo und besteht aus 12000 Metallteilen. Er steht auf vier massiven Zementblöcken mit einer Oberfläche von je 26 Quadratmetern, die bis in eine Tiefe von 14 Metern im Boden verankert sind. In Wahrheit aber sichert den Turm eine Idee, die Rundfunkpionieren Anfang des 20. Jahrhunderts einfiel: die Nutzung als Funkturm. Schon 1912 konnte der Sender, der auf dem Eiffelturm installiert war, die fernsten Kolonien Frankreichs erreichen, und er verband Paris durch ein Relaisnetz mit den Militäreinrichtungen an der Grenze zu Deutschland.

Ich sprenge nur auf schriftlichen Befehl

Unteroffizier Guy Bohn war im bürgerlichen Leben An-
walt. Als Soldat Frankreichs war er im Winter 1939 in der
Nähe der luxemburgischen Grenze wegen einer aggressi-
ven Lungenentzündung aus dem Frontgeschehen ausge-
schieden. Jetzt tat er Dienst in der JURISTISCHEN ABTEI-
LUNG der Pioniertruppen in Paris. Am 12. Juni 1940,
einem Mittwoch, beorderte ihn Korps-Kommandeur
Oberst A. Reginbal in sein Amtszimmer. Aus der Perso-
nalakte Bohns ergab sich, daß er einen Kursus im Sprengen von Stahlkonstruktionen und gesicherten Brücken
absolviert hatte.

Reginbal eröffnete Bohn, er solle die höchste und lei-
stungsfähigste Antenne Frankreichs und dazu den Turm,
an dessen Spitze diese Antenne befestigt war, ehe noch die
deutsche 18. Armee in Paris einmarschieren werde, in die
Luft sprengen. Bohns erste Antwort:

Warum ich?

Nach den Dienstvorschriften für das Pionierwesen, das
wußte Bohn, war nur ein aktiver Offizier berechtigt, eine
Sprengung dieses Kalibers auszuführen, nicht aber ein
Mitglied der Rechtsabteilung im Unteroffiziersrang.

– Ich bedaure, den Auftrag ablehnen zu müssen.
– Es ist kein Auftrag, sondern ein Befehl. Sie sind der ein-
   zige Mann mit den erforderlichen Fertigkeiten, den ich
   hier erreiche.
– Gewiß. Aber ohne Befugnis.
– Mit meiner Zustimmung haben Sie die Befugnis.
– Erhalte ich den Befehl schriftlich?

– Nein.
– Dann bedaure ich.

Mehrere Unklarheiten. Paris war zur Offenen Stadt erklärt, das verbot »feindselige Aktionen« innerhalb der
Stadt. Zweifellos handelte es sich bei der Sprengung eines
für die militärische Kommunikation wertvollen Bau-
werks um einen feindseligen Akt. Bohn sah eine doppelte
Gefahr: Er konnte von den eigenen Disziplinarbehörden,
wenn diese sich nach dem vorübergehenden Untergang
von Paris re-etablierten, zur Rechenschaft gezogen werden. Aber auch der Feind, falls Bohn in seine Hände ge-
riete, konnte ihn nach Kriegsrecht als Saboteur, d. h. Ver-
letzer des Status von Paris, belangen.

– Man braucht für eine Sprengung dieser Größenord-
  nung ein Team von Pionieren. Fünfzehn Mann. Außer-
  dem brauche ich die Baupläne des Turms. Ich muß wissen, ob bereits Sprengstoffnischen vorgesehen sind.
– Sie sind also bereit?
– Das habe ich nicht gesagt. Selbst wenn ich dies alles
  habe, braucht ein solches Unternehmen zwei Tage.
– Die haben Sie, falls die Deutschen so lange warten.
– Glauben Sie, daß sie das tun, Herr Oberst?
– Von irgendwelchen Annahmen müssen wir ausgehen.
– Bei hinreichend starkem Sprengstoff stürzt der Turm
  vielleicht um. Aber selbst wenn er sich zur Seite neigt,
  wird niemand den Schaden beheben können. Es wäre
  eine Kriegshandlung.
– Kriegshandlungen sind nicht gestattet.
– Sie sagen es, Herr Oberst.
– Wir befinden uns in einer außerordentlichen Situation.
– Das Kriegsrecht kennt nur außerordentliche Situatio-
  nen.

– Als Ihr Vorgesetzter gebe ich Ihnen den Befehl.
– Einen widerrechtlichen Befehl muß ich nicht annehmen. Man wird mir sagen: Sie sind bei den Pionieren als Jurist tätig.
– Im Krieg heißt es: Jeder tut, was er kann. Sie sind als Sprengmeister ausgebildet.
– Ja, aber nicht in einer Offenen Stadt.
– Sie wollen sich drücken.
– Keineswegs. Ich bringe Ihrem Befehl Bedenken entgegen.

Der Oberst schwieg. Bohns wesentlicher Grund für die Weigerung blieb undiskutiert: Wie kann man das Symbol von Paris in die Luft jagen? Die Situation, daß fremde Truppen die Stadt besetzten, wie schon 1815, wie schon 1871, war nicht ungewöhnlich genug. Der Oberst schien aufgeregt. Bohn war seinem Charakter nach nicht grundsatztreu. Eine aufwendige Sprengung hätte ihm gefallen. Er besaß aber nicht Anmaßung (»Ich-Gefühl«) genug, um sich zum ZERSTÖRER DES EIFFELTURMS aufzuraffen. Man konnte die Nervosität, den Umsturz der Gefühle, in der großen Stadt an diesem Mittwoch (erst zwei Tage später rückten die deutschen Truppen tatsächlich ein) auch anders ausdrücken als durch solche Gewalttat. Auch der Oberst zögerte. Er befahl Bohn, im Hauptquartier zu bleiben, auf weitere Befehle zu warten.

In den dreißiger Jahren ereignete sich eine Umwälzung im Bild der Intellektuellen. Sie meldeten sich während des Studiums zu praktischen Kursen, wollten in etwas Drastischem ausgebildet werden, passend für das JAHRHUNDERT DER TAT. Junge Juristen, Ärzte, die Schüler der Großen Schulen, künftige Parlamentarier, Orientalisten, meldeten sich für Flugzeugführer-Lehrgänge, Fallschirmjäger- und Sprengmeister-Kurse, zu Überlebenstrainings in Nordafrika usf. So kürzten sie den Militärdienst, zugleich die Studien. Professionalität ergreift, so Saint-Exupéry, Hirn und Hand. Das entspricht dem Berufsbild des Ingenieurs.[1]

Das zukunftsorientierte Menschenbild war für Situationen der Defensive, wie sie derzeit für Frankreich charakteristisch waren, wenig geeignet. Ließ sich das Angstgefühl, die zornige Wut in den Stäben von Paris, offensiv umdeuten? Noch regierte das französische Militär über Funk ein Weltreich. Um 15 Uhr, die Stunden schwanden so rasch, wurde Bohn erneut in das Büro des Obersten gerufen. Man wolle nun doch den Eiffelturm nicht sprengen; auch fänden sich die Baupläne nicht. Statt dessen gäbe es etwas anderes zu tun. Eineinhalb Kilometer südlich von Paris, also dicht *neben* der OFFENEN STADT im Fort Issy-les-Moulineaux, befand sich ein Militärsender, eine Stahlkonstruktion mit zwei Türmen von 70 Metern Höhe, also ein ähnliches, aber von der Bevölkerung nicht ebenso geliebtes Objekt wie der Eiffelturm; dies sei die Schaltstelle, über welche die französischen Truppen in Syrien über Funk zu erreichen seien.

Bohn, zwei Koffer mit Melinit in kleinen Stangen, brach sofort auf. Keine Fahrzeuge im Hof. Mit der Metro begab er sich an den Südrand der Stadt, dort kein Taxi. Die Anlage, die Bohn vorfand, bestand aus zwei Stahltürmen, 140 Meter voneinander entfernt. Sie standen auf ähnlich gekrümmten Stützpfeilern, wie sie der Eiffelturm aufwies. Bohn deponierte unter den Pfeilern das Melinit. Im Gefahrenfall wirkt die Tat im Hirn und in den Nerven als Droge. Mehr Sprengstoff, das war es, was Bohn

---

1 Ingenieure der Seele, Operateure der Dichtkunst, Monteure der Körper und der Gifte (Ärzte, Apotheker), Maschinisten der Staatskunst. Ein Menschentyp der Handgreiflichkeit, geeignet für Gesellschaften, die sich gewaltsam durchsetzen; »wie es Frauen gefällt«.

brauchte. In einer Kaserne erpreßte er die Bereitstellung eines Lastwagens, eines Fahrers. Den Kasten mit Knallquecksilber-Sprengkapseln hielt er auf dem Schoß, im Ernstfall nicht weit genug entfernt vom Sprengstoff auf der Ladefläche. Er war nicht sicher, daß er im Fall seines Erfolgs mit offizieller Anerkennung rechnen durfte.

Der Abend fiel herein. Es herrschte Westwind. Das Handbuch für die Durchführung von Sprengungen an Stahlgerüsten, das er bei einem kurzen Imbiß durchblätterte, stammte aus dem Jahre 1890. Um 22 Uhr trafen in dieser Sendeanlage, die mit 17 Funkern besetzt war, vom Eiffelturm immer noch Telegramme ein, die nach Beirut weitergeleitet wurden. Um 1 Uhr nachts informierte die Station alle überseeischen Stationen Frankreichs, man werde den Betrieb jetzt einstellen.

Eine Stunde des Abschieds. Eine Stunde der Aufregung; sie schlugen mit Hämmern auf die Sendegeräte ein, zerrissen mit Zangen die elektrischen Leitungen. Um 4 Uhr früh dämmerte es. Die Mannschaft entfernte sich. Mit einer Zigarette zündete Bohn die Zündschnur. Er rannte, zählte bis 110. Eine einzige trockene Detonation, Metallregen.

Der zweite der Türme stürzte auf die Sendezentrale. Ein Extra-Bonus. Zerstörer Bohn inspizierte die zertrümmerten Pfeiler, das klaffende Loch, wo noch vor kurzer Zeit die Hauptanlage ideelle Verbindungen in die extreme Ferne gesandt hatte. Um 8.30 Uhr langte Bohn am Fuße des Eiffelturms an. Noch hatte er Vorrat auf dem Lastwagen. Jetzt wäre er bereit gewesen, müde und bedenkenlos, noch unter der Droge der Tat, auch diesen Turm zu fällen. Eine Pioniereinheit war hier verfügbar. Sie zerstörte die Generatoren auf der ersten Plattform mit Schmiedehämmern. Welchen Vorteil hätte die Funkverbindung nach Syrien, zum Senegal, nach Französisch-Guayana, in den

Pazifik für Deutsche haben können, vorausgesetzt, sie hätten französisch sprechende Funker dabei?

Über die professionelle Sprengung der Türme von Issy schrieb der Kommandeur dieses Forts später einen ZERSTÖRUNGSBERICHT. Lob für Bohn gab es nicht, auch keine Bestrafung. Als Bohn, noch ehe die deutschen Verbände in Paris einmarschierten, um die Erlaubnis bat, die Überreste des Forts zu besichtigen, wurde er abgewiesen. So wandte er sich für kurze Zeit der Bearbeitung seiner Akten zu. Was konnte er sonst fürs Vaterland noch tun?

Das Licht der Sonne – nie genügt es /
Zu träge der Planeten Bahn.

Zwei Sekunden
aus der langen Zeit der Luftrüstung

Die wagemutige Pilotin Hanna Reitsch, die im Virchow-Klinikum wegen Scharlach behandelt worden war und sich ungeduldig in einer der Baracken auf dem Flugplatz Rechlin »erholte«, nahm schon wieder an Einsätzen teil. Die Zeit lief gegen das Reich. Zeitarmut bestand verschärft in allem, was mit der Erprobung künftiger Waffen zu tun hatte. Zeit wurde relativ, d.h. sie zersplitterte in tausend verschiedene Geschwindigkeiten, je näher eine Angelegenheit sich der Entscheidung zwischen Sieg und Niederlage näherte. »Ein Feldwebel wartet im Wartesaal eines Bahnhofs auf einen verspäteten Fronturlauberzug« hat eine andere Zeit als »eiligen Schrittes bestieg die Pilotin das Flugzeug, das ihr erst gestern vom Werk zur Erprobung angeliefert worden war; der Generalluftfahrzeugmeister selbst betrachtet vom Turm der Flugleitung aus den Vorgang«. Vor dem Kabinenfenster des Flugzeugs Schneeflocken in dichten Kolonnen.

Hanna Reitsch flog das MEHRZWECKKAMPFFLUGZEUG DO 17 MIT NETZABWEISER. Die Vorrichtung reichte von der Nase der Maschine über die Flügelenden bis zum Schwanz und bildete auch über dem Oberteil und dem Bauch des Flugzeugs ein Gestänge, das Sicherheit verhieß. Zweck der Vorrichtung war es, die neuen Maschinen für den Einflug in ein von Sperrballons gesichertes Gebiet zu wappnen. Der Netzabweiser drängte die Seile, die von den Sperrballons zu Boden hingen und die eigentlichen Hindernisse bzw. Fallen bildeten, von der Maschine weg. Zu dieser Zeit ging man noch davon aus, daß die Ballonsperren Englands zu den Hauptverteidigungswaffen des Gegners zählten, was sich später als nicht zutreffend herausstellte.

Die Abweiservorrichtung erzeugte erheblichen Luftwiderstand. Vor den Seilen der Ballons gesichert, waren die Maschinen infolge ihrer Langsamkeit anderen Gefahren ausgesetzt. Das hatten die Erprobungen ergeben. Nunmehr, ganz unpassend im Dezemberwetter von 1941, aber die Zeit drängte extrem, wurde statt des Netzabweisers eine Schneidevorrichtung an den Vorderkanten der Tragflächen installiert. Die sollte die Pilotin erproben. Die Maschine flog wieder mit der alten Geschwindigkeit, dafür entfiel der Schutz der Triebwerke. Ein Ballon, aus England auf Reichsgelände getrieben, war nördlich des Flugplatzes postiert; seine Seile waren, wie Unterwasserhindernisse, im Schneetreiben nicht zu sehen. Sie wären aber auch nachts oder bei Dämmerung oder wegen der Geschwindigkeit des Kampfflugzeugs nicht sichtbar gewesen. Diese Seile waren 5,6 mm stark. Die Schneidevorrichtung des Flugzeugs an den Tragflächen vermochte sie nur schwer zu fassen. Statt dessen wurden die Luftschraubenblätter des linken Motors der Maschine von den Seilen abrasiert. Sogleich stellte Hanna Reitsch den Motor ab und fuhr die Luftschraube in Segelstellung. So konnte die Unwucht nicht das gesamte Triebwerk aus dem Flügel herausreißen. Die Notlandung in Fürstenwalde gelang um Haaresbreite.

– Die kühne Pilotin hatte vielleicht zwei Sekunden Spielraum, um auf die Abrasur des Propellers des linken Motors zu reagieren. Keine Sekunde länger.
– Und die Zeit, im Falle eines Absturzes einen Ersatzpiloten dieser Qualifikation zu finden und eine neue DO 17 mit der Vorrichtung auszustatten, war im Budget der Rüstungspläne überhaupt nicht vorhanden.

- Ist die Raschheit der Reaktion in diesem Fall eine weibliche Eigenschaft?
- Sie meinen, ein männlicher Testpilot hätte zunächst verdutzt beobachtet und erst dann reagiert, während Hanna Reitsch, wie sie berichtete, erst reagierte und dann überrascht war?
- Ich glaube nicht, daß man diese Eigenschaft als männlich oder weiblich bezeichnen könnte. Auffällig erscheint mir die Notlandung mit nur einem Motor durch Schneewehen hindurch, die sich auf dem unvorbereiteten Flugplatz Fürstenwalde im Advent gebildet hatten.
- Sie meinen, das wäre keinem der Kameraden der Pilotin so gelungen?
- Sie war in Krisenmomenten ein As.
- Man wird nicht erfahren, auf welchen persönlichen Eigenschaften diese Fähigkeit beruhte. Man macht Erprobungen mit den Flugzeugen, dagegen nicht mit den Piloten. Sie werden nicht im Vergleich miteinander erprobt.
- Nein, schon aus Zeitmangel sind die Probeflüge Unikate. Immer nur einmal.
- Der Unfall genügte, so daß man von der Seilschneidemaschinerie an den Tragflächen wieder absah?
- Man kam auf die Idee nicht wieder zurück. Es stellte sich auch heraus, daß die Ballonsperren zwar im Jahr 1940, nicht aber mehr im Jahr 1941 ein wesentliches Verteidigungsmittel der Briten bildeten.
- Und die Russen?
- Die hielten noch längere Zeit an der veralteten Methode der Ballonsperren mit herabhängenden Seilen fest. Man konnte aber die bis zu zehn Zentimeter dicken Seile über Moskau leicht identifizieren. Auch fanden im Dezember 1941 keine Luftangriffe auf Moskau mehr statt.

- Könnte man die geistesgegenwärtige Reaktion von Hanna Reitsch als einen Wendepunkt in der Luftrüstung bezeichnen?
- Wenn man das so will: ja. Von da an wurden nur noch Strahlflugzeuge erprobt, nicht mehr der Schutz konventioneller Mehrzweckkampfflugzeuge gegen Ballons. Es ist fast gleich, wo Sie den Scheitelpunkt der Luftrüstung ansetzen. Eigentlich ist der Luftkrieg schon 1936 verloren gewesen. Es wußte nur niemand.
- Also alle Eile, Ungeduld und Kühnheit vergebens?
- Ein Kampf gegen die Zeit, der nicht zu gewinnen war.

Eine Episode
in der Schlacht um Stalingrad

»Heimkehr kann man nicht kaufen.«
A. Puschkin

Der russische Schriftsteller Konstantin Simonow behauptet: eine Schlacht von Stalingrad fand technisch gesehen nie statt. Der Untergang der 6. Armee, d. h. die klägliche Reduktion einer Masse von 300000 Soldaten des Blitzkriegs zu einer verzweifelten Summe von Einzelgruppen (nie aber Individuen), war entschieden im Moment der Vereinigung der südlichen und der nordwestlichen Stoßgruppe der Roten Armee bei Kalatsch, d. h. der kartenmäßig feststellbaren Umzingelung. Es fehlte nur noch der Durchhaltebefehl Hitlers, der die Armee in diesem Kartenbild fixierte. Die tatsächlichen Geschehnisse, die den Zeitraum vom 19. November 1942 bis zum 2. Februar 1943 ausmachen, bestehen aus Einzelheiten: Wurst essen, mehrere Tage darben, Reste von Personalstärke und Munition verwalten, telefonieren, die eigenen Leute wiederfinden, verwundet daliegen, auf den zwei Feldflugplätzen des Kessels warten, Schnee schaufeln usw. Eine Mannigfaltigkeit aus Einzelheiten, nie aber ein menschliches Gegenüber von Gegnern, das man eine Schlacht nennt.

In diesem Sammelsurium von Wirklichkeit und Unwirklichkeit geschah es, daß ein Reserveoffizier, ein von seiner Frau, die er 1939 heiratete, geliebter Oberstudiendirektor aus einer niedersächsischen Kleinstadt, ein Major der Reserve mit einer oberflächlichen Verwundung der Armbeuge, sich am Flugplatz Gumrak einfand; ihn hatte die Durchbohrung der Haut, die den Arm von der Achsel bis zum Handgelenk aufschlitzte, ohne lebensgefährlich zu sein, erschreckt. Der Regimentsarzt hatte eine Paste auf die Wunde gestrichen. Verbandsmaterial besaß er nicht. Einen Paß, der den Ausflug aus dem Kessel ermöglicht hätte, verweigerte er.

Nun war der Major der Reserve bis zu den Junkers-Maschinen vorgedrungen, die ohne Regelmäßigkeit das letzte Flugfeld dieses Elends verließen. In seinem Rock war eine Bargeldsumme von 10 000 Reichsmark eingenäht. Seine Frau nannte dies den »Rettungsanzug«. Diesen Rock trennte der Mann auf, nachdem seine Haut zerschlitzt war, nicht mehr realitätssicher, entnahm den Betrag. Er wollte das Geld einem vorüberlaufenden Piloten in die Hand drücken, wenn der ihn als Schwerverwundeten in die Maschine aufnähme. An den Rändern des Flugplatzes Explosionen von Artillerie, welche die Rote Armee zur Beunruhigung der Flugmanöver auslöste. So war der Flugzeugführer eilig, ja selbst in Panik. Vermutlich erkannte er den Wert des Bündels von Reichsmarkscheinen nicht sofort, hielt auch das Anliegen für entlegen. An diesem Ort war kein Tausch möglich von Geld gegen Rettung. Eine Anzeige des Bestechungsversuchs wollte er aus den gleichen Gründen – unzureichende Kenntnis der Situation, angstvolle Eile – ebensowenig erstatten.

So war der Major für den Moment gerettet. Das Bündel Geld hielt er in der Hand. Ein Feldjägergendarm aber, der das Flugfeld durchschritt, hatte den Vorgang bemerkt. Er, für den jedes Ausfliegen aus dem Kessel ausgeschlossen war, noch als letzte mußten die Feldgendarmen am Platz bleiben, besaß die Zeit, das Unzulässige im Ansinnen des Majors zu erkennen. Der verzweifelte Mann wurde verhaftet und noch am Frühabend erschossen. Schnee rieselte, die Dämmerung brach in Abschnitten herein.

Im Feuersturm

Inmitten einer Umwelt, die sich in Sekunden- oder Minu
tenschnelle wandelt, gibt es kein »rechtzeitig« mehr.

Menschen liegen auf der Straße. Da gibt es plötzlich eine
gewaltige Stichflammenbildung längs der Landstraße, der
ich durch Fortlaufen zu entrinnen versuche. Der Fahrer
bringt die Maschine durch Wenden zur Horst-Wessel-
Straße in Sicherheit. Das Glas meiner Schutzbrille springt
und fällt heraus. Die Luft wird knapp. Gegenüber eine
Steinstiege, ich sehe noch Menschen sitzen. Instinktiv
werfe ich mich hin.

Ich liege mit dem Stahlhelm gegen den Wind am Kant-
stein. Das Gesicht muß ich mit der Mütze verbergen, die
ich am Koppel trug, mit den Händen die sengende Kleidung löschen. Krise, die eineinhalb Stunden dauerte.

Ich sog den Sauerstoff direkt vom Pflaster in die Nase.
Bei den weiblichen Personen ging die Kleidung in Feuer
auf, so daß die Körper entkleidet dalagen. Die Austrock-
nung der Körper enorm. Alle umliegenden Menschen
starben.

Ich ließ die beiden Kradmelder als Späher vorausfah-
ren. Ich suchte hier durchzukommen mit zwei Löschfahr-
zeugen. Das war vor einer Stunde.

An der Ecke Anschläger-Weg/Süderstraße fuhr ich in einen tiefen Bombentrichter, aus dem ich nicht wieder her-
auskam. Zunächst blieb ich im Wagen.

Da die Wagentür klemmte, zerschlug ich das Fenster
und kletterte aus dem Wagen. Ich benutzte dann das im
Trichter befindliche Wasser, um mich ständig naß zu halten.

In der Nähe des Dimpfelwegs erlitt der PKW, den ich

beschlagnahmt hatte, eine Reifenpanne, die zum Halten zwang. Wir suchten Strahlungsschutz hinter der Blechwand des Wagenaufbaus. Nach etwa eineinhalb Stunden war die Wärmeausstrahlung durch das Ausbrennen verschiedener Häuser gesunken, so daß wir den beschädigten Reifen auswechseln konnten. Was irgendwie bewegt werden konnte, setzten wir gegen den Feuersturm in Bewegung.

Lösch-Schießen

Angriff gegen Feuerbrand unter Verwendung des LÖSCH-SPRENGVERFAHRENS.

Dipl.-Ing. Dettlefson wurde ein Major der Panzerwaffe vorgestellt. Ich habe, sagte der Major, vier mal vier Panzerabwehrkanonen vom Kaliber 7,5 Zentimeter, die Sie dort auf der Einfallstraße zur Stadt aufgefahren sehen. Motorisiert. Mir wurde gesagt, daß Sie mich einweisen, so daß wir in den Brandherd derart hineinschießen, daß brennbares Material zerstört wird und durch Aufwühlen von nicht brennbarem Baumaterial ein Löscheffekt entsteht. Wir von der Panzerabwehr wissen nicht, ob so etwas funktioniert. Aber die Zerstörungswirkung, die wir anrichten, könnten wir immerhin beschreiben. Dettlefson, neugierig: Zerstört man die Substanz, die brennt, ergibt dies Löscheffekt.

So ließ er die 16 Panzerabwehrkanonen vor einem durch Phosphorbomben entzündeten Getreidesilo auffahren. Schneller als die Flammen fressen konnten, war das Gebäude zertrümmert. Das ergab im ersten Augenblick einen Löscheffekt. Das kleinteilig gelagerte Getreide konnte jedoch durch Explosivgeschosse nicht ebenso zertrümmert werden, und so entfachte sich der Brand erneut, quasi in befreiter Gestalt. Das ergab einen Erfahrungswert. Panzerbrechende Munition gegen Mehl, Staub, Getreide, Sand oder andere kleinteilige Materie erbringt Staubentwicklung, nährt den Feuersturm.

Ganz anders das Ergebnis bei Löschung des Stadttheaters Erfurt. Die Beschießung zerstörte brennbaren Zuschauerraum, die Hinterbühne mit einer Rasanz, d.h. Schnelligkeit und Vollständigkeit, die rascher als jedes gefräßige Feuer auf das Objekt einwirken konnte. So lag die

Kulturstätte als siliziumhaltiges Trümmerstück, nicht weiter brennbar, am Boden. Der Brand vermochte nicht auszugreifen auf Nachbarhäuser. Eine Kirche gerettet. Dettlefson begeistert. Wir sind als zerstörerische Macht, nicht bloß als Löscher oder Kompromißler, schneller als das Feuer. Der Ansatz wurde nicht weiterverfolgt. Die Beschießung von Kulturstätten durch die eigene Seite erschien propagandistisch verheerend. Was, wenn der Kölner Dom brennt, und wir zerschießen ihn vorzeitig durch Einsatz von 12,5-Zentimeter-Flakgeschützen, der stärksten Stufe der Panzerbekämpfung? Man würde fragen, ob die Ruine, die wir selbst hergestellt haben (»stadtschonend«, »umweltschonend«), häßlicher aussieht als die Ruine nach natürlichem Verlauf des gegnerischen Angriffs. Wie wollen Sie beurteilen, fragte Museumsforscher Günter Lüders aus Abteilung VII im Reichspropagandaministerium, ob die Ruine nicht in der Naturalform deutlich schöner in die Jahrtausende ragt, auch stabiler, wenn wir sie bis 1952 mit einigen Betonkrägen oder -ummantelungen verstärken?

Sie könnte dann ein besonders wertvolles Zeugnis sein für den Wehrwillen des Reiches. Das dürfen Sie nicht Zweckmäßigkeitserwägungen der Brandbekämpfung unterordnen!

So wurde der gewiß radikale Forschungsansatz, gefördert von Reichsführer-SS Himmler, nicht weiter verfolgt. Dettlefson wiederum war der Auffassung, daß es gegen den Feuersturm technisch nur drei Antworten gebe: (1) Beseitigung des Sauerstoffs im Deutschen Reich (untauglich); (2) Zerstörung des brennbaren Materials im Angriffsfall (Lösch-Schießen); (3) sofortige Heranführung einer neuen Eiszeit, d. h. generelle Absenkung der Temperaturen über dem Reichsgebiet um mindestens 18°, das letztere war nach der von Ing. Hanns Hörbiger vertretenen WELTEISTHEORIE nicht einmal ausgeschlossen.

Wer bezweifelt, fragte Dettlefson, Realist in allen Fragen der Feuerwehr, Nationalsozialist in allen Fragen der Notwehr, daß das Löschen eines akuten Feuers etwas anderes ist als das Löschen einer Glut, die aus Phosphorkanistern stammt, die der Gegner tückischerweise in die durch Sprengbomben zertrümmerten Verliese einer Wohnstatt deponiert hat? Ich beschieße (und beuge) den Willen des Gegners, indem ich die Städte, die er zu Brandfackeln erheben will, unmittelbar bevor er dies vermag, selber zerstöre. So nehme ich ihm den Sieg. Selbstverständlich ist dies Ingenieurssache. Es muß technisch perfekt, nach Ingenieursnorm und damit mit dem mikroskopischen Zeitvorteil erfolgen, der zwischen erkennbarem Angriff des Gegners und präventiver Lösch- bzw. Zerstörungsmaßnahme liegt. Kann der Gegner (als Ingenieur sage ich nicht »Feind«) Zerstörtes nicht weiter zerstören, ist er besiegt.

– Das haben Sie nie durchgeführt, das war ein Plan?
– Mehr als ein Plan, es war ein Entschluß. Etwas, das wir vorgetragen haben. Aufgrund unseres Gefühls als Ingenieure.
– Es wurde nie genehmigt?
– Zum Schaden der Städte.
– Die deutschen Städte wären, auch nach Ihrer Aushilfe, zerstört?
– Aber wir hätten gesiegt.
– Ist dies nicht ein Ansatz, der ähnlich abstrakt klingt wie jener der Planer?
– Wir planten nicht, sondern machten Vorschläge. Die Vorschläge hätten zum Sieg geführt.
– Was heißt nach dem Buch von Clausewitz *Vom Krieg* ein Sieg?

– Das lasen wir Feuerwehrleute 1942. Das Buch, Kapitel I, war Gegenstand der Kurse, die wir in Dresden an der Kriegsakademie absolvierten. Bis dahin waren Feuerwehrleute nie von den Militärbehörden ausgebildet worden. Der Kursus bedeutete eine Bestätigung unseres Einsatzes, die Planstellen wurden aufgewertet. Krieg ist die genaue Bestimmung des Ernstfalls. Welcher Ernstfall konkurriert mit einer Feuersbrunst?

– Und bei Clausewitz geht es um die Implosion des Kriegs. Er träumt von seiner absoluten Gewalt. Durch den Druck der wirklichen Verhältnissen und der Wahrscheinlichkeiten wird er zurückgeführt auf das, was er tatsächlich vermag.

– Im Fall eines Feuersturms vermag er viel.

– Das ist ja das, was ich Sie frage. Wenn Sie aus dem Reich alles Brennbare entfernen, das Harzgebirge mit Höhlen durchformen, in denen sich die Zivilbevölkerung und die Rüstungsindustrie verbergen, eine ZWEITE FRONT in den Alpen eröffnen, wo nochmals der Krieg in den UNTERGRUND geht, wo soll ein Wille des Feindes, den Krieg weiterzutreiben, noch vorhanden sein?

– Sehen Sie, der Endsieg ist eine Sache der Feuerwehr.

– Wie hätten Sie aber nach so unsäglichen Leiden, vom Reich verantworteter Zerstörung der eigenen Städte, quasi Seppuku, alles dies nur, um den Willen des Gegners zu brechen, das Brennen im Herzen der Menschen, ihr Bedauern über so viel Zerstörung und Selbstzerstörung löschen wollen?

– Ich bin kein Psychologe.

– Was sind Sie dann?

– Feuerlöscher.

– Was heißt das?

– Diplomingenieur.

- Der mit Wasser kocht?
- Wasser ist nur eines der Mittel, die der Feuerlöschung
  dienen. Wirksamer sind Chemikalien. Wegnahme der
  Sauerstoffzufuhr. Wir sind Töter des Feuers.
- Sehe ich es richtig, daß Sie da Ihre Grenze haben, wo
  der Weltbrand im Innern des Menschen entsteht?
- Wie sollten wir dort löschen?

Stechende Augen

Spätheimkehrer trifft es am Schluß

Mückert, der mit 58 Jahren für eine Entlassung in Betracht kam (der Betrieb wurde rationalisiert), war untersetzt, hatte »stechende Augen«, d. h., die dunkelbraune Iris setzte sich nicht durch gegen den Eindruck der schwarzen Pupille: das Auge erschien schwarz oder vielmehr: es spiegelte das Gegenüber oder irgendeine Helligkeit. Dieses Auge war ein Spiegel.

Die Lippen steckten in einem schwarzen Bartgehege, der Kinnbart stand als Fräse bis zu den Ohren. Mit diesem Aussehen war der zuverlässige, seinem Beruf mit Liebe ergebene Mann *nicht vertrauenswürdig*. Die Rationalisierer in der Personalabteilung, Hochschulabsolventen, fanden, er erinnere an den Darsteller des Hagen in den *Nibelungen*. Was, fragte Franz G., Mitarbeiter dieses Klüngels, ist an *Hagen* vertrauens*un*würdig? Er ist schließlich der einzige durchweg loyale Mann in diesem Drama. Es ergab sich eine kurze Diskussion. Den Namen des Gegenspielers von Hagen, »Siegfried«, empfanden die Rationalisierer als Reizwort, obgleich sie ihn, was das Aussehen betraf, für vertrauenswürdiger hielten als den alten Mann mit dem Stechblick. Aus eher politischen Gründen waren sie jedoch generell *gegen Helden*. Nun ginge es nicht um Helden, meinte Meyer, sondern um die Physiognomie einer Arbeitskraft.

Mückert wurde entlassen. Jahre zuvor hatte er noch Tagebuch geführt. »Unsere Gräben zogen sich Mitte 1944 östlich Sewastopols hin, etwa 2 km von Balaklawa entfernt. Vor uns erstreckte sich eine Mulde, auf der gegenüberliegenden Höhe saßen Russen, Garderegiment Nr. 1

JOSEF STALIN. Ich sah über den Geländeeinschnitt von Balaklawa hinunter zum Schwarzen Meer, das, anders als sein Name, milchblau erschien. Ich habe eine höhere Schule besucht, mir unterstanden schon im Alter von zwölf Jahren als Bannführer 100 Jungen, jetzt war ich Feldwebel eines Zugs von noch 14 Mann. In 48 Stunden sollten wir die Krim geräumt haben.

Ich befand mich 100 Meter von der Stellung entfernt, als ich den Abschuß eines Granatwerfers verfolgte. Ich warf mich flach auf den Weg. Der Rauchpilz stand direkt über unserer vorgeschobenen B-Stellung. Ich eilte nach vorn. Der Obergefreite S. lag in der B-Stellung auf dem Rücken, röchelte. Was ist los, sagte ich. S. zeigte mit dem Finger auf seinen Mund, lallte; ein Splitter hatte ihm den Nackenwirbel durchschlagen, das Sprengstück war vom Mund aus eingedrungen und hatte den Nackenwirbel verletzt.

Der Verwundete zeigte auf meine Feldflasche. Er wollte etwas Bestimmtes an seinem Zustand verändern, und ich deutete dies so, daß er Durst hätte. Ich nahm meine Feldflasche, und S. versuchte zu trinken. Wir mußten den Kameraden sofort zurückbringen. Ich rufe nach zwei Männern mit einer Zeltplane. Das ist ein schöner Heimatschuß, sagte ich zu S., WIRD WERDEN.

Die Lüge empfand ich als erbärmlich. Das Gesicht des Verwundeten wurde wächsern und spitz.

Am Abend kommt der Arzt, sagte ich zu S. Auch dies war unwahr, da der Arzt zur Zeit die vier Nachbarkompanien besuchte und nicht vor dem folgenden frühen Morgen in unserer Stellung sein konnte. Ich stellte fest, daß S.' Gesicht eine blaue Farbe hatte, die Halsschlagader schwoll prall an. S. bedeckte die Augen.

Ich fühlte mich mitschuldig, da ich die Verwundung gesehen und S. trotzdem Wasser gegeben hatte. Ich hätte wissen müssen, daß das Wasser Blut und Schmutz in den Hals des Schwerverletzten spülen würde. Um zu retten, was zu retten war, klemmte ich dem Verwundeten den Mund auf. Mit den Fingern versuchte ich, das geronnene Blut und die Erde aus dem Schlund zu entfernen. S. lag auf dem Rücken. Auch dies war nicht richtig. Um den Fehler zu korrigieren, drehte ich S. auf den Bauch, hob den Verwundeten etwas in die Höhe und ließ ihn fallen, in der Hoffnung, die Luftfessel auf diese Weise zu lockern.

Der rasende Schmerz, den der Schwerverletzte offensichtlich bei dieser Drehung empfand, blieb umsonst. Mit aller Kraft rückte sich der Verwundete wieder auf den Rücken. Er tastete nach seiner Brusttasche, konnte den Knopf aber nicht öffnen. Ich wußte, was er wollte, öffnete den Knopf und gab ihm das Bild, ein Medaillon aus verstärkter Pappe, das, wie ich wußte, den in Arras gefallenen Vater zeigte. Seine Hand zerknüllte das Bild, mit der anderen tastete er an seinem Hals. Er entspannte seinen Körper und bewegte sich nicht mehr.

Er wäre auch gestorben, wenn ich mit mehr Sachlichkeit, das heißt ohne Rücksicht auf Schmerzen oder Wünsche, gehandelt, z.B. ihm die Wahrheit über den hoffnungslosen Zustand mitgeteilt, ihm das Wasser verweigert, ihn von Anfang an auf dem Bauch zu liegen gezwungen hätte. Er wäre dann auf Grund der Verletzung des Nackenwirbels verstorben. Auch war es mir nicht möglich, wenigstens das Medaillon zu retten, indem ich es ihm gar nicht erst gab oder aus seiner Hand nahm, ehe er, was ich wußte, seine Hand reflexartig krampfte. ES IST PRAKTISCH NICHT MÖGLICH, IN EINEM SOLCHEN FALL ZU EINEM EINHEITLICHEN VERHALTEN ZU GELANGEN. Wir schwankten zwischen einer Tendenz, S. das Leben zu retten, und dem Ansatz, einem Todgeweihten den letzten Wunsch zu erfüllen, alles dies verwirrte unsere Hoffnung, in der sich praktisch nichts spiegelte. Es war nichts Sachliches.

Liebte ich meine Frau? Ich hatte sie geheiratet, kannte sie aber nicht. Ich konnte sie mir vorstellen.

Vorher war ich mit G., einer Lehrerin, verlobt. Wir gelobten uns, nie voneinander abzulassen. Ich redete sie in meinen Briefen mit den zärtlichsten Ausdrücken an. Dann wurde ich verwundet, kam zu einem Ersatztruppenteil. Anläßlich einer Truppenbetreuung lernte ich die Sängerin Beate K. kennen. Ich wurde von ihr nach Würzburg eingeladen. Ich entsinne mich, gesagt zu haben, daß sie gutaussehend sei, sie lächelte mehrfach. So nützte ich die Gelegenheit, in der Erwartung, daß meine Verlobte nichts davon wissen müsse, ggf. mir auch verzeihen würde. Als ich, längst wieder an der Front, meiner Verlobten Briefe schrieb, belehrte mich ein Schreiben meines Vaters, daß ein Fräulein K. aus Würzburg bei einem Besuch meinen Eltern mitgeteilt habe, sie sei schwanger, ich hätte sie *daraufhin* zu ehelichen.

Ich hatte nicht den sachlichen Mut, einen solchen Sachverhalt meiner Verlobten zu erklären, vielmehr ließ ich mich ferntrauen. Meine Eltern übernahmen die Unterrichtung der Verlobten. Seither kämpfte ich insofern stillschweigend für Fräulein K., jetzt meine Frau; meinen Sohn nannte ich Wilfried, ›der den Frieden wünscht‹.

Wir waren erfindungsreich. Unsere Handgranaten hatten den Nachteil, daß ein Verzögerungszünder von 5 bis 7 Sekunden eingebaut war: In den Sekunden der Verzögerung konnte ein Gegner mindestens 20 m laufen. Die Sowjets waren in der Lage, zu früh geworfene Granaten zurückzuschleudern. In einem geschlossenen Raum hatten die Handgranaten Wirkung, nicht aber im Freien. Sie ergaben einen starken Knall, die Sprengwirkung war unbedeutend, da der Stahlmantel nur 0,5 mm dick war. Doch wir hatten etwas entdeckt, das die Unterlegenheit dieser Handgranaten ausglich. Von einer leeren 800g-Büchse schnitten wir den oberen Deckel herunter und stellten eine Stielhandgranate hinein. Die Büchse füllten wir mit Granatsplittern, Eisenstücken, Glasscherben, Nägeln, preßten alles fest zusammen. Der abgeschnittene Deckel erhielt in der Mitte ein Loch und wurde über den Granatstiel gestülpt. Eine solche Büchse löteten wir zu. Mit Draht umwickelt, hatte dieser ›Mörser zu Fuß‹ ausreichende Splitterwirkung. Er war 2 kg schwer und konnte von uns bis zu 20 m geschleudert werden.

Der Laufwechsel eines MG 42 war eine Arbeit von 5 Sekunden. Spannschieber zurück, Laufwechselkappe gedrückt, etwas nach abwärts mit dem Schaft, dann rutschte der Lauf von selber heraus. In der Kaserne hatten wir noch den Gurt herausgenommen. Das machten wir jetzt nicht mehr. Der Gurt blieb im Zuführer. Es wurde lediglich der Lauf eingeschoben, die Laufwechselkappe zugeschlagen und auf den Abzug gedrückt. Auch nach 1000 Schuß kein Laufwechsel, sondern erst, wenn dieser weiß glühte. Gelegentlich rissen die Stahlhülsen der Geschosse auf und blieben im MG-Lauf stecken. Soviel zur nächtlichen Praxis.

Mehrere Verwundungen. Schmerzen hatte ich nur bei Erneuerung des Verbandes. Meine beiden Unterschenkel waren gebrochen. Der linke zeigte eine Wunde von 17 cm Länge. Mein rechtes Schultergelenk war zerschossen, linker Unterarm gebrochen. Am rechten Oberschenkel eine 10 cm lange tiefe Fleischwunde. Am rechten Jochbein eine 8 cm lange Narbe, nur im Spiegel zu besehen, unbekannter Herkunft. Die Schädeldecke war zersplittert, ein Splitter im linken Parietalhirn, jedoch ohne motorische Ausfallerscheinungen. Wenn ich auf dem rechten Auge auch nur die Umrisse erkannte, so bestand doch Aussicht, wenigstens einen Teil der Sehkraft zu erhalten.

Ich trug eine schwarze Brille und wog 44 Kilo.

Ausgeflogen wurde ich mit einem der letzten Transportflugzeuge, die aus Sewastopol starteten. Ich gelangte über Galatz/Rumänien, Budapest/SS-Lazarett, Allgemeines Krankenhaus Wien, Alserstraße, (Dr. Schönbauer) nach Hause. Meine Frau Beate trat in die Tür des Krankenzimmers, zögerte. Willst du mir nicht wenigstens die Hand geben? sagte ich. WIE GEHT ES UNSEREM KIND? Sie sah an mir vorbei, auf der Suche nach einem möglichst deutlichen Ausdruck, da sie damit rechnete, daß ich sie nicht verstünde. Sie wollte das, wie sich herausstellte, notwendige Gespräch nicht in die Länge ziehen.

– Du meinst *mein* Kind, nicht *deins*, antwortete sie.

Ich verneinte und äußerte, daß Wilfried ja wohl auch mein Kind sei. Darauf entgegnete sie:

– Ich kann dich nicht länger belügen.

Es sei nicht mein Kind. Es sei mein Kind nur in meiner Vorstellung gewesen.

– Willst du mir nicht erklären, Beate, wieso es nicht auch mein Kind ist?

Es stellte sich heraus, daß sie vor meinem Besuch in Würzburg von einem Leutnant der Panzerwaffe in Schweinfurt schwanger gewesen, dieser aber als vermißt gemeldet worden war, und so habe sie von der Aushilfe Gebrauch gemacht, mich zur Ehe zu gewinnen, inzwischen sei aber der Leutnant zurückgekehrt, und ich solle der Ordnung halber sie und das Kind für den wirklichen Vater freigeben, hinzu komme, daß ich als Krüppel daläge, sie sich aber, ihrem Temperament nach, nicht für Krankendienste eigne usw. usf.

Es gab keinen sachlichen Grund, sie nicht freizugeben, es gab nichts zu erzwingen. Es verhielt sich ähnlich wie mit dem Versprechen der Reichsführung, daß Ritterkreuzträger ein Landgut auf der Krim erhalten sollten, woraufhin einige in unserem Zug sich besonders anstrengten. Tatsächlich erfuhr ich, daß eine solche Vergabe von Landgütern nie vorgesehen war.

Tröstend in diesem Zusammenhang ist allein die Tatsache, daß in keiner dieser Angelegenheiten nach meinem Willen gefragt worden ist, so daß gleichbleibt, ob ich den Betrug rechtzeitig durchschaut hätte oder nicht. Letztlich geht es bei der Frage, wofür einer kämpft, um jenes Quentchen über die Pflicht und erfinderische Anstrengung hinaus, die zusätzlich abzuliefern in unserer Macht steht. Hiervon hatte ich nichts geliefert (von der Tröstung verwundeter Kameraden abgesehen). Insofern kann ich sagen, daß – würde sich alles wiederholen – ich aus Gründen meiner Natur (auch aus Empfindung für Sturm, Emersleben, Kleinert, Saugruber und andere Kameraden und zuvor als Führer von 100 Jungen im Alter von 12 Jahren) jedem Einsatz dieses Quentchen hinzufügen werde, für den Einsatz selber dagegen meiner Person der Einsatzwille fehlt. Im übrigen sind solche Fragen insofern akademisch, da ich zu keinem Einsatz überhaupt mehr geeignet bin, wie jeder Arzt Ihnen versichert.«

Bei der betrieblichen Nachuntersuchung, die aus versicherungstechnischen Gründen vorgeschrieben ist, damit die Arbeitskraft gegenüber dem Betrieb nicht im nachhinein Schäden aus Arbeitsunfällen geltend machen kann, zeigte sich, daß der »stechende Blick« keineswegs durch die Spiegelwirkung von Mückerts Augen, sondern dadurch zustande kam, daß eines der beiden Augen praktisch *nichts* sah. Dieses Auge blieb auf schleierhafte Eindrücke – unter Abweichung von der Synchronität der Augenbewegungen – fixiert, während das andere den Bewegungen des Betrachters folgte. Dies war es, was den jugendlichen Rationalisierer zu der Fehldeutung veranlaßte, es handele sich um »stechende Augen«, woraus er auf nur bedingte Zuverlässigkeit schloß. Tatsache war, daß es sich für Mückerts eines Auge nicht lohnte, in der Wirklichkeit zu stochern. Was Meyer bemerkte, war kein Unzuverlässigkeits-, sondern ein Trägheitseffekt. Da er es ablehnte, sich mit HELDEN überhaupt zu beschäftigen, vermochte er das Detail nicht zu deuten.

Das Überleben des Baron von Totleben

Gespräch mit dem Konstrukteur
der Festung Sewastopol

Baron v. Totleben, General in russischen Diensten während des Krimkrieges, verteidigte die Festung Sewastopol. Sie wurde, bis v. Totleben starb, weder von der britischen noch von der französischen oder der türkischen Okkupationsarmee eingenommen. Der General war (was den Festungsbau betraf) ein Genie. Sein Ehrgeiz war: die unbezwingbare Feste, die ewige Burg. Diesem Ideal kam er sehr nahe.

Von ihm überlebte eine Tochter, die dem sowjetischen Zensor A. Birsky einen Sohn gebar, der ebenfalls Zensor wurde.

Die Festungsanlage v. Totlebens leistete noch 1941 der 11. Armee des Generaloberst von Manstein erbitterten Widerstand. Das FORT TOTLEBEN, eine vorgeschobene Einzelanlage bei Kertsch, wurde aus Wut im Sommer 1942 bis auf sechs Quaderstücke zerstört. Von Totlebens Enkelkind wurde erschossen; die sechs Quader werden von einer Bahnwärtersfrau wöchentlich begossen, weil sie von einigen Pflanzen umringt sind, so daß die Frau meinte, es handele sich um ein Grab.

Vor Ausbruch des Krimkriegs hatte der Petersburger Korrespondent der »Vossischen Zeitung« v. Totleben interviewt. Es ist die einzige bekannte Befragung des Generals, der ja als Festungsbauer Geheimnisträger war.

JOURNALIST: Hängt Ihr Herz, Exzellenz, an diesen Steinen?
v. TOTLEBEN: Soll das ein Witz sein?
JOURNALIST: Inwiefern?

V. TOTLEBEN: Weil mein Herz, wie Sie sehen, *in* mir hängt.

JOURNALIST: Es war als Frage gemeint ...

V. TOTLEBEN: Und wie lautet Ihre Frage?

JOURNALIST: Sie gelten als genialer Konstrukteur von Festungsanlagen, die aus Stein sind, und meine Frage bezog sich darauf, ob Ihr Herz an diesen Festungen hängt.

V. TOTLEBEN: Ich antwortete Ihnen schon, daß mein Herz nirgendwo anders als im Brustkorb hängt. Ihre Frage ist unsinnig.

JOURNALIST: Es ist eine Frage der Leser.

V. TOTLEBEN: Welcher Leser?

JOURNALIST: Der »Vossischen Zeitung« in Berlin.

V. TOTLEBEN: Ihre Leser können doch aber nicht wissen, was sie von meinen Antworten interessiert, weil sie weder mich kennen noch meine Festungen, die Geheimobjekte sind.

JOURNALIST: Ich meine ja auch nur, ob Ihr Herz an Ihrer Arbeit hängt?

V. TOTLEBEN: Ich sagte Ihnen bereits, wo es hängt. Falls Sie meinen, ob ich ein Interesse mit meiner Arbeit verbinde, so beantworte ich diese Frage mit: ja.

JOURNALIST (wird zunehmend eifrig): Das Hauptbauwerk des Forts besteht aus einer nach Norden steigenden, im stumpfen Winkel von 150° gepfeilten Flèche (Saillantwinkel 150°). Das beinhaltet in der Abfolge von links einen zweigeschossigen Kasemattblock und eine Anlage für Schützenfeuer im Erdgeschoß mit eigener Abgrabung für das nördliche Schußfeld. Warum?

V. TOTLEBEN: Sie haben gut hingesehen.

JOURNALIST: Warum?

V. TOTLEBEN: Sie werden gesehen haben, daß die zweigeschossige Saillantkaponniere die Sturmfreiheit nach

Abb.: Sewastopol im Südwesten der Krim. Kriegsarchitektur, ein
Kunstwerk. Die deutschen Divisionen der 11. Armee liegen 1941
für Monate vor der Festung, überwinden sie nicht auf dem Weg
über die Forts, sondern über den Hafen. Die Rote Armee brauchte
1944 für die Rückeroberung *wenige Tage*. Sewastopol, Sitz der

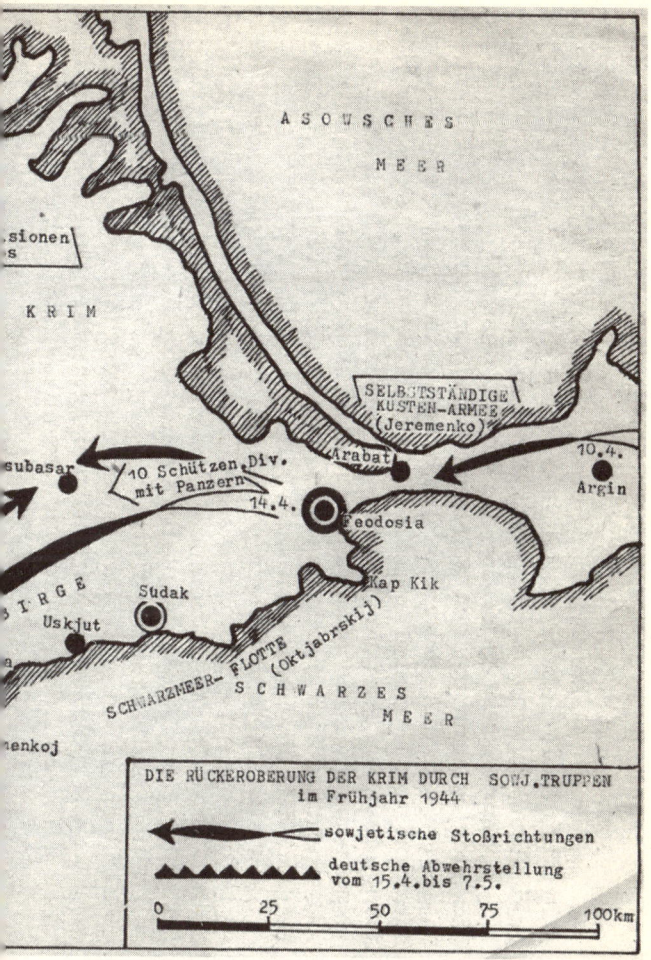

DIE RÜCKEROBERUNG DER KRIM DURCH SOWJ. TRUPPEN
im Frühjahr 1944

← sowjetische Stoßrichtungen

▲▲▲ deutsche Abwehrstellung
vom 15.4. bis 7.5.

0   25   50   75   100km

Schwarzmeer-Flotte, wird 1991 durch die Implosion der UdSSR *in
wenigen Stunden* ukrainisch. Scheinbar nimmt die Geschwindigkeit zu, in der man eine Festung erobert. Tatsächlich sind die Forts
von Totleben, würden sie durch einen menschlichen Willen verteidigt, nach wie vor unüberwindlich.

Norden zuläßt; deshalb bildet der nördliche Kasemattblock eine krenellierte Mauer nach Westen. So machen
wir nach Süden zu.

JOURNALIST: Aha.

V. TOTLEBEN: Das ist riskant ...

JOURNALIST: Hat es das je so gegeben?

V. TOTLEBEN: Nein.

JOURNALIST: Es hat eine Spannung ...

V. TOTLEBEN: Gewiß.

JOURNALIST: Würden Sie mir zustimmen, wenn ich von
einer »knappen Preziosität« spreche, die für »Zweck-
bauten« ungewöhnlich ist?

V. TOTLEBEN: Wenn Sie wollen.

JOURNALIST: Es erinnert an Beispiele aus der französischen Revolutionsarchitektur ...

V. TOTLEBEN: Offenbar haben Sie hingesehen.

JOURNALIST: »Strenges Pathos ...:«

V. TOTLEBEN: Wenn Sie schreiben, brauchen Sie mich
nicht ...

Die knappen Antworten des Barons verbargen seine tiefe
Befriedigung. Dem ehrgeizigen Mann lag an diesem Bericht.

Die Festungsanlagen, die der Journalist (tatsächlich
war er ein verkleideter Offizier des preußischen General-
stabs) untersucht hatte, galten zwar als unüberwindbar.
Dennoch schien es, unter dem Aspekt der Dauer, dem General sicherer, wenn in den Archiven Preußens Unterlagen
der ruhmreichen Bauten lagerten. Gingen die Bauwerke
unter, blieb die Nachricht davon erhalten.

Rat eines Dompteurs
vom russischen Staatszirkus

Ich rate dringend ab von jedem Versuch, Hyänen für eine Zirkusnummer auszubilden. Sehen Sie hier mein verkürztes Bein. Ich bin ein erfahrener Mann.

Das sagte der Dompteur des russischen Staatszirkus mit Sitz in der Zweigniederlassung Odessa, Kuljakow, der als einer der erfahrensten Kenner aller Zirkusraubtiere galt.

Zwar ist nicht zu leugnen, daß diese Tiere gelehrig sind, ja, sie können in den äußeren Zeichen ihrer Intelligenz mit einem durchschnittlichen Menschen mithalten. Ihnen fehlt jedoch die Beißhemmung. Sie müssen als Dompteur die ganze Zeit die Kiefer der Tiere im Auge behalten. Mit schneidender Wirkung beißen sie zu. Ich glaube nicht, daß die Geschöpfe es böse meinen. Sie haben lediglich ihren »Verstand« im Kiefer sitzen, und ein Verstand will »spielen«, gerade dann, wenn er an Erkenntnis nicht arbeitet.

In der Evolution sind diese schnellfüßigen Tiere darauf spezialisiert worden, erst zu schnappen und dann zu prüfen, ob das Abgebissene nahrhaft ist. Sie haben, sagen die Eingeborenen, einen Magen aus Feuer, d. h. eine chemische Dickflüssigkeit. Sie verdaut dort praktisch alles, nach unseren Feststellungen auch Eisen.

So ist jede Lockung, mit welcher der Dompteur den guten Willen der Tiergruppe »zähmt«, eine vorübergehende Faszination für das Tier. Gleich darauf beißen sie dem Wohltäter die Hand ab.

Ich sehe den Beißwillen durch eine winzige Zuckung im Nacken wenige Sekunden zuvor, d. h. während der Kiefer sich vorbereitet. Möglicherweise »weiß« die Hyäne noch nicht, daß sie beißen wird. Es ist aber unmöglich, den Kiefer von 24 Hyänen (und so viele brauchen Sie, um im Sichtfeld des Zuschauers eine beachtliche Gruppe vorzuführen) im gleichen Augenblick zu beobachten. Der Dompteur muß also Abstand halten, und wenn er Abstand hält, reagieren die Tiere kaum. Es sind gesellige Tiere.

Friesenhahns Nummer

Heinz von Friesenhahn, adliger Abkunft, dann insolvent geworden, so zum Zirkus verschlagen, immer noch ehrgeizig und verbunden mit einem Experten im Tierpark Hagenbeck, hatte sich darauf kapriziert, eine Gruppe von Tüpfelhyänen zu einer Zirkusnummer auszubauen. Das hatte Exklusivität. Noch nie, hieß es in Expertenkreisen, ist es gelungen, Hyänen zu Kunststücken zu veranlassen.

Das erwies sich als unwahr. Es waren besonders gelehrige Tiere, die Heinz von Friesenhahn aus Tansania bezog. Zutraulich waren sie nicht. Auf Belohnung reagierten sie. Von Friesenhahn war Schüler des berühmten russischen Dompteurs Kuljakow. Der Erfolg einer Dressur hängt nach Kuljakow von drei Faktoren ab: daß die Tiere lernfähig sind, daß sie auf Belohnungen reagieren und daß das Temperament des Dompteurs so ausgeglichen bleibt, daß die Belohnungen und die Forderungen an die Tiere ein Augenmaß haben.

So machte sich von Friesenhahn an die Dressur. Das Publikum in Europa und in den USA hielt Hyänen für häßliche, verschlagene Tiere. Das Vorurteil war nicht rasch zu ändern. Von Friesenhahn empfand die Tiere als liebenswürdig. Sie reagierten auf ihn, stürzten sich auf die Belohnung.

Nach einem halben Jahr hatte Heinz von Friesenhahn beide Unterarme durch Bisse seiner Hyänen verloren. Noch immer war er der Meinung, diese Tiere seien nicht aggressiv. Er gab sich selbst die Schuld, daß er nicht aufgepaßt habe. Man muß nämlich die Schnapporgane, die Kieferladen, dieser Tiere permanent im Auge behalten. Sie schnappen zu, dann denken sie. Er hatte die Gelehrigkeit der Tiere, ihre Zuwendung, wenn er ihnen Belohnungen gab, mit Sympathie verwechselt.

– Im Kern scheiterte er, weil die Kunststücke, die er ersonnen hatte, auf die Hyänen nicht paßten.
– Ja, sie sollten durch Feuerreifen springen, auf Sockeln Platz nehmen, sich aufeinander stellen. Das alles machen Hyänen ungern.
– Welche Nummer hätte er denn entwickeln sollen?
– Drei Hyänen vertreiben eine Löwin von einer Beute. Das wäre im Zirkuszelt naturgerecht.
– Können drei Hyänen eine Löwin vertreiben?
– Es dauert eine Weile. Eine Menge gegenseitiger Drohgebärden, das ist für das Publikum äußerst interessant anzusehen. Am Schluß entfernt sich die Löwin.
– Und sechs Hyänen gegen einen Löwen?
– Reicht nicht aus. Zwölf Hyänen. Um so interessanter als Dressurakt.
– Sie meinen, man kann die Hyänen, gerade weil sie gelehrig sind, nur zu etwas verleiten, was sie sowieso in freier Wildbahn tun?
– Genau das hat Heinz von Friesenhahn versäumt.
– Hat er ohne Unterarme noch eine Chance als Hyänendompteur? Er hat seinen Fehler ja inzwischen eingesehen.
– Zweifellos. Er gebraucht seine Augen. Außerdem weiß er jetzt, daß er auf nichts achten muß als auf die Kinnladen seiner Gegenüber.
– Was kann er tun, wenn sie zubeißen?
– Sie können kaum zubeißen, wenn er sich in ausreichendem Abstand hält. Zumindest seine Unterarme können sie nicht mehr fassen.
– Und war seine Nummer nunmehr ein Erfolg?
– Sie meinen die in Kirgistan?

– Dort trat er ja auf mit der Gruppe.
– Ein großartiger Erfolg. Noch nie hatte man eine Gruppe von Tüpfelhyänen in einer Zirkusnummer gesehen.
– Sie galten als besonders freiheitsliebende Tiere?
– Als unzähmbar, und hier erweisen sie sich als »folgewillig«.
– Aber unter der Bedingung, daß sie eine praktische, ihnen gewohnte Situation vorfanden.
– Ja, die Vertreibung einer Löwin. Von Friesenhahn überbot das noch in Bischkek durch zwölf Hyänen gegen drei Löwinnen. In der Mitte der Manege hatte er einen Fleischhaufen liegen.
– War es nicht widerlich, zuzusehen, wie die zwölf Hyänen die Schafskadaver vertilgten?
– Für die Kirgisen nicht.
– Wie gelang die Umsetzung zu der Nummer, die jetzt in Chicago einen so großen Erfolg hatte? Er wird doch nicht den Leichenschmaus dargeboten haben?
– Das Fleisch war als eine Zuckertorte drapiert, Kerzen darauf. Ohne Problem löschten die Hyänen die Kerzen und fraßen sich in die Torte hinein, die aus Hühnerfleisch bestand.
– Das wußte niemand?
– Es hätte auch keine Empörung ausgelöst, da Hühnchen nicht zu den »empfundenen Tieren« zählen. Zu viele Menschen vertiefen sich in Hühnerfleisch.
– Die besondere Attraktion war aber der »Dompteur ohne Unterarme«.
– Ja, das erschien zunächst als hilflos. Alle Macht über die Hyänen aber wird mental ausgeübt. Mit seinen Greifwerkzeugen käme ein Mensch mit Tüpfelhyänen nicht zurecht.

Was geschieht, wenn sich keine neuen Nummern für den Zirkus mehr erfinden lassen?

Dann stirbt der Zirkus. Niemand wird die gewohnten Nummern auf ewige Zeiten betrachten wollen, wenn doch die Zeitgeschichte Sensationen darbietet, die jede Zirkusnummer übertreffen.

Wer immer hofft, stirbt singend

Der lange Marsch des Urvertrauens

Es gibt einen fundamentalen Irrtum, an dem alle Lebewesen, die durch die Evolution bis zu uns gefunden haben, die also übriggeblieben sind, festhalten: das Urvertrauen. Für die Evolution scheint dieser Irrtum von Vorteil zu sein. Der Mensch glaubt unmittelbar nach seiner Geburt – und man nimmt an, daß auch die Tiere so denken –, daß die Welt es gut mit ihm meint. Ein absoluter Irrtum. Marx würde sagen: notwendig falsches Bewußtsein. Die Welt meint es nicht gut. Dennoch läßt das sich keiner abhandeln. Es ist ein Schatz, den bis zum Lebensende keiner so leicht aufgibt. Ehrlich gesagt, leben wir davon. Das ist die Fähigkeit, Horizonte zu bilden. Das meint Nietzsche, wenn er von ›wahrheitssuchenden Lebewesen‹ spricht und davon, daß wir illusionsbildende Lebewesen sind. Und sicher bauen wir, wie Sloterdijk es auch beschreibt, einen Kokon um uns.

Eine ungewöhnlich schwierige Geburt

> »Alle Geburt und Tod sind, statt eine fortgesetzte All-
> mählichkeit zu sein, vielmehr ein Abbrechen derselben
> und der Sprung aus quantitativer Veränderung in quali-
> tative.«
> Hegel, Werke in 20 Bänden, Band 5, *Wissenschaft der
> Logik I*, Frankfurt/Main, 1969, S. 440

Am 18. Dezember 1944, dem zweiten Tag der Ardennen-
schlacht, hatte ein US-Arzt aus Wisconsin sein Behelfs-
lazarett in dem Gemeindehaus eines Dorfes in der Eifel
aufgeschlagen. Die Panzer einer deutschen Waffen-SS-Di-
vision waren im Abstand einiger Kilometer an seinem
Quartier vorbeigerollt, sie strebten zur Maas, Schneetreiben. Drinnen ein Bolleröfchen. Attribute eines Feldlaza-
retts.

Nach Einbruch der Dämmerung war eine schwangere
Einheimische eingetroffen. Sie klagte über Schmerzen. Ta-
gelang schon seien Wehen im Gange, nichts an der Nie-
derkunft gelinge.

An sich war der Arzt für die Behandlung von Verwundungen seiner US-Soldaten ausersehen. In seinem Gepäck
aus Neigung ein Lehrbuch der Geburtshilfe. Nachricht
des alten Europa. Er las noch einmal im Text.

Die Untersuchung ergab: eine Beckenendlage.[1] Es
zeigte sich der Po des Kindes, die nach rückwärts gestülp-
ten Beine hinderten den Geburtsfortschritt. Draußen näherte sich Geschützfeuer. Nach geduldiger Reinigung der
Hände »entwickelte« der Arzt die Gehwerkzeuge des an-
gehenden Menschleins und hielt dann, obwohl er für die
Operation nichts mitbrachte als das natürliche Feingefühl

---

1 Beckenendlage für Kind und Mutter lebensgefährlich; einen Kaiserschnitt hätte der Arzt seiner Ausrüstung nach nicht wagen können.

des Arztes und den Lehrbuchtext, der von dem deutschen Geburtshelfer Bracht stammte, das junge Lebewesen auf seinem Unterarm, Rücken nach oben, Nabel nach unten. Es kam jetzt darauf an, den Kopf des verkehrt im Mutterleib liegenden Kindes rasch hervorzuziehen. Das ist schwierig, weil der Kopf von Natur aus zu groß ist, um sich von der Kinnpartie her den nötigen Raum zu verschaffen. Der Arzt muß deshalb mit seinem Mittelfinger in den Mund des Kindes eindringen und den Kopf vorsichtig nach vorne führen.

Deutsche Soldaten, ein Spähtrupp, traten herein. Der Arzt ließ sich in seiner Konzentration nicht beeinflussen.

Später lag das Kind, am Hinterkopf ein ungewöhnlicher Wulst (das Kind gab Laut), auf dem desinfizierten Mull. Die Soldaten der feindlichen Macht waren, ungeduldig, wieder abgezogen. Sie hatten nicht zu stören gewagt. Draußen weihnachtete es.

Am nächsten Tag zog das aus nur sieben Leuten bestehende »US-Lazarett« nach Westen ab, strebte parallel zu den deutschen Voraustruppen zur Maas. Die Verwandten der jungen Frau waren eingetroffen und hatten das Gemeindehaus übernommen. Das »Feldlazarett« hatte Büchsen mit Verpflegung hinterlassen, auch Sagrotan und Sanitätsmaterial. Heiligabend mit Kind.

Mit allen Sinnen sannen wir auf Rettung

Frieda Below, Darmstadt, kämpfte sich, ein Kind mit Schal um die Hüfte gebunden und das zweite über der Schulter (wie ein etwas größeres Gewehr oder eine Panzerfaust), durch die Rheinstraße zum Bahnhof, wo sie einen Arzt vermutete. SA versperrte alle Zugänge, weil die Frauenklinik von Dr. Sackwert in diesem Moment in die Wartesäle gebracht wurde, Bahre auf Bahre, aber auch nur in Decken transportierte Frauen. Dort verlor Frau Below erstmals die Nerven, weil keiner der Ärzte oder Transporteure abzudrängen war, sich die verbrannten Füße ihres Kindes anzusehen.

Es hieß, Sonderzüge, LKW, alle verfügbaren Fahrzeuge des NSKK und ab sofort auch Fuhrwerke sollten die Bevölkerung in die umliegenden Dörfer transportieren. Die heulende Below mit ihren Kindern, wie ein großer und ein kleiner Sack, wurden auf einem Fuhrwerk in ein unberührtes Dorf gefahren. In einem leeren Gästezimmer, mit einem kleinen Eisenofen ausgestattet, fand sie sich wieder. Die Möbel des Zimmers waren aber fortgeschafft, damit sie nicht im Öfchen verheizt werden konnten. Was sollten wir in diesem leeren Zimmer? Wo sollten die Kinder schlafen?

Nachmittags fand sie zur Praxis eines Landarztes, der eine große Kochpfanne (für Puter oder Gänse) mit Fissan-Lebertransalbe füllte. Er stellte den Fuß von Frau Belows älterem Kind in den Brei aus dieser Paste. Diese Reaktion des landerfahrenen Arztes, obwohl dort kaum Brandwunden dieses Ausmaßes vorkamen, allenfalls bei einem Scheunenbrand, war das erste, was Frau Below als »ausreichend« empfand. Daß es überhaupt eine solche füllige Hilfe gab, stellte ihr Weltbild her, und sie beteiligte sich als Hilfe des Arztes den Tag über. »Jetzt brauchen wir uns nicht mehr zu sorgen, denn wir haben ja nichts mehr«, sagte sie. Der gute Mut war sofort wieder da, sobald die Pfanne mit der Paste dastand, als menschliches Zeichen von großzügig angewandter Arbeitskraft.

Das Entsetzen

Eine Frau hielt während eines Schiffsunglücks ihr Kind an sich gepreßt, das Wasser stieg bis zu ihren Hüften, in den benachbarten Räumen waren Rettungsmannschaften zu hören. Die Frau hielt das Kind, konzentrierte sich auf die Arme, die das wimmernde Lebewesen hielten, das sich gegen den Griff wehrte. In diesem Augenblick neigte sich der Schiffsleib zur Seite, die Frau, deren Glieder im Eiswasser abgestorben schienen, rutschte und bemerkte, obwohl sie alle Wesenskraft daransetzte, nicht nach einem Halt zu greifen, sondern das Kind festzuhalten, daß sie schon nichts mehr hatte, über das sie willentlich verfügen konnte. Das Bündel verschwand im Wasser, sie wollte nachfassen, langte mit ihren erstorbenen Arme in die Brühe. So suchend, tastend, wurde sie von Rettern gepackt, in Decken gewickelt und in mehreren Etappen zum zuständigen Großklinikum geschafft, wo man die Unterkühlung behandelte. Sie saß auf dem allseitig verstellbaren Bett, den Blick starr, die Arme erhoben.

ARZT: Wie bringen wir sie in ein normales Leben zurück?

ORDENSOBERIN: Wir bringen sie bis morgen früh in Sicherheit vor sich selbst. Sie sollten etwas Sedierendes geben ...

ARZT: Nicht gern, auf den Schock hin.

OBERIN: Man hat nicht viel Präzedenzfälle, auch nicht in unserem Haus.

ARZT: Nein.

OBERIN: Sie hat ja wohl verstanden, was geschah.

ARZT: Ja, aber verstanden heißt nicht, daß sie es annimmt.

OBERIN: Nein, sie nimmt das nicht an. Sie will ausdrük-
ken, daß sie das nicht annimmt.

ARZT: *Noch* nicht?

OBERIN: Nein, ich glaube überhaupt nicht.

ARZT: Und was kann man gegen diese Haltung tun?

OBERIN: Ich meine nicht, daß man etwas gegen diese
Haltung tun soll.

Glücklicher Zufall

Der spillerige Junge von etwa fünf Jahren rannte in großer Erregung, mit dem Schrei

– Jach!

den Steg entlang, glitt an der obersten Sprosse der Eisenleiter zum See ab, da er sie ja überrannte, schlitterte über die Eisenfläche ins Wasser, das Köpfchen schleuderte zurück und verfehlte um Millimeter die harte Eisenkante, die den Hinterkopf getroffen hätte, wäre nicht viel Glück in der Schlenkerbewegung versteckt gewesen.

So wäre der Junge beinahe gestorben, mit aufgeschlagenem Hinterkopf ins Wasser gestürzt und ertrunken. Es war kein schwimmkundiger Retter in der Nähe, nur gutwillige Laien, und es bleibt zweifelhaft, ob eine der älteren Damen, die den Vorgang vom Ufer aus beobachtete, die richtigen Maßnahmen ergriffen hätte, einen der Kellner des Hotels zu benachrichtigen, der einen Schwimm-Meister ausfindig gemacht hätte ... Alles das hätte die Lebenszeit überschritten, die dem Jungen geblieben wäre, hätte er nicht Glück gehabt, ein schlenkriges Glück, da die winzige Zappelbewegung, die ihn rettete, ein Zappeln noch im Unglücksflug, den Kopf, den er nicht mehr beherrschte, durch einen Schlenker über die Sprosse hinwegtrug.

Jetzt schwimmt der Junge im See, ruft:

– Ich muß nochmals rein ...!

Er hat nämlich nicht bemerkt, in welcher Gefahr sich sein junges Leben befand, daß er selber sein Lebensretter war,

irgend etwas in ihm, stärker als der Zufall, der die Bewegungen auf Glitschboden regiert.

Das Vertrauen eingekerkerter Kühe

Mit den letzten Resten seiner Nerven hatte sich Gert Hunziger für die Osterpause in ein Schloßhotel gerettet. Jetzt saß er an einem der Gruppentische.

– Was sind Sie von Beruf?
– Es entspricht einem Ministerialrat.
– Arbeiten Sie im Ausland, weil Sie sagen »es entspricht«?
– Welternährungsorganisation (WEO).
– Aha!
– Ich komme von der Konferenz in München.
– Was für eine Konferenz?
– Welternährungsorganisation.
– Dauert sie noch an?
– Sie geht nach Ostern weiter.
– Und jetzt sind Sie hier.
– Jetzt bin ich hier.

Der noch tagungsnervöse Mann antwortete mit einem Lächeln, d. h. höflich, auf die Fragen der Tischnachbarin, einer jungen Frau, die aber als Bekanntschaft während dieser Ostertage für ihn nicht in Betracht kam. Man hatte ihm das Schloßhotel empfohlen, weil sich hier kurzfristig Bekanntschaften schließen ließen. Die junge Frau, die emsig Fragen stellte, schien ihm zu große Ernsthaftigkeit auszustrahlen, WILLIGKEIT und ERNSTHAFTIGKEIT. Das sah er aus manchen Zeichen, an der Stellung ihrer Mundwinkel, zu dicht standen die Augenbrauen zueinander, der Stellung des Halses, des Rückens. Sie war nicht für eine lockere Bindung für drei Tage zu gewinnen.

Er aber war vor Vergangenheit auf der Flucht, zur jüngeren Gegenwart hin ein Erschöpfter. Zukunft kann sich in solchen Tagen nur langsam bilden.

Unmittelbar vor der Konferenz hatte er in letzter Minute ein saudiarabisches Projekt gerettet. Er war hingeflogen, hatte Trockenfutter (Heu) aus Äthiopien organisiert und in Chartermaschinen nach Wadi-El-Hadsch einfliegen lassen, ehe die schwarzweiß gefleckten Tiere starben. Es handelte sich um ein Projekt, das aus Eigenmitteln des saudischen Hofs und aus Fördermitteln des Welternährungsfonds finanziert wurde.

Die großen schleswig-holsteinischen Tiere, die eine Höchstmilchleistung erbringen, waren an nordisches Klima gewöhnt. Sie wurden auf dem Luftweg versuchsweise in ein heißes, sandiges Tal im saudiarabischen Mittelgebirge umgesiedelt. Dort waren klimatisierte Ställe vorbereitet. Die Tiere sahen das südliche Tageslicht nie. Der Tierarzt nahm an, daß sie nicht einmal wüßten, daß sie nicht mehr in Schleswig-Holstein wären. Das bezweifelte Hunziger, da die Tiere Feinheiten der Luft, Unterschiede des Magnetismus wahrnehmen und die Fremde spüren.

An der Freßlust war abzulesen, daß die Tiere irritiert waren. Planer und Architekten der Stallungen hatten die auf Blatt 84 ff. der Akten befindlichen Hinweise, da diese nicht übersetzt worden waren, unbeachtet gelassen. In den Nebenräumen lagerte Kraftfutter in Kubusform. Das fraßen die Tiere nicht.

Als Hunziger eintraf, hatten die Zuchtobjekte noch drei Tage zu leben, einige hatten sich niedergelegt, brüllten, die Aufsichtspersonen telefonierten. Ein Antransport von vertrautem Heu aus der BRD war aus Kostengründen ausgeschlossen. Dann wäre es preiswerter gewesen, das Projekt scheitern zu lassen. Hunziger (vor zwölf Tagen noch entschlußkräftiger als hier im Schloßhotel) entschloß sich, in der Region selbst zu suchen, flog die Süd-ostküste der Halbinsel ab, überprüfte über Funk Bestände in Kenia, Somalia, Ägypten. Er fand gepreßte Ballen in Äthiopien, eine von jungen Männern betriebene Charter-Transportfirma in Kuweit.

Am Freitag kamen die ersten Ballen an, sie wurden aus-einandergerissen, in die Krippen aufgeteilt. Das Vieh, wohl der östlichste und südlichste schleswig-holsteinische Zuchtbestand, war gerettet, sobald die Kühe den vertrau-ten Geruch registrierten. Sie verziehen das Bunkerleben und versorgten eine saudiarabische Oberschicht mit Milch in Einzelgläsern zum Preis von 86 $ pro Glas. Hun-ziger hatte während der Rettungsaktion wenig geschla-fen. Auf dem Kongreß in München mußte sich der Retter in einen aussichtslosen Streit mit der belgischen Agrar-fraktion einlassen. Diese EG-Beamten vertraten die Idee einer Durchschnittszuchtnorm. Sie galten als Teilneh-mer einer INDUSTRIELLEN VERSCHWÖRUNG, die die wertvollen regionalen Haustierkulturen auf das Konzept eines genormten Tiermaschinenprodukts zurückführen wollten, um »Wettbewerbsschranken zu beseitigen«.

Der Unfall

Der Sunrise-Bus nach Southhold/Orient, Long Island, fährt 6.30 p.m. von Third Avenue/Ecke 44. Street ab. Der Taxifahrer fuhr Gaby zur Sixth Avenue (angeblich Hörfehler), korrigierte seinen Kurs zur 42. Street/Third Avenue, nahm das Geld; sie rannte und erreichte den Unglücksbus eine Minute nach 6.30 p.m., der Fahrer ließ sie ein, fuhr los, d.h., nach Durchfahren des Tunnels fuhr der Bus schrittweise in östlicher Richtung dem Landrücken zu. Eine Kette roter Rücklichter ohne Ende für Stunden. Sie schlief sofort ein, weil es hier, auf der Rückbank des Busses, keinen Grund für Streß gab.

Der Bus hielt. Der Fahrer stieg aus. Passagiere drängten vor den Bus. Fahrzeuge auf der Gegenfahrbahn. In der Ferne organisierte sich ein Dienst, der neu eintreffende Fahrzeuge aufhielt.

Sie war nicht sogleich wach, d.h., ihr Verstand hielt schon Ausschau, aber die Augen bildeten nicht ab, was sie sah. Sie beugte sich vor, erhob sich wie die anderen vom Sitz, sie verließ den Bus. Im Scheinwerferlicht der Fahrzeuge lag ein Rehbock, die Vorderläufe gebrochen. Er »kroch« oder »robbte« über die Autobahn, suchte die linke Seite der Autobahn zu erreichen.

– Soll man das Tier erschießen? Es leidet …
– Ja, aber mit was soll ich denn schießen? antwortete der Fahrer. Ich könnte es noch mal überfahren.
– Oder ein Tierheim anrufen? Einen Tierarzt?
– Wo ist hier eine Funkverbindung? Haben Sie ein Funkgerät dabei?

Das Tier lag einige Minuten ruhig zwischen den Fahrzeugen, die Augen aufgerissen, aber man wußte nicht, ob geblendet oder »intensiv blickend«. Schon wollte sich Ruhe einstellen unter den Betrachtern, einige bestiegen den Bus, Fahrzeuge auf der Gegenbahn rollten bereits langsam an.

Da aber versuchte sich das Tier nochmals zu erheben (es rutschte sogleich zurück auf seinen Bauch), ein Fiepen begleitete den »verzweifelten Versuch«, wenn wir einem Tier Verzweiflung zusprechen können.

Die Betrachter aber hatten ihre unvorbereiteten Seelen wie Lautsprecher des tierischen Schmerzes aufgestellt. Die in den Bus eingestiegenen Personen kletterten wieder heraus. Das Tier rutschte auf dem Bauch über die markierte Betondecke, suchte die Grasnarbe des Mittelstreifens zu erreichen. Unter den Betrachtern, die sich untereinander besprachen, dem Fahrer des Busses und anderen Autobesitzern als Autoritäten schwankte die Meinung: Soll man das Tier weiterkriechen lassen, damit es sich in der Wildnis (die ja wenige Meter seitlich der Hauptstraße beginnen mochte) ein Versteck suchte, um dort »auf natürliche Weise zu verenden« (angefahren von einem Kraftfahrzeug, das rechts auf dem Randstreifen abgestellt war und dessen Fahrer sich vor einer polizeilichen Untersuchung fürchtete), oder war es richtiger, das Tier zurückzuhalten, hier auf der Straßendecke zu betten, wo man es erreichen und sehen konnte, entweder, um es in ein Hospital zu bringen oder um ihm den erlösenden Todesschuß zu geben? Das blieb unentscheidbar.

Der Busfahrer nahm Sprechfunkverbindung zur Zentrale des Busunternehmens auf. Auch dort wußte man keine Lösung für diese Situation.

Das Tier zog eine Blutspur über den Damm. Es hatte inzwischen fast den Randstreifen der Gegenfahrbahn erreicht. Der Busfahrer wendete sein Fahrzeug, so daß die

Scheinwerfer auf das Tier zeigten. Der Bus blockierte die Fahrbahn. Einige Fahrzeuge hatten sich direkt vor dem Randstreifen aufgestellt und hinderten das Tier daran, weiterzurutschen.

– Wir könnten das arme Tier mit dem Wagenheber erschlagen …
– Das würde die Qualen beenden.
– Ich kann es mit einem Schlag machen, hier gegen die linke Kopfseite. Der Schädelbasisknochen zerbirst, und Knochensplitter treten ins Hirn. Das ist nichts anderes, als wenn ich es erschieße.
– Können Sie denn schießen? fragte der Fahrer.
– Nein.
– Hat dieses Tier überhaupt Schädelbasisknochen?
– Vielleicht kann ein Arzt das Tier retten? Ist hier ein Arzt?

Es meldete sich kein Arzt und kein Polizist. Das Tier erhob sich erneut, verdarb mit seinen »irren Bemühungen« (»insane efforts«) die Stimmung der Anwesenden.

Der Fahrer, der den Unfall verursacht hatte, sagte: Der Bock ist aus dem Dunkeln in mein Fahrzeug hineingerannt.

Die Schlange von roten Autolichtern, die so hochgemut New York verlassen hatte, war hier, 24 km vor Southhold, zum Stehen gekommen. Eine Polizeihubschrauberbesatzung – aber kein Hubschrauber flog an diesem Abend – hätte eine 50 km lange Kette von Fahrzeugen mit roten Bremslichtern gesehen, und auf der Gegenfahrbahn in Richtung New York rasch dahinhuschende Einzelfahrzeuge.

Es war entmutigend, keine Versorgungsbasis, keinen Arzt zur Verfügung zu haben. Die Teilnehmer des Unfalls fühlten sich entmachtet. Was tun? Sie wußten nur, was sie später, heimgekommen, berichten würden. Ihre starken Empfindungen waren zu nichts nütze. Es ist zu überlegen, sagte ein Passagier zum Fahrer, ob hier nicht im Sinne des »Kampfes ums Dasein« eine harte, unsentimentale Haltung angebracht wäre. Unser Mitleid nützt dem Tier nichts.

– Ja, man muß die Quälerei beenden.

Alle sahen, wie das Leben des Tieres schwand. Man kann, sagte der Busfahrer, der weiterwollte (und hierzu Weisung der Zentrale hatte), aber ebenso wußte, daß die allgemeine Stimmung dies noch nicht zuließ, man kann nicht ständig eine Pistole mit sich führen, nur um vorbereitet zu sein, wenn ein Rehbock verendet.

– Haben Sie denn Ihre Zentrale benachrichtigt?
– Ja.
– Und was sagt die Zentrale?
– Sie gibt die Meldung weiter.
– An wen?
– An die Straßenmeisterei, an die Polizei …
– Nicht an einen Tierfänger?
– Sie denken an ein Tierheim?
– Oder an jemand, der das Tier fachmännisch tötet.
– Ja, irgendwie muß es von der Straße weg, sonst können wir nicht weiter.

Das Tier hing im Gestrüpp des Straßenrandes und versuchte, in den Graben hinabzurutschen. Niemand war mehr da, der das Tier aufhalten wollte. Es plumpste den Abhang hinunter; dort lag es eine Zeitlang still. Die Passagiere bestiegen den Bus.

Gaby, die den Eindruck nicht einzuordnen wußte, sich auf unbestimmte Weise erregt fühlte, als habe sie einen Film angeschaut, fiel, sobald der Bus eine schrittweise Fahrt aufgenommen hatte, auf das Geräusch des Motors hin in den leichten Schlaf, den das Ereignis unterbrochen hatte.

Urvertrauen und Urangst

Urangst vertraue ich nicht, weil sie sozusagen ein gedrehtes Urvertrauen ist, ein enttäuschtes Urvertrauen. Und Angst ist für Emanzipation, für Selbstbewußtsein ein sehr schlechter Ratgeber. Es gibt eine gewisse Gleichgewichtspolitik des Selbstbewußtseins. Zum Beispiel: Siegfried zerstört alles durch ein übertriebenes Selbstbewußtsein, er hat keine Equilibristik, er hört nicht zu, außer dem Waldvögelein, er bringt den ganzen Hof von Burgund durcheinander und arbeitet am Untergang; das ist ein Alleingang des Selbstbewußtseins. Auf leisere Formen, in denen das Selbstbewußtsein sich mit einem anderen Selbstbewußtsein quasi musikalisch vereinigen kann, in dem die beiden Hirnhälften in uns selbst auch miteinander korrespondieren können, würde ich sehr viel mehr Vertrauen setzen. Angst hat etwas Lähmendes. Ich glaube übrigens nicht, daß es eine Urangst gibt, sie ist nicht ursprünglich, sie ist immer eine Sache der Erfahrung.

Wenn ich weiß, ich verstauche mir den Arm, wenn ich als Kind die Treppen runtergeflogen bin, kann ich im metaphorischen Sinne in meinem weiteren Leben noch öfter irgendwelche Treppen runterfliegen. Angst ist übersetzbar. Es gibt eine hysterische Angst, die zum Beispiel in jeder Nervosität notwendig ist. Wir sind einfach nicht aufmerksam ohne ein gewisses Quantum an Hysterie. Sicher gibt es eine Tiefenangst, etwas, das die Römer ›numen‹ nennen, die auch zur Gottesfurcht beitragen kann. Menschen brauchen davon ein Quantum wie eine Schutzimpfung. Sie ist wie ein Gewand, wie ein Panzer. Sie schützt unter Umständen, aber sie motiviert nicht, ist nicht produktiv. Um zu leben, ist ein stärkeres Motiv als die Angst nötig.

Wir kommen hier in eine ganz komplexe Alchimie, weil Menschen alles brauchen. Ein Befehl in Napoleons Armee hieß ›*faccia feroce!*‹, wildes Gesicht, die Soldaten müssen ein unängstliches Gesicht aufsetzen. Kein Vorgesetzter oder Partisanenführer kann Soldaten beherrschen, wenn er die Angst verbietet. Sie muß leben können. Anders gesagt: *Alle Empfindungen, die wir haben, sind als Unterscheidungsvermögen zu bezeichnen.* Die Aufklärer in Frankreich hießen ›amis d'analyse‹, die Freunde der Analyse, die Freunde des Unterscheidungsvermögens. Das ist ein ursprünglich aufgeklärter Standpunkt. Eine Massenproduktion von Unterscheidungsvermögen ist das, was uns als Menschen untereinander verbindet, und dazu gehört auch die ganze Sphäre der Angst. Es ist befriedigend, wenn erzählt wird, wenn man sich vertraulich unterhält und Ängste austauscht. Die Ängste werden dadurch weniger, geteilte Angst ist weniger gefährlich, und es entsteht ein Vertrauensverhältnis. Seine Angst zugeben zu können, ist ein Beweis für Vertrauen. Seine Schwäche einem anderen erzählen zu können – Angst ist in dem Sinn oft Schwäche – und dafür nicht bestraft zu werden, schafft Vertrauen. Das Motiv heißt Vertrauen und nicht Angst. Das, was in Bewegung setzt, ist das Motiv, der Vorrat, sozusagen der Treibstoff.

Abb.: El Niño hat das Land überflutet. Noch liegen, unaufgeräumt, große Fische vor den zerstörten Gebäuden. Die Meeres- und Regenflut bedroht die Küste jeweils um die Weihnachtszeit.

Weihnachten als rächende Gewalt

Die Wassermassen, die einen Kontinent ertränken, kommen nicht als Flutwelle. Sie kommen nicht vom Meeresstrand, sie kommen über uns auch nicht als Regenströme. Sie kommen über uns und unsere Häuser als Schlammflut. Wir können darin nicht schwimmen, nicht tauchen. Sie wälzen sich rascher heran, als wir fliehen konnten, denn sie kommen von allen Seiten. Sehen Sie, wie langsam sich dagegen dieser wandernde Hügel, diese Gebirgsmasse, bewegt. Die Bäche an der Oberfläche und an den Seiten sind sozusagen wäßrige Ankündiger. Wie schnell sie sich vereinigen, diese Monstren! Die Berghänge hinunter verstärken sie ihre Kraft und Masse, weil die Nachschübe heftiger pressen. So überziehen der Matsch und Schlamm, gegen die Dämme und Bretterwände so wenig helfen wie fliehen oder fortschwimmen, uns, die Indios, Weißen, Heiden und Christen. Es ist nichts Gutes verborgen in dieser Matsch-Masse, die von Gott oder allen Göttern verlassen scheint.

Einige Tausend sind zur Küste geflohen. Kriegsschiffe öffneten das Heck, nahmen die meeresumspült Heranjagenden in die großmütigen Mäuler auf. Das Meer stoppt jede Schlammlawine mühelos.

Da die Katastrophe nur ein Viertel des Kontinents erfaßt hat, der Planet aber fünf hat, bewegte sich im Ganzen gar nichts. Es wurden Häuser, Autos, Menschen weggespült. Eine Trauerfeier war nicht möglich. Das Ereignis hat den Stillen Ozean gewaltiger erschüttert als das Herz der Menschheit, das so träge klopft wie der Muskel im Einzelmenschen, solange er gesund ist. Eine Zuckung für eine Woche, eine Serie von Sofortmaßnahmen, Meldungen, ein Spendenstrom.

Es war wenige Tage vor Heiligabend. Noch wurde in der Schlammwüste gesucht. Von Dächern, die aus dem Schlamm herausragten, wurden Familien gerettet und zur Registrierung geflogen. In Kellern, auf Dachterrassen (in diesem Land ist es in den Wintertagen warm) richteten sich an den Rändern des Unglücks Halbbetroffene ein. Polizeipräfekten besuchten die »Landschaft«. Bald zeigten sich wieder die Embleme des Gottessohnes: Tannenbäume, Dekorationen, Lametta um Tannenzweige gewunden.

Wie kommt das? fragte der Südamerika-Forscher Don Peterson. Woher diese Zähigkeit, die den christianisierten Planeten immer erneut zum Feiern bewegt? Unbezwinglich und nicht, wie man in der Forschung eine Zeitlang meinte, ausgelöst durch die nordische Winternacht? Auch gewiß nicht erklärbar durch eine Nachricht aus Bethlehem von vor zweitausend Jahren, von der Forschung her gesehen ein Irrläufer. WOHER KOMMEN UND WOHIN FÜHREN DIE TRAMPELPFADE DES GEMÜTS? Ist das die Quittung der Götter? Geht diese Kraft von den Indios aus, die sagen: Ja, man konnte uns massakrieren, uns erschrecken; aber jede Katastrophe zeigt, daß wir zwar nicht überlebt haben, aber ihr ebensowenig überleben werdet; es gibt ein GLEICH unter den Elementen. Einen Umwälzer gibt es, der euren Umwälzer überdauert (die Vergewaltiger, Kreuziger, Händler, Mordbrenner, Buchhalter).

Was aber kann Buchhaltung gegen eine Matsch-Masse ausrichten, vorausgesetzt, diese ist groß genug und tritt überraschend auf? Ist das so plötzlich auftretende Grünzeug, ehe elementare Lebensverhältnisse wiederhergestellt sind (Wasser, Elektrizität, Nahrung), ein Zeichen für das Machtgefühl der Menschen?[1] Sie fühlen sich dem vernichtenden Element, einem Mischmasch, dem nichts entgegengesetzt werden kann, verwandt, ja, sie verspüren eine RÄCHENDE GEWALT, die sie, käme sie aus ihnen selbst, erschrecken würde.

---

[1] Ganz ähnlich, schreibt Don Peterson, wie die weißen Fahnen in den letzten Apriltagen 1945 in Deutschland.

Glück und Kooperation

1
Eine Serie unerwarteter Zufälle

Bei einer militärischen Übung öffnete sich der Fallschirm eines US-Sergeanten nicht. Lessie Smith, ein Schwarzer aus Brooklyn, dessen Fallschirm sich ordnungsgemäß geöffnet hatte, ergriff in »unerhörter Geistesgegenwart« den Fallschirmstoff des Sergeanten. In dieser Konstellation fielen beide Kameraden langsam zu Boden. Einem Film-Kameramann, der in einem der Flugzeuge die Szene fotografierte, gelang eine detailreiche, scharfe Filmaufnahme. Sieben Bauern applaudierten, als das merkwürdige Zweigespann den Boden berührte. Die Schuhe von Lessie Smith waren weder für Flugbewegungen noch für Märsche geeignet. Sie waren eine Fehlbestellung der US-Militärs.

2
Überlistung der Schwerkraft

Ein Kollege in Frankreich arbeitete in 130 Meter Höhe bereits seit mehreren Stunden an einem Starkstrommast. Er öffnete seinen Sicherheitsgürtel, um für eine Brotzeit abzusteigen. In dieser ungeschützten Lage stürzte er. Sein wenige Meter tiefer arbeitender Kollege griff ihn in Höhe der Kniekehlen. Aus dieser gewiß unsicheren Lage weit über dem Boden Frankreichs gelang es ihm, den Stürzenden in eine Position zu verfrachten, die den gemeinsamen Abstieg ermöglichte. Andere Kollegen setzten sich mit ihnen zu einem intensiven Mahl.

An sich, berichtete der französische Ergometrist André

Abb.: Lessie Smith ergriff in »unerhörter Geistesgegenwart« den Fallschirm seines Sergeanten.

Abb.: »Sein wenige Meter tiefer arbeitender Kollege
griff ihn in Höhe der Kniekehlen.«

Philip, ist es fast unerklärlich, wie der Kraftansatz des linken Arms eines Arbeiters (der rechte und der Sicherheitsgürtel halten ihn am Mast), auf einer so inadäquaten Berührungsfläche wie dem Haltepunkt Kniekehle eine derartige Rettung möglich macht. Welch Gewicht, das den Stürzenden nach unten zieht, welch Gezappel des auf den Unfall nicht vorbereiteten Mannes!

Der nächste griffsichere Schwerpunkt, durch den der Retter den Stürzenden überhaupt in Richtung Sendemast bewegen konnte, war dessen Taille. Er muß also zentimeterweise seinen Griff über den Po des Kollegen nach unten verlegt haben, um ihn überhaupt auf eine gemeinsame Abwärtsbewegung am Mast vorzubereiten.

Ich habe selbst nicht gewußt, was ich tat, erzählte der Kollege, der als Retter gefeiert wurde. Irgend etwas habe ich getan, aber ich könnte nicht sagen, was genau.

3
Ein Fall von Opfermut

Der Strafgefangene Antonio Vitale verschaffte sich bei der Überführung von Urbino nach Genua, die im Eisenbahntransport erfolgte, unter dem Vorwand, sich erleichtern zu müssen, eine Fluchtmöglichkeit. Er nutzte den Moment, in dem der Zug wegen einer Kurve langsamer fuhr. Der ihn bewachende Carabinieri Egidio Molari, der auf die Rückkehr des Strafgefangenen vertraut hatte, zögerte nicht, als er die Flucht entdeckte, dem Delinquenten durch das Fenster des Zuges nachzuspringen. Inzwischen hatte der Schnellzug an Geschwindigkeit gewonnen. Der Carabinieri stürzte überkopf, schlug heftig auf den Schotter des Bahnkörpers und lag, betäubt, einige hundert Meter von seinem Gefangenen entfernt.

So war dieser Gefangene, der sich schon in Sicherheit wähnte, gezwungen, sich um den offenbar schwerverletzten Wächter zu kümmern. Passagiere brachten den Zug durch Notbremsung zum Halten. Als die Zugbegleiter die zwei vermeintlich Verunglückten erreichten, hatte der Strafgefangene den blutigen Kopf seines Verfolgers auf ein Stück Stoff gebettet und in seinen Schoß gelegt. So reinigte er die offene Wunde von Steinen und Erdreich, die, wie er wußte, Spuren des Tetanus-Bazillus aufweisen konnten. Er kauerte neben dem mutigen Mann, der ihm nachgesprungen war, bezwungen von dessen stärkerem Opfermut, auch wollte er nicht wegen unterlassener Hilfeleistung zusätzlich zu seinen bisherigen Straftaten beschuldigt werden. So konnte der Bahntransport des Verbrechers fortgesetzt und der Gefangene in Genua der dortigen Gefängnisleitung übergeben werden.

Abb.: »Er zögerte nicht, dem Delinquenten durch das Fenster des Zuges nachzuspringen.«

4

Im Ergebnis ein glücklicher Zufall

Aus dem letzten Wagen des Schnellzugs Straßburg – Ventimiglia stürzte ein Kind auf die Bahnanlage. Die Eltern suchten durch Winken aus dem davonfahrenden Zug den Kontakt mit dem Kind herzustellen, das unverletzt geblieben war, und, um schneller laufen zu können, auf Strümpfen dem Zug hinterherlief. Die Schuhe in der Hand.

Der im Ergebnis glückliche Zufall ereignete sich, bevor der Schnellzug in einen Gebirgstunnel einfuhr; so kamen die bestürzten Eltern zu spät auf die Idee, die Notbremse in Gang zu setzen. Der Zug hielt inmitten des Tunnels, wohin das sich rasch bewegende Kind nicht zu folgen wagte.

Zwei Zugbegleiter, der Lokomotivführer, die Eltern marschierten achthundert Meter zum Tunneleingang, wo das Kind in einer Nische kauerte, kooperativ.

Abb.: Um schneller laufen zu können, auf Strümpfen.

Ein robuster Moment

»Fünf Kunstrichtungen: Baukunst, Kriegskunst, Politik, Liebeskunst und ärztliche Kunst.«
D'Alembert, Vorwort zur Enzyklopädie

Das Militärkrankenhaus in Prag hat die Besonderheit, daß die Hierarchie einander beobachtet. Ein Fehler des Operateurs bedeutet Aufstieg für die Untergebenen. Draußen fiel der Blick auf die winterliche Moldau. Sie öffneten direkt neben der Operationsnarbe vom Sommer den Bauchraum. Ziel war es, die damals im Oberbauch angelegte Darmöffnung zu schließen und den Analtrakt des Präsidenten der Republik wiederherzustellen. Es war nach Mitteilung des Regierungssprechers mit einer nicht nur vorübergehenden Regierungszeit oder Lebensperiode des beliebten Präsidenten zu rechnen. Die Wiederherstellung des natürlichen Darmverschlusses war deshalb nicht nur eine Frage der Bequemlichkeit, sondern entsprach den Forderungen der Regierungspraxis.

Schon nach den ersten Schritten der Operation kollabierte der Patient. Draußen die Leibwächter. Im Operationsraum einander beobachtende Blicke.

Der Operateur, Arzt im Range eines Oberstleutnants, wußte, daß der von den Geräten angezeigte Herzstillstand das Hirn der Republik »nicht länger als eine oder zwei Minuten ohne Blutzufuhr lassen durfte«. Der Anschluß an die Herz-Lungen-Maschine erforderte jedoch ein Hin- und Herkarren von Gerät, was innerhalb dieser Zeitspanne nicht zu schaffen war.

Dies war der gefürchtete ROBUSTE MOMENT, der Augenblick ohne Zeit. Der Operateur warf sein Körpergewicht auf den Brustkorb des Patienten, massierte in heftigen Schüben. Währenddessen versuchten die Assistenten das für die klinische provisorische Beatmung notwendige Gerät in Stellung zu bringen. Aus der Operationswunde ergoß sich bei jedem der Massage-Stöße ein Blutschwall auf den Tisch. Eine Operationsschwester bemühte sich die Schweinerei, die den Körper des Betäubten umgab, wegzuwischen. Nichts, sagte der Anästhesist, mit Blick auf die Anzeige, nicht das Geringste!

Die 42. Sekunde des Unfalls entschied über die Karriere des jungen Operateurs. Er war der Sohn eines tschechischen Diplomaten und einer hohen äthiopischen Funktionärin der bis vor kurzem dort regierenden Partei. Durch Publikationen und Vorträge auf internationalen Ärzte-Kongressen hatte er sich einen Namen gemacht. Einer seiner robusten Schläge auf die linke Seite des Präsidentenbrustkorbs, an sich nur als zeugenlose Grausamkeit denkbar, hier aber unter aufmerksamen Augen der Konkurrenten, brachte das Herz des Präsidenten zum Zukken. In wenigen Sekunden war der Kollaps vergangenes Geschehen.

Sie drainierten die verwilderte Wunde, verlegten den Darmanschluß. Beunruhigte Sicherheitsbeamte wurden an der Tür des Operationsraums abgewiesen.

Blechernes Glück

Eine junge Frau stürzte sich von einer der Terrassen des Doms von Mailand. Sie war entschlossen, ihrem Leben ein Ende zu setzen. Mit einem Schrei des Entsetzens fiel sie, sie hatte die Stärke ihres Entschlusses überschätzt.

Durch Fügung fiel sie auf die Blechkarosse eines Kraftfahrzeugs. Später erzählte sie, sie habe befürchtet, als Leiche auf dem Pflaster des Domplatzes unschön auszusehen. Tatsächlich sah sie, von viel Blech umhüllt, aber auch im Fall gebremst, auf groteske Weise beschädigt aus.

In der Klinik wurden alle Lebensfunktionen des geschundenen Körpers (den der Geist zu einem Versuch der Selbsttötung getrieben und den die Geister des Doms zu schützen gewußt hatten) als intakt diagnostiziert. Wilma Bison hatte sich im Alter von 35 Jahren aus Odessa in den Westen durchgeschlagen, ihr Glück versucht, nach ihren Eindrücken Unglück geerntet und so den gräßlichen Entschluß gefaßt, der zu einem glücklichen Ende führte. Ihre Rettung, die in den Boulevardblättern verbreitet wurde, führte zur Verbindung mit einem Mann aus Lugano, der sie künftig schützte.

Absichtsloses Glück

Eine Übersprunghandlung

Einer der jungen Kampfpiloten der US-Luftwaffe hatte über einem morgenländischen Gelände seine Maschine auf ein Objekt ausgerichtet, das er für einen Bunker hielt. Diejenigen, die ihn hierher geschickt hatten, vermuteten an dieser Stelle den Sitz einer terroristischen Bande. Tatsächlich handelte es sich um ein Gehöft, in dem sich zu dieser Zeit eine Hochzeitsgesellschaft aufhielt. Die intelligenten Waffen, über die das Kampfflugzeug verfügte, hätten das Areal in wenigen Sekunden zerstört, sobald das Luftfahrzeug einmal auf das Ziel ausgerichtet war. Der Zufall aber oder der Finger Gottes, heißt es in dem Bericht des Kontrollers und Hochschullehrers E. S. Davidson-Miller, der im nachhinein den Vorfall in der *homebase* in Dakota untersuchte, bewirkte in diesem Moment eine konvulsivische Entleerung im Darmtrakt des Piloten. Das irritierte den jungen Mann (»es erfüllte ihn mit Scham«), so daß er die Kampfmaschine verriß. Die Munition fuhr in die sumpfigen Äcker, wo sie niemanden verletzte.

Was soll eine solche unappetitliche Geschichte in einem Seminar der Stanford University, wurde der Kontroller gefragt, der dort den Lehrstuhl für KAUSALE ÖKONOMIE bekleidete.

– Was wollen Sie mit dieser Geschichte sagen, Herr Professor, die einen kommunikativ wenig geglückten Vorfall behandelt?
– Sie werden gemerkt haben, daß alle Zutaten, die zu einem Menschen der modernen Gesellschaft irgendwie gehören, in dieser Geschichte enthalten sind.
– Was heißt irgendwie?

– Der Pilot »schämte sich«, d. h. er besaß ein Gewissen. Er war befähigt, ein Kriegswerkzeug ins Ziel zu führen, insofern war er »rational«. Ja, man könnte sagen, er konkurrierte mit der Intelligenz und Tatkraft der in das Flugzeug eingebauten intelligenten Waffen. Er besaß Willenskraft und Gehorsam, also Bindungsfähigkeit.

– Alles etwas durcheinandergeraten?

– Durch die Darmkolik.

– In den hermetisch geschlossenen Kampfanzug hinein?

– Ja, das war ihm peinlich. Sonst beherrschte er alles. Etwas hatte sich gelöst.

– Und das genügte, um großes Unglück zu verhindern?

– Ja, es wäre ein Unglück geworden, wenn er der ursprünglichen Zielsetzung gefolgt wäre.

– Es wäre ein Zwischenfall mit internationaler Auswirkung gewesen?

– Wenn herausgekommen wäre, daß er eine Hochzeitsgesellschaft liquidiert hatte, wäre das international beachtet worden.

– Man mußte damit rechnen, daß so etwas herauskommt. Tags darauf erreichten Bodentruppen den Ort.

– Er konnte von Glück sagen.

– Eine Fehlfunktion seines Körpers. Weiß man, wie es dazu kam?

– Sie meinen, ob er am Vorabend etwas Falsches gegessen hatte?

– Oder war er überspannt? Hatte er Angst?

– Das alles weiß man nicht.

– Warum hat er den peinlichen Vorfall überhaupt berichtet?

– Das mußte er. Es gibt keine Methode, den Kampfanzug selbst zu reinigen.

– Wurde der Pilot wegen seiner Fehlleistung bestraft?

– Das nicht. Er wurde als ungeeignet für Jet-Einsätze an eine andere Stelle des Dienstes versetzt.
– Ungeeignet wieso? Die Hochzeitsgesellschaft war doch gerettet?
– Die Munition verschossen. Inkonsistenz der Darmöffnung gehört zu den Tatbeständen, die einen Piloten für das Kampffeld untauglich machen.

Davidson-Miller wollte im Seminar ein Beispiel geben für »absichtsloses Glück«. Es enthält eine Chance, wenn alles Glück sonst versagt.

Wunderbare Rettung aus der Tiefe

Das Boot lag, so raffiniert es ausgestattet war, nach den vier Explosionen in der Zentrale und im Heck manövrierunfähig in 3 400 Metern Tiefe am Grunde des Tiefseegrabens. Hätten die Überlebenden in einem Kriegsfall einen Gegner gewußt, so hätten sie noch die Chance gehabt, einen Schuß aus der linken vorderen Abschußrampe zu tätigen.

– Links vier?
– Funktioniert, Sir.
– Wir könnten ohne weiteres damit schießen.

Niemand wußte, wo sie steckten. Die Tarnbeschichtung des Bootes dieses neuesten Typs war inzwischen so perfekt, daß kein Orbiter, kein unmittelbar über der Sinkstelle dahinfahrendes Schiff, auch kein Unterwasserfahrzeug, das nach ihnen gesucht hätte, das ruhig daliegende Tauchboot finden konnte. Das war ja der Sinn dieser Boote, daß sie im Ernstfall als VERSTECKTE RÄCHER zur Verfügung standen. Unmittelbar vor dem Vergeltungsschlag lagen sie, hoch effektiv und wach, unmittelbar auf dem Meeresgrund, so wie jetzt das gescheiterte Wrack.

Sie wollten noch einmal die Sterne sehen. Lieber wollten sie sich zerreißen lassen und als Splitter vom Himmel fallen, ein kurzer dramatischer Tod, als – inzwischen einander hassend – in diesem klaustrophobischen Eisensarg verdursten, verhungern, zu Skeletten werden, die doch niemand fände. Mit der Mannschaft im Achterschiff standen sie, hier in der Bugsektion II, über die Blechgestänge und Trümmer der zerstörten Mittelzone (dritte Explosion) in Klopfverbindung. Vielleicht konnte ein Fanal nach außen durch den Opfertod, willkommenes letztes Ziel inmitten von Ziellosigkeit, ein »finaler Schuß«, die Aufmerksamkeit von Beobachtern auf den bewegungsunfähigen Rumpf lenken. Dann wären wenigstens die Kameraden gerettet.

– Damit irgend etwas geschieht.
– Ganz recht, Sir.
– Hätten Sie noch eine andere Idee?

Der Kommandant fragte das den Ersten Ingenieurs-Offizier. Er fragte den Untergebenen aber so, daß auch alle anderen Seesoldaten, die keine akademische Laufbahn aufzuweisen hatten, die Frage auf sich bezogen. Der Ingenieurs-Offizier antwortete:

– Ich habe keine Idee, über die wir nicht schon gesprochen hätten. Ich glaube nicht, daß es noch weitere Ideen gibt.

Einer der Seesoldaten, ein Sergeant, fügte hinzu:

– Einer von uns hätte sie gehabt.
– Wenn es eine gäbe, ergänzte der Ingenieur.
– Dann also die.

Sie entfernten, sie waren sechs, die Sprengmasse aus dem Raketenkörper. Sie passierten die Abschußrampe vorn links, krochen in die Hülse, wie man sich in ein Trojanisches Pferd hineinbegibt, der letzte, durch Los ermittelt, schob sie hinein, verschloß, d. h. verschweißte die Raketenhülle und betätigte vorsichtig, um diesen letzten Versuch nicht zu gefährden, die Abschußvorrichtung. Sein

Tod würde anders sein als der der Kameraden. Die Insassen der Rakete sollten eine maximale Höhe knapp unterhalb der Fluchtgeschwindigkeit erreichen und von dort, aus etwa 80 km Höhe, auf die Erde zurückstürzen. Gleich, ob sie auf Land oder, was wahrscheinlicher war, auf die See stürzten, das Metallgehäuse würde bei Aufprall eingedrückt, so daß ein zuverlässiges, sehr rasches Sterben vorhersehbar war.[1]

Der Leitende Ingenieur, an die Oberschenkel und die Rückenpartie seines Kommandanten gequetscht (sie konnten sich in dem Lärm der Rakete nicht mehr verständigen, noch konnten sie sich drehen oder umrücken), trug ein Amulett um den Hals, das ihm ein junges Mädchen in einer der Vorstädte São Paulos geschenkt hatte. Er wußte nichts einzelnes von diesem Kind, und es war verschwunden, ehe es zu einer Affäre kam. Es war dem Kapitänleutnant und Ingenieur in seiner schmucken Navy-Uniform so vorgekommen, als hätte er dem jungen Ding gefallen. Das Amulett war aus Blech und stellte ein Kreuz dar. In der Mitte des Kreuzes ein Marienbild. Einigermaßen seltsam, sagte sich der Ingenieur, jetzt, da ihm das Geschenk nichts mehr nützte und nur noch wenige Minuten um seinen durchbluteten Hals hängen würde; er ging nämlich davon aus, daß Maria nicht ans Kreuz gehörte. Er berührte das Amulett. Dies mag der Grund gewesen sein für die folgende Kausalkette, für die niemand eine wissenschaftlich korrekte Erklärung fand.

In 60 km Höhe wurde die Rakete, die soeben ihre An-

1 Es wäre an sich möglich gewesen, das Raketenaggregat mitsamt seinen Insassen mit Fluchtgeschwindigkeit zu versehen, die Rakete wäre dann in eine Umlaufbahn um den Planeten eingeschwenkt. Das hätte die Lebenszeit der Kameraden deutlich verlängert, d. h. zu einem langgezogenen Sterben über Wochen oder Monate geführt. Auch dann hätten sie die Flugbahn gewählt statt des Todes in der Tiefsee, weil ihnen das weniger klaustrophobisch erschien.

triebsstufe abgeworfen hatte und in der Höhe – nunmehr lautlos – dahinzog, von leichter Hand aufgenommen und in einem sanften Bogen zum GROSSEN OZEAN zurückgeführt. Ähnlich unerklärlich war ein Riß, entstanden auf der Oberseite der Hülle, in der die »Schiffbrüchigen« saßen. Es war Nacht. Über sich sahen sie die Sterne. Später hörten sie, daß die fehlgeleitete Rakete in einer Lagune niedergekommen sei, weit ab von den peitschenden Wassern des Pazifik und auch in genügendem Abstand vom Boden, auf dem sie zerschellt wäre. Sie schaukelte in mannstiefem Wasser.

Sie vermochten das titanverstärkte Metall der Öffnung mit eigenen Kräften nicht zu erweitern. Immer noch wären sie verloren gewesen, da der Schlitz zwar eine Betrachtung der Sterne, nicht aber das Entkommen ganzer Menschenkörper erlaubte. Raketenabschuß und die allen Rechnern unerklärliche Bahn dieses Raketenflugs provozierten jedoch umfangreiche Suchaktionen von US-Navy und Air-Force. Ein Vier-Sterne-General koordinierte. So fanden sie den »Einbaum«, die Rettungsbüchse. Die Aussagen der Geretteten brachten keine Klärung. Eine gegnerische Einwirkung, die ausnahmsweise zur Rettung gedient hätte, war ausgeschlossen. Konnte man der Rakete selbst »guten Willen« zusprechen? Von dem Blechamulett erwähnte der Ingenieur, der John Wilcott hieß, nichts.[2]

---

2 Wilcott hatte ernste Zweifel. Was, wenn die Rakete, in deren Bug ein miniaturisierter Computer seelenlos rechnete, sozusagen einen WEBFEHLER hatte? Der Riß im Titanmantel, untauglich, einen Menschenkörper nach außen zu bringen, konnte als Materialfehler interpretiert werden. So wäre das Bild von Technik und Science unerschüttert. Auch konnte Athene, mitleidig geworden über den Mißerfolg der Maria, wenn man die Vorstädte São Paulos betrachtet, eine schlaue intellektuelle Besserwisserin, erregt über die Verballhornung, Maria sei gekreuzigt worden, das Geschoß sanft umgelenkt haben. Beispiele hierfür finden sich sowohl in der Ilias wie in der Odyssee mehrfach.

Wettbewerb der Retter

Das britische Frachtschiff BOSWORTH geriet in eine Sturmzone im Norden der Färöer-Inseln und rief, leckgeschlagen, um Hilfe. Das heraneilende Handelsschiff NARWA wurde durch eine der riesigen Wellen gefaßt und sank auf den Meeresboden. BOSWORTH hatte zuvor der Besatzung des Retters über Funk geraten, über Bord zu springen und sich zu ihr, dem Havaristen, zu retten. Ein drittes Schiff, die norwegische LEDA, näherte sich dem Geschehen. Der Kapitän der LEDA sah ein Rettungsboot, das er irrtümlich für das der havarierten NARWA hielt, deren Untergang der Norweger beobachtet hatte. Tatsächlich handelte es sich um Seeleute der BOSWORTH, die kurz nach der NARWA gesunken war. Das Rettungsboot, überladen dadurch, daß Schiffbrüchige der NARWA hinzugekommen waren, verlor in der Stunde darauf den Kontakt mit der LEDA. Von dem norwegischen Schiff hörte später niemand mehr. Auch dieser Retter, die LEDA, wurde vom mörderischen Sturm im Januar 1958 verschlungen. Nur das Rettungsboot erreichte die norwegische Küste zwei Tage später. Kennzeichen des Sturms, berichteten die Geretteten, war, daß auf den Kämmen der Wellen gewaltige Wasserschleier die Sicht nahmen, so daß nur blindes Gottvertrauen, nicht aber irgendeine Art von Tüchtigkeit das, gemessen an den Gewalten der mörderischen Nordsee, *winzige* Boot rettete.

Eine Art von Strandraub

Sie wurden Freunde fürs Leben, soweit Karrieristen im Ernstfall Freunde sein können, und für alle normalen Fälle gegenseitigen Nutzens sahen sie einander später gerne, verloren einander nie ganz aus den Augen.

Sie waren jung. Die Alarmglocke schlug (am Telefon der Zentralredaktion des Blattes um 22.20). Sie flogen gegen 23.00 Uhr ab. Ein Miet-Hubschrauber brachte sie in kurzer Zeit zur belgischen Küste, zur Hafenstadt.

Den Schrecken in Form von Notizen zusammentragen, Sätze daraus bilden; sie teilten sich die Nacht auf. Überall waren sie nicht, man muß *einschätzen*. Der eine, Till, zu den Krankenhäusern, Gert, der andere, zu den Rettungstauchern; es gehört Vertrauen dazu, dem anderen eine große Nachrichtenchance zu überlassen. Sie vertrauten einander ... Man kann soviel falsch machen: die Toten, eingelagert in einer Halle der belgischen Armee, Schwappwasser am Boden, Salzlake, die die Leichen ankarrenden Fischer, grelle Lampen (wegen der Improvisation): das muß man fotografieren, darf sich aber nicht aufhalten. Hier sind keine Stories zu erwarten, die Fischer berichten nicht, sie sind erpicht darauf, rasch zu verschwinden, weil die Zeit, die sie hier sind, nichts einbringt, keine Beute, nur Tote – und wäre einer davon zum Leben zu erwecken, so wäre das Schreckliche daran, daß er seinem Retter nichts einbringt außer Dank. Er ist nicht wert, was ein Zentner Fische wert wäre.

Über das mit Schlagseite daliegende Schiff flogen die Freunde mit dem gemieteten Hubschrauber einige Male hinweg. Es war wenig zu sehen: das aggressive Gegenlicht der Scheinwerfer eines anderen Hubschraubers auf die Seitenwand des Dampfers, Tauchmannschaften werden abgesetzt, man muß das alles fotografieren, obwohl es kein Bild gibt.

Sie sprachen die Fischer an. Die Fischer antworteten: »Es ist notwendig, für eine Leiche einen Bergungspreis und für einen lebend Geretteten eine Sonderprämie aus-zuschreiben, eine Prämie des Gouverneurs. Wir fänden noch einige Minuten nach einem solchen Unfall in den Wellen manche Kostbarkeit. Anfangs treibt uns die Neu-gier. Ach, daß wir ihr nie gefolgt wären! Wir bezweifeln, daß – in einer übervölkerten Welt, bei fischärmeren Mee-ren – Menschen, die auf Billig-Fähren von Frankreich nach England übersetzen, überhaupt nennenswerte Be-deutung haben. Andernfalls, stünden Prämien bereit, dann würde es sich wenigstens lohnen, vor den Häfen zu warten, bis ein Unglück passiert, um, im letzten Moment dann, für jeden Geretteten eine Prämie zu kassieren, die den Lebensabend sichert.«

Gründlichkeit

Journalismus im Katastrophenfall

Die beiden Freunde fürs Leben, die sich zum Zeitpunkt des Einsatzbefehls um 22.00 Uhr kaum kannten, reisten am anderen Tag gegen Mittag zurück. Sie hatten das Feld abgegrast, waren zu müde, um noch weiter zu recherchieren, mußten das Notierte noch umsetzen in einen Abschlußbericht. Das »Wichtigste« war dem Blatt über Funk und Telefax durchgegeben worden, ein Bote mit den Bildern traf um 4.00 Uhr früh in Hamburg ein, es handelt sich um »schnell verderbliche Ware«.

Aber, sagt Till, man muß Leute hinschicken, die jetzt, vielleicht als Arzt verkleidet oder als Versicherungsdetektiv, jedenfalls aber aus einem professionellen Anlaß, die liegengebliebenen Reste dieser Nachricht aufsammeln. Einige, z. B. die müden Retter, die Beamten, die Kommandanten des Unglücks, würden *jetzt erst* zu erzählen beginnen. Die Nachricht beginnt, wenn wir aufhören.

Das wäre eine gute Überschrift, entgegnet der müde Gert, er hat Verdauungsprobleme und hält das für eine Einwirkung des Hubschraubers. Wir können nicht mehr tun, als wir in dieser Nacht *gemeinsam*, also unter Kennenlernen der Stärken des anderen (und wir waren gut!) unternommen haben. Ich bin ausgelaugt, ich würde eine gute Story in diesem Zustand nicht mehr bemerken.

TILL: Ich auch nicht.
GERT: Und wenn jetzt die zweite Gruppe eintrifft ...
TILL: Erinnert mich an die Mongolen.
GERT: Inwiefern?
TILL: Sie überfielen eine Stadt, raubten sie aus, brannten sie nieder, und niemand hat überlebt.

GERT (trocken, müde): Endsieg.

TILL: Ja. Und dann krabbelten aus den Ruinen irgendwelche Gestalten hervor.

GERT: Schön.

TILL: Schön hin und her. Die Mongolen kehrten um.

GERT: Verstehe ... Sie überraschen die Geretteten. Und das drei- bis viermal, jetzt ist keiner mehr da.

TILL: Wie ...

GERT: Kein Witz.

TILL: Wie kommst du darauf?

GERT: Das ist eine Sache der Gründlichkeit. Wir müßten mit einer 2. Mannschaft nachfassen, wenn die erste, wir zwei Tüchtigen, verbraucht ist.

TILL: Recherchieren ist wichtig.

GERT: Richtig.

Der Hubschrauber schraubte sich in Hamburg-Fuhlsbüttel in Bodennähe. Jeder Moment trägt eine neue Katastrophe in sich. Nichts in der westlichen oder östlichen Zivilisation ist sicher. Über den Tod eines Piloten und zweier Journalisten hätte niemand berichtet. Sie aber gelangten heil auf den Rasen, fielen nach rascher Transportfahrt in die Betten. Es war Tag. Der Abschlußbericht war für Samstag vorgesehen. Also vier Tage Zeit. Interessant wäre gewesen, wenn sie noch einmal losgeschickt worden wären. Was nach zwei Tagen von einer Katastrophe übrig ist, wird etwas Neues erzählen.

KATASTROPHE, übersetzt von Kampe, 1813, *Glückswechsel, Glückswende.*

Es wendet sich 1813 das Glück des dicken Bonaparte. Er glaubt, aus Rußland zurück, nach einem Bad in warmem Wasser, nach Meldungen, die ihm die Bewegungen der Gegner vorhersagen, daß er »sein Glück erzwingen kann«; denn dies ist von der Französischen Revolution übriggeblieben: Glückserzwingung, das Machbare.

Darin ist der kleine Kaiser ein Spezialist. Wer ihn beobachtet hat, diese zwingende Empfindung, diesen Jagdverstand, vertraute ihm, daß er die Lücke in den Tatsachenhaufen erspäht. Im Gegensatz zu Hunger, Durst, Beutegier oder Vorteil ist sein Sinn auf nichts Wirkliches gerichtet, sondern auf die Lücke, in der der glückliche Ausgang wohnt, die Spur, die alle anderen nicht sehen, weil ja Glück selten ist. Die anderen sind auf Grund dieser Seltenheit ungläubig geworden.

Abb.: Glückswechsel, Glückswende.
Dieser Eroberer besitzt eine Reserve, d.h. Ungläubigkeit gegenüber dem verbreiteten Unglauben ans Glück.
Das haben ihm die Leute in der royalistischen Koalition abgelauscht. Sie haben gelernt, ihm die Auswege zu sperren. Ihn durch Hoffnungslosigkeit zu ersticken.
Doch bei Dresden hat der Kaiser gezaubert: ein Glückswechsel.
Der Kaiser empfängt in Dresden. Später gelingt ihm nichts mehr.
Die Glückswende hat Gründe, die 6 Monate oder 600 Jahre zurückliegen.

Kann man ohne Hoffnung
irgend etwas finden?

Der Ski-Lehrer B. war durch einen Erdrutsch im australischen Wintersportort Threatbo in einer Skihütte verschüttet worden. Über dem Hohlraum, in dem er überlebte, türmten sich zwei Meter Geröll und Erdreich. In den Hohlraum drang Wasser ein. B. stützte sich auf seine Ellbogen, um mit der Nase über Wasser zu bleiben. »Ein weniger durchtrainierter Mensch hätte nicht überlebt.« Nach dem Ablaufen des Wassers lag der Mann in gefrorenem Schlamm. Er hatte in seinem Hohlraum 30 cm Platz, um seinen Kopf zu bewegen, einen halben Meter für die Beine. Weil ihn die Luft in dieser Höhle von den Temperaturen außerhalb isolierte, konnte der Verschüttete ausharren. Er hielt sich 65 Stunden.

Nach 54 Stunden hörte ein Feuerwehrmann sein schwaches Rufen. Auf Rückruf habe er, berichtet der Feuerwehrmann, eine gedämpfte Antwort bekommen: »I can hear you.« Der Verschüttete habe seinen Namen genannt.

Aus der Befürchtung heraus, der Einsatz schwerer Maschinen werde einen weiteren, für den Ski-Lehrer tödlichen Erdrutsch auslösen, gruben die Helfer 11 Stunden lang mit Händen. Ein Arzt ermutigte den Verschütteten. Er beschrieb durch eine Röhre den blauen Himmel draußen. Er, der Arzt, und der Verschüttete würden diesen Himmel gemeinsam noch am selben Nachmittag betrachten können.

Zunächst wurde dem Verunglückten durch ein Loch, das die Helfer durch die Schuttmassen bohrten, Heißluft und Nährflüssigkeit zugeführt.

Nach Angaben der Polizei machte sich, nicht weit von dem Ski-Lehrer entfernt, ein weiteres Opfer zwischen den

Trümmern bemerkbar. Die Rettungsmannschaften konnten sich dieser Stelle aber nicht nähern, ohne eine endgültige Verschüttung des Ski-Lehrers zu riskieren. Dieser sorgte sich, wie er erklärte, um seine Frau, die zum Zeitpunkt des Unglücks, um Mitternacht der vorhergehenden Nacht, neben ihm gelegen habe. Es war nicht sicher, ob es sich bei der zweiten Person um diese Frau handelte.

Der 27 Jahre alte Mann wurde im Hubschrauber in die Hauptstadt Canberra geflogen. Ärzte berichteten, er sei leicht verletzt. Erfrierungen an Extremitäten.

Familienangehörige Verschütteter klagten, die Rettungsmannschaften kämen zu langsam voran. Die Bergungsarbeiten wurden am Sonntag fortgesetzt. Man befürchtete einen Wetterumschwung. Der Frost hatte bis jetzt das matschige Erdreich stabilisiert. »Wenn es anfängt zu regnen, wird es hier gefährlich.« Die Helfer gruben mehrere Tunnel, um an den Ort heranzukommen, wo die verschütteten Schlafzimmer vermutet wurden. Immer noch glaubten sie, sie könnten ein weiteres Opfer retten.

Der Leiter der Rettungsaktion, Darwin McAllister, ein Mann der Erfahrung, konzentrierte sich in dem Interview mit der Korrespondentin des australischen Fernsehens auf die konkreten Situationen, denen er vor Ort und im Streß begegnet war.

– Wir haben jetzt keine Hoffnung mehr.
– Warum nicht?
– Wegen der Kälte, der Dauer der Kälte.
– Kann man ohne Hoffnung irgend etwas finden?
– Nein.
– Sind die Bergungsarbeiten gefährlich?
– Ohne Hoffnung, ja. Als Dienst nach Vorschrift: ja.
– Was sind Ihre Hoffnungen als Vorgesetzter der Retter?
– Ich setze den Rahmen.

– Und was entscheiden Sie?
– Ich absorbiere die Hierarchie.
– Was heißt das?
– Es ist nichts zu entscheiden da.
– Wieso nicht?
– Es kommt darauf an, daß die Retter sich der Geröll-
halde VORSICHTIG nähern. Dann müssen sie Glück
haben.
– Etwas entdecken?
– Und nicht selbst umkommen, falls sich der Berg erneut
bewegt.
– Wenn das droht, würden Sie die Helfer abziehen?
– Im letzten Moment.
– Einer Ihrer Retter hat in der 54. Stunde etwas gehört?
– Ja, ein Helfer aus der 3. Schicht. Er war ganz frisch.
– Und hat Ihnen sofort berichtet?
– Ja.
– Wieder eine Entscheidung von Ihnen?
– Wieso? Ich hätte ihn nicht abhalten können, auf das
Klopfen zu antworten.
– Was gibt den Ausschlag, keine Maschinen einzusetzen?
Maschinen decken die zwei Meter Geröll in einer
Stunde ab, nicht erst in 11 Stunden.
– Man müßte sie heranfahren. Sie drücken auf den Berg,
wo immer man sie heranführen will.
– Auch keine Möglichkeit für eine Entscheidung?
– Keine.
– Wer ist auf die Idee gekommen, die Heißluft und die
Nährflüssigkeit durch Sonden in den Berg einzufüh-
ren?
– Ein Sanitäter hatte die Idee.
– Sie haben keinen Einspruch eingelegt. Insofern doch
Ihre Entscheidung?
– Ich weiß nicht, was Sie wollen.

- Jetzt hört einer der Retter Geräusche.
- Ein weiterer Verschütteter möglicherweise.
- Was könnte es sonst sein?
- Ein Irrtum oder ein Tier.
- Sie opfern jetzt einen Menschen, um der sicheren Rettung eines anderen willen?
- Ich ordne nichts an, ja.
- Hätten Sie etwas anordnen können?
- Nein.
- Ist das harte Materie? Gibt es Richtlinien für solche Fälle?
- Nein.
- Aber harte Materie?
- Insofern, als ich wegen »unterlassener Hilfeleistung mit tödlichem Ausgang« belangt werde, wenn der Verschüttete endgültig verunglückt und der zweite Verschüttete sich als Phantom erweist.
- Hätten Sie den Ski-Lehrer, möglicherweise Angehöriger des zweiten Opfers, befragen können oder sogar müssen?
- Können, ja. Das hätte Verwirrung gestiftet. Besser nichts entscheiden.
- Wurde später etwas an der Stelle ausgegraben, wo die zweiten Klopfzeichen zu hören waren?
- Es waren keine Klopfzeichen mehr da. Es wurde noch nicht gegraben.
- Warum nicht?
- Wir hätten den Tunnel gefährdet.
- Wenn Sie schon nichts entscheiden als Vorgesetzter in einem solchen Katastrophenfall, was wäre, wenn Sie gar nicht da wären?
- Eine Menge. Mehrere Helfer würden meine Stelle einnehmen und würden möglicherweise versuchen, etwas zu entscheiden.

– Warum sie, und Sie nicht?
– Weil es mehrere wären. Es entstünde ein Wettbewerb.
– Die würden um Einfluß kämpfen?
– Genau.
– Das blockieren Sie?
– Exakt.
– Sind Sie stolz?
– Wir haben entgegen jeder Wahrscheinlichkeit einen Menschen nach 65 Stunden aus dieser Eis- und Geröllmasse gerettet.
– Warum gelingt das hier und sonst fast nie? Gibt es einen anderen Ausdruck für Unwahrscheinlichkeit?
– Es gelang uns, Hoffnung zu bewahren. Der Retter, noch nicht verbraucht durch das Geschehen, glaubte, daß er etwas hören könnte; es funktioniert wie ein Kredit auf das Konto Hoffnung.
– Was nennen Sie Hoffnung?
– Unglaube.
– Unglaube an was?
– Unglaube gegenüber der Wahrscheinlichkeit.
– Sie waren zu diesem Zeitpunkt 54 hoffnungslose Stunden im Einsatz. Waren Ihre Hoffnungen nicht inzwischen verbraucht? Sie sind ein *erfahrener* Mann.
– Das ist es, was ich tue: ich lasse keine besonderen Gedanken zu.
– Merkwürdig.
– Ja. Erfahrungssache.

Lawinenunfall

Den Leiter der Staatsanwaltschaft in Neustadt ver
bluffte – und insofern fand der Tatbestand seine innere
Billigung, als er *neuartig* schien –, daß absolut niemand
wegen des Unfalls beschuldigt werden konnte. Gegen 14
Uhr verabschiedete sich der 11jährige Michael L. aus
Neustadt bei Coburg von seiner Mutter. »Ich baue ein
neues Eskimo-Iglu.« Mit einem Eimer und einem Spaten
zog er los. Tags zuvor hatte er in den vom Räumdienst an-
gefahrenen Schneehaufen ein großes Loch geschaufelt. In
der Nacht jedoch sackte die Höhle zusammen. An diesem
Nachmittag nun sollte das Werk gelingen.

Um 19.30 Uhr, als es schon finster war, hatte die Familie von ihrem Sohn noch immer nichts gehört. Sie alar-
mierte die Polizei. Eine in großem Stil angelegte Suchak-
tion begann. Hunde schnüffelten am Straßenrand.
Beamte und Freiwillige gruben in den Schneehügeln der
Umgebung. Gegen 23.00 Uhr rief ein Feuerwehrmann die
Suchmannschaft zusammen. Er hatte die Schaufel des
Schülers entdeckt, wenig später fand man den Eimer. Unter 2 m hoch aufgetürmten Schneemassen, nur 50 m vom
Elternhaus entfernt, lag der Junge. Rettungsversuche blieben erfolglos.

Der Junge hatte nicht bemerkt, daß ein städtischer
LKW direkt vor seinem halbfertigen Iglu stoppte. Nachdem sich der Fahrer im Rückspiegel überzeugt hatte, daß
keine Menschen sich hinter dem LKW befanden, hob sich
die hydraulische Ladefläche, die Wagenladung Schnee
kippte nach hinten. Der Junge, Stunden später unter dem
tonnenschweren weißen Berg gefunden, starb im Krankenhaus an Unterkühlung und inneren Verletzungen.

Wer immer hofft, stirbt singend

Hier ist die Rede von Antoine Billot. An der Katastrophe von Arles nahm er teil. Hundert Tote über Nacht, weil ein Damm brach. Soldaten holten ihn in Booten ab, als er bereits bewußtlos war vor Hunger und Kälte, mit beiden Armen an einen Baum geklammert.

1939 lag er unter der Lokomotive zusammen mit vier anderen Streckenarbeitern, da irgend etwas mit dem Warnsystem nicht geklappt hatte. Das Zugpersonal, das den Eilzug erst einige Meter hinter der Unfallstelle zum Halten bringen konnte, unübersichtliche Kurve, wurde im nächsten Ort ausgewechselt. Die Schäden an der Lokomotive waren gering. Unser Mann wurde ärztlich nicht sogleich behandelt, da man ihn zu den übrigen Toten gelegt hatte, später rappelte er sich noch einmal zusammen.

Eine Betondecke stürzte ein, sieben Frauen, die in dem Raum unter der Betondecke für eine Firma Kartoffeln schälten, wurden getötet. Er war der einzige Mann in diesem Raum. Stand im Augenblick des Betriebsunfalles in der Tür und wurde lediglich schwer verletzt, so daß die Ärzte an seinem Aufkommen zweifelten. Die Sache ging durch die Zeitungen.

Im Krieg wurde er von dem Ort, an dem er seine Verwundung empfing, zurückgeflogen ins Innere des Landes. Da ein Motor der Sanitätsmaschine aussetzte und das Flugzeug an Höhe verlor, kam von der Bodenstelle die Weisung, die Schwerverletzten abzuwerfen. Der Mann gehörte zu den Schwerverletzten. Er wurde abgeworfen. Niemand hätte mehr mit ihm gerechnet, da Mangel an Fallschirmen bestand. Aber er fiel noch ganz glücklich und ließ sich auf dem Bauernhof, in dessen Gebiet er fiel, gesund pflegen. Es war sein Glück, denn er entging dadurch der Gefangenschaft und der Zwangsarbeit in Deutschland. Nach dem Sieg beging er die Torheit, sich auf den Nachhauseweg nach Südfrankreich zu machen. Auf diesem Weg geriet er in Nîmes unter die verhafteten Milizangehörigen, die man in das Stadion trieb und mit Maschinengewehren beschoß. Hierein wurde er entweder durch ein Versehen verwickelt oder weil er tatsächlich etwas mit der Miliz zu tun hatte. Er lag angeschossen, verdeckt von einigen Toten, die über ihn gefallen waren, und wurde, wie er später erzählte: wie ein toter Stier, als tot abgeschleppt. Es gelang ihm später, sich zu entfernen.

Vom Wehrdienst in Algier wurde er befreit. Er nahm auch keine Arbeit mehr an, wenn sie in Betrieben stattfand, in denen die Unfallquote über 1,2 % im Jahr lag. Es passierte aber, daß er sich im Stadion eines südfranzösischen Städtchens in der goldenen Abendsonne ein Fußballspiel ansah, die Ränge bis auf den letzten Platz besetzt, plötzlich setzt ein wolkenbruchartiger Regen ein, der ganze Himmel ein einziger Wasserstrahl auf die Schaulustigen, die aus Angst, naß zu werden, zu Tausenden zu den Ausgängen der Arena drängen. Dabei blieben zwanzig Menschen, teils getötet, teils schwer verletzt, liegen. Der inzwischen vierzigjährige Billot – schon in der Nähe des Ausgangs – gehörte zu den erheblich Blessierten, entging aber dem Tode. Die Verletzung, die er auszukurieren hatte und zu der durch unsachgemäße Behandlung in der Kreiskrankenanstalt ein Leberleiden und eine leichte Blutvergiftung hinzukamen, bewahrte ihn vor der Teilnahme am Suez-Abenteuer, von dem man damals nicht wissen konnte, ob es nicht gefährlich enden würde. Der Mann war dankbar.

Glückliche Umstände, leihweise

Alexander Kluge
im Gespräch mit Thomas Combrink

Das Lesebuch beginnt mit Geschichten über den Weltraum. Was Sie an Sternen interessiert, haben Sie einmal gesagt, ist ihre Unbestechlichkeit. Die Koordinaten der Sterne sind nicht manipulierbar.

Die Leuchtfeuer an den Küsten können die Landbewohner so umrücken, daß möglichst viele Schiffwracks aufgrund dieser Orientierungshilfe stranden. Das ist das System der Strandräuber. Und so ist eigentlich alles, was unter menschlichem Einfluß steht und was Näheverhältnisse betrifft in unseren mitteleuropäischen Breiten unübersichtlich. Es ähnelt sehr dem Wolf, der nur die Hand mit Mehl bestreichen und seine Stimme verstellen muß, um die Zicklein zu täuschen und in die Tür hineingelassen zu werden. Menschen, die Grund haben sich zu fürchten in unseren Gefilden, brauchen Orientierung. Sie haben sogar in einem fast nie wolkenlosen Himmel über Europa eine große Not, die Sterne zu sehen und sich zu orientieren. Das war bei Odysseus anders. Der kann Navigation zur See nach Sternen betreiben. Und der kann auch sein Haus, nämlich sein Schiff, umrücken.

Sie blicken gerade in die Vergangenheit. Wohl nur wenige orientieren sich heute noch an den Sternen, um die Richtung oder die Koordinaten zu bestimmen...

Menschen ändern sich nicht so rasch. Wenn die Hirten, die Wandervölker, die Seefahrtenvölker und übrigens auch die, die Ackerbau und Ernte betreiben in Ägypten, so stark angewiesen waren auf die Sterne, dann lebt diese Beziehung zu den Sternen in den folgenden Generationen weiter, auch wenn die Gesellschaft das längst nicht mehr ausübt. Was als Produktivkraft in den Menschen einmal entstanden ist, das verinnerlicht sich, und dreißig Generationen später wirkt es sich erst richtig aus. Nehmen Sie die Menschen, die in den Fabriken gearbeitet haben in den 10er und 20er Jahren des 20. Jahrhunderts und die Taylor untersucht hat auf Rationalisierung hin (ob man diese Arbeitskraft noch potenzieren kann). Davon sind ja inzwischen die Gehäuse, die Fabriken weitgehend entschwunden, und dennoch ist da eine Prägung erfolgt, die nicht nur Arbeiter und Nachkommen von Arbeitern, sondern ganz im Gegenteil die ganze Gesellschaft betrifft. Und die wirkt sich aus in Form des industrialisierten Menschen, der jetzt an Computern seine Fähigkeiten entfaltet. Die subjektiven Eigenschaften überbrücken einen enorm langen Zeitraum. Und etwas, das objektiv – äußerlich – sie geprägt hat und ihnen gegenübertrat, also die sogenannten objektiven Verhältnisse, die leben fort in Form von subjektiven Echos. – Ich bin Ihrer Grundfrage etwas ausgewichen: Mein Verhältnis zu den Sternen ist indirekt. Natürlich bin ich von Neugier geleitet; ich habe als kleiner Junge Geschichten gehört, das waren die Märchen der damaligen Astronomie: Bruno H. Bürgel, der gab die Zeitschrift »Kosmos« heraus. Das haben wir als Schüler gelesen. Dies ist aber nur der Ansatz, warum ich mich für Sterne schon immer interessiert habe. Sehr viel später habe ich erst begriffen, warum das eigentlich interessant ist: Weil es außerhalb jeder menschlichen Proportion stattfindet. Diese Relationen interessieren mich: Da zeigt sich das unendlich Kleine, was sich auf der Planckfläche findet, und uns entzogen ist, weil kein Mikroskop es sehen kann, und wir können es auch nicht beeinflussen. Diese Nanowelt und der Kosmos sind die beiden großen grotesken Gegensätze für unsere Froschperspektive in den menschlichen Lebensläufen. Und wir sind ein Teil der astronomischen Geschichte, kein Zweifel. Wir tragen diese Partikel der Vorgeschichte, die alles Leben im Kosmos hatte, in uns herum, ohne sie in nennenswertem, sichtbarem Umfang zu nutzen.

Ihre Bücher funktionieren wie Karten; es geht auch hier um Orientierung.

Beim Kartenlesen ist das »cross-mapping« eine artistische oder auch poetische Kunst. Man legt Karten aufeinander und an den Differenzen merkt man, worauf man achten sollte. Eine Karte selber ist ja nur ein Abbild von etwas, von dem man annimmt, daß es real sei, aber weder dieses Reale noch die Frage, ob die Abbildung zutreffend ist, kann man bei komplexen Verhältnissen – also Verhältnissen, die mit menschlichen Beziehungen, mit Politik verbunden sind – so ohne weiteres bestimmen bzw. beantworten. Für Afrika kann ich eine Karte anfertigen, auch wenn sie Afrika nicht wiedergibt. Aber für wirkliche menschliche Verhältnisse, ganze Gesellschaften, da ist das Kartenschreiben schwieriger. Da ist »cross-mapping« der Kernpunkt. Wenn Sie hier die Geschichte »Politische Ökonomie der Sterne« (→ S. 29) nehmen, dann haben sie einmal alle Karten der politischen Ökonomie, wie sie in den Grundrissen von Karl Marx brillant niedergelegt sind, und übrigens alles das mit aufführen, was Ricardo oder Adam Smith oder andere der großen klassischen Ökonomen je gesagt haben. Es ist ein Kompendium der politischen Ökonomie und eine sehr sehenswerte Karte. Der zweite Punkt ist: Wenn ich den Kopf von Heiner Müller benutze, dann sehe ich darin, daß er quasi spontan seine Ungläubigkeit in die Poren dieser politischen Ökonomie einfügt. Was ihm die politische Ökonomie als Lehrstoff in der DDR ist, wird von ihm genauso betrachtet, wie das, was im Originaltext von Marx steht. Das führt zu einer sehr starken Müllerschen Verzerrung, die so komisch ist wie die Geschichten von Rabelais. Heiner Müller wirft ja auf einem Kongreß von Poeten die Frage auf, ob Sterne zu verschwenderisch mit ihrer Materie umgehen und Einsparungen, der DDR gemäß, angemessen wären.

Mir ist aufgefallen, daß Sie auch diese Geschichte nicht linear erzählen.

Die »Gesta Romanorum« sind die früheste Romanform im Mittelalter. Dort wird etwas berichtet, das ich immer wieder mit meiner ganzen subjektiven Kraft enttäuschend finde, denn es gibt keine Taten, die mich längere Zeit entzücken, während Konstellationen mich stärker fesseln. Wenn die Tat einen Anfang, eine Steigerungstendenz im Erzählen und dann ein Ende hat, das heißt linear erzählt wird, erzählen Konstellationen kreisförmig; so, wie Himmelskörper einander umrunden und alles an sich ziehen. Das ist die gravitative Erzählweise, und die interessiert mich. Deren Endpunkt wäre eigentlich der Kommentar, und der hat kein Ende, sondern eine Vertiefung bzw. eine Vernetzung. Als die Deutschen und Russen 1941 miteinander Krieg führten, hielten sie die Pripjetsümpfe, das ist das Gelände, wo heute Tschernobyl zu finden ist, für undurchdringlich, und alle militärischen Aktionen umgingen wie einen Naturschutzpark dieses Gelände. Als die Deutschen auf dem Rückzug waren, gab es russische Bauern, Partisanen, die sagten, man kann auch solche Sümpfe durchqueren, aber weder mit einem Kahn noch zu Fuß. Vielmehr muß man große Flöße bauen mit breiter Standfläche, die doch etwas anderes sind als Schlitten, Nachen oder Fahrzeuge. Und auf die kann man Panzer und Geräte laden, und die zieht man über die Sümpfe dahin (→ »Umgang mit Sümpfen«, Chronik der Gefühle I, S. 981). Dies ist zum Beispiel ein Rhizom, wenn Sie so wollen, also eine unerwartete Berührung zwischen Dingen, die vorher einander nicht begegnet waren. Das wäre konstellativ; die funktionieren so, wie Sterne miteinander umgehen.

Sehen Sie sich eigentlich der Ästhetik des 19. Jahrhunderts verpflichtet oder eher den Schreibweisen des 20. Jahrhunderts?

Meine Wurzeln liegen nicht im 19. Jahrhundert. Oder ich frage Sie: Welche Vorgänger könnten das dann sein? Es ist ein Irrtum, daß jemand, der Geschichten schreibt, darüber nachdenkt, wer seine Vorgänger sind. Das macht man unwillkürlich gar nicht. Aber wenn Sie die »Metamorphosen« von Ovid nehmen (die ja nicht gerade zum 19. Jahrhundert gehören), dann würde ich nach drei Seiten äußerst angeregt weiterschreiben. Das gleich gilt für Ossip Mandelstams »Tristia« im 20. Jahrhundert, die sich direkt auf Ovid beziehen. Natürlich könnte ich Ihnen noch andere Beispiele nennen: Der Tod der Agrippina, der Mutter Neros, auf anderthalb Seiten bei Tacitus – damit können Sie mich sofort in Bewegung setzen. Mit dem gravitätischen Stil des 19. Jahrhunderts habe ich weniger zu tun – wobei ich der Zeit aber Unrecht tue, denn da ist ja auch Kleist dabei, und der ist hinreißend. Fontane kann sehr exakt schreiben, und Tolstoi gehört ebenfalls zum 19. Jahrhundert. Aber mir ist das alles eigentlich zu gemächlich im Verhältnis zu dem, worauf wir antworten müssen.

Ihre Literatur wendet sich gegen die Rhetorik der herkömmlichen Literatur.

Rhetorik stellt eine Konvention dar, wie wir mit Dingen umgehen, wie wir sie aufzufassen haben, wie wir ihrer Herr werden. Gesetze wären in diesem Sinne auch Rhetorik. Mimesis wäre der Gegenpol. Damit würde man versuchen, die wirklichen Verhältnisse so nachzuahmen, daß sie ihren eigenen Atem behalten. Poesie funktioniert nur so. Sie ist allerdings dadurch auch nicht besonders kommunikativ. Alle Menschen der Welt auf eine poetische Metapher zu vereinigen, ist schwerer als auf einen Begriff. Große Rhetoriker wie Cicero schaffen Übereinkünfte, Vertragsverhältnisse; sie sagen, welche Bedeutung etwas haben soll. Diese Rhetoriker teilen normativ ein, zum Beispiel in gut und böse, in schön und häßlich. Wer sich innerhalb dieses Gerüstes in sprachlichen Konventionen bewegt, kann sich rasch verständlich machen. Die Vernetzung der wirklichen Verhältnisse steht dagegen, die Vernetzung der Gefühle auch. Die brechen ja die Konventionen. »Antirhetorisch« wäre also der Rekurs auf die Abwehr von Realität. »Liebe macht blind« wäre ein rhetorischer Satz. Auf den haben sich alle geeinigt. Aber die Beobachtung sagt mir: »Liebe macht hellsichtig.« (→ »Liebe macht hellsichtig«, Chronik der Gefühle I, S. 371-373) Das wäre die antirhetorische Antwort, die aber auch rhetorisch ist, weil sie eine Umkehrung darstellt.

Würden Sie sich wehren, wenn ich Sie als Avantgardist bezeichnen würde?

Das wäre mir egal. Aber Avantgarde und Arrièregarde gehören zusammen. Wenn Sie umzingelt sind, dann müssen Sie nach vorne, nach hinten und zur Seite verteidigen. Sie können Avantgardist sein und Lateralist, also jemand, der die Seitenebenen betont. Es handelt sich dabei um eine polyphone Methode. Am liebsten würde ich eine Geschichte fünfmal nebeneinander erzählen. Also nicht nur die Vorwärtsbewegung, die Avantgarde (»ich lasse alles hinter mir«), sondern auch die Seiten. Ich würde nicht von einem Verhalten ausgehen. Man muß es sich kreisförmig vorstellen, also nach vorne Avantgarde, nach hinten Arrièregarde, an den Seiten dann die Flanken, die sind wichtig. Und manchmal geht eine Entwicklung ganz kurz seitlich weiter.

Jetzt führen Sie den Ausdruck Avantgarde auf seine ei-

gentliche militärische Bedeutung zurück. So wird er kaum mehr verwendet.

Nein, aber er füllt sich mit Inhalt, wenn man etwas so Ernstes wie den Krieg zur Hilfe nimmt. Und eine Avantgarde, die sagt: Ich marschiere jetzt über Moskau nach Indien – das war ja Napoleons Ansatz –, ist eine ziemlich unsinnige Bewegung. Vor allem im Winter. Und da zeigt sich der Führer der Nachhut, also derjenige, der die Armee rettet, indem er sich umdreht und standhält. Die wirkliche Rettung wäre nur gekommen, wenn sie eine laterale Beziehung zur Bevölkerung aufgenommen hätten, die seitlich der Straße lebte. Dort wären auch Nahrungsmittel und Wärme gewesen. Aber ich habe nichts dagegen, wenn Sie mich einen Avantgardisten nennen. Reaktionär bin ich jedenfalls nicht.

Welche Rolle spielt das »Ich« in Ihrer Literatur? Das zweite Kapitel »Was ein Mensch ist« enthält vorwiegend autobiographische Texte.

So, wie es keinen Oberamtsrichter gibt, der das Weltall regelt, so wie es keinen Verkehrspolizisten für Heringsschwärme gibt, so gibt es kein »Ich«, das konstitutiv wäre und über das hinausgeht, was man ›Persona‹ nennt, nämlich eine Maske, durch die etwas Subjektives hindurch-»scheint«. Die reichen Zonen des Subjektiven liegen *zwischen* den Menschen. Sie liegen in einzelnen Zonen dessen, was wir »Ich« nennen. Aber sie liegen nicht in dem Kern dieses Reiters, der auf einem wilden Pferd dahinjagt, wie Freud das »Ich« beschreibt. Sie liegen auch nicht im »Es« verborgen, im »Es« ist sehr viel bloß Objektives enthalten. Meine Suche geht im Grunde nach den stark subjektiven, den von Subjektivität bestimmten Teilen, Zonen, in denen wir leben.

Könnten Sie diese »Zonen« näher beschreiben?

Wenn die Darmkolik den Bomberpiloten daran hindert,

Tod zu verbreiten im Irak (→ »Absichtsloses Glück«, S. 309), dann war sein Darm klüger als sein Kopf. Und daß der Darm das tut, liegt zeitlich irgendwann zurück. Wenn das Ahnungsvermögen des Darms größer war als die Voraussicht des Kopfes, die ja immer wieder künstlich auch abgestumpft wird durch die Erziehung, war der Darm der Prophet. Es handelt sich um den Verstand unterhalb des Verstandes. Das ist ein Kernpunkt. Dadurch bleiben wir entgegen aller Wahrscheinlichkeit als Menschen übrig. Den Satz von Benjamin »Es gibt keine Verfallszeiten« würde ich jederzeit unterschreiben. Damit meine ich folgendes: Die Eigenschaften, die wir nicht direkt beherrschen, bleiben eher erhalten als diejenigen, über die wir Herrschaft ausüben. Und wir haben dort eine Reserve, die es lohnt, sie kennenzulernen. Und kennenzulernen, ohne Herrschaft auszuüben, das ist die poetische Tätigkeit.

Ein auktorialer Erzähler wäre nichts für Sie?
Nein, der ist ein Prediger, ein Rhetor, der schafft neben den Wegen, die es sowieso gibt, neue Bahnungen. Und das kann man so persönlich, wie der sich aufbläst, gar nicht machen. Ich will jetzt nicht falsch verstanden werden mit dem Wort »Demut«, aber es gehört eine gewisse Passivität dazu, eine gewisse gärtnerische Haltung, bei der die Pflanzen nicht gezupft werden, sondern man vielmehr darauf wartet, daß sie wachsen. Man verhält sich aber auch nicht wirklich passiv, sondern eher beobachtend: Um ohne Autorität neu zu entfalten, Autorität zu haben. »Auctoritatem agere«, ist das eine Wort, »auctoritatem habere« ist ein anderes Wort. Und »auctoritatem habere« bedeutet: Ich übe sie nicht aus. Das ist schon bei Tacitus der Subtext gegenüber den Tyrannen.

Und warum gibt es wenige Texte, wo nur Sie im Mittelpunkt stehen?
Ohne von anderen Gestirnen beleuchtet zu werden, leuch-

tet mein Mond nicht. Es gibt eine Geschichte, die heißt
»Sitz der Seele« (→ S. 100), und da ist das »Ich« aufgehängt zwischen zwei Menschen. Wenn ich in Gesellschaft
bin, dann bin ich ich. Und so hat Max Horkheimer gesagt: »Ich bin ich, wenn ich davon absehen kann, daß ich
ich bin.« (→ »Ich bin, wenn ich nicht ich bin«, Chronik
der Gefühle II, S. 191-193) Er meint damit die Voraussetzung, um auf der Höhe dessen zu sein, was man »die
Sinne« nennt. Und das sind nicht nur die fünf Sinne, sondern auch eine Menge anderer Fähigkeiten, die ein
Mensch hat, zum Beispiel tarnen, täuschen, rennen oder
fortschwimmen. Zu dieser Flotte von Eigenschaften habe
ich Beziehungen authentischer Art immer nur über einen
bestimmten anderen Menschen, wobei Sachlichkeit auch
etwas ist, was mir sehr liegt. Wenn jemand einer Musik
zugehört hat und ich ihn nachgemacht habe als Kind und
jetzt selber die Musik liebe, dann läuft mein sachliches
Verhältnis zur Musik in Wirklichkeit über eine Person.
Wenn ich sorgfältig bin in meinen Arbeiten, vom Anspit-
zen des Bleistifts bis zum Schreiben ganzer Sätze, dann ist
das ebenfalls von Menschen angenommen, die ich respek-
tiere und die sorgfältig waren. Insofern kann ich zwischen
sachlich und persönlich nicht wirklich unterscheiden.

In der Geschichte »Der Zuhörer unterm Tisch« (→
S. 60) lauschen Sie als kleiner Junge den Gesprächen
Ihrer Eltern. Weniger aus einem thematischen Inter-
esse, als vielmehr, weil Ihre Eltern diese Gespräche
mochten.

Ich höre aus der Tonart, in der sie sprechen, etwas heraus.
Ich höre, daß sie aufgeregt sind, daß sie leiser sprechen bei
bestimmten Sätzen. Ich merke, etwas ist im Busch, etwas
nehmen meine Eltern, die doch sonst auch leichtsinnige
Naturen sind, ernst. An dieser Information entzünde ich
mich, und das bringt noch dreißig Jahre später in mir eine

Kerze zum Glimmen. Deswegen halte ich den auktorialen Erzähler unter den Gravitationsverhältnissen unseres unsicheren Jahrhunderts für unangebracht. Ich habe aber 1962, als »Lebensläufe« (→ Chronik der Gefühle II, S. 673-825) erschien, bereits so gedacht. Ich bin recht stolz darauf, daß ich manche Dinge vorzeitig empfinden kann.

Nun finden sich in diesem Lesebuch einige Texte, wie zum Beispiel »Der Sechsjährige in mir und der gestirnte Himmel über mir« (→ S. 61) oder »Mein wahres Motiv« (→ S. 62), wo ein »Ich« auftaucht, das anscheinend nicht fingiert ist.

Das bin dann ich, ja. Aber ich tauche auch in fremden Personen auf, wenn ich mich mit den Mitteln der Empathie in sie einfühle. Wenn ich Heiner Müller beschreibe, dann ist das nicht Heiner Müller, sondern Heiner Müller – einmal gebrochen über meine Empathie. Wenn ich einen Kaiser beschreibe kurz vor seiner Ermordung (→ »Der arme Leib des Kaisers«, Tür an Tür mit einem anderen Leben, S. 321-322), dann kann ich das nur auf dem Wege der Empathie machen. Das »Ich« des Autors kann überall hineinkriechen. Das horcht in Verbrecher hinein oder in gute Menschen, von denen schwerer zu erzählen ist, weil ihr ›Gutmenschentum‹ verteidigt werden muß gegen das Vorurteil: Gute Menschen sind langweilig. Also muß ich mir etwas überlegen. Und das alles besteht aus »Ich«-Anteilen. Der Autor braucht das, was sein »Ich« kann, bzw. die Partikel, die das »Ich« bilden, dringlich zur Einfühlung. Aber es gibt natürlich auch Grenzen der Einfühlung, was in der Literatur ein sehr großes Problem ist. Ich habe noch nie versucht, einen Amoktäter durch Einfühlung wiederzugeben, weil da die Grenzen meines »Ichs« liegen.

Mit dem Text »Ein Mann wie ein Geschoß« (→ Chronik der Gefühle I, S. 452-454) haben Sie sich diesem

Motiv angenähert. Und auch »Ein Liebesversuch« (→
S. 204) behandelt ein heikles Thema.

Schauen Sie: Das Problem des Amoks und des Endes der Einfühlung ist, wenn ein Mensch ganz zum Objekt wird, wenn die subjektiven Anteile vollkommen versteinern. Oberflächlich kann man diesen Vorgang bei Bürokraten erkennen. Adorno und Horkheimer würden das als die Narbenbildung der Sensibilität bezeichnen. Wenn ein Kind durch ein traumatisches Erlebnis endgültig verschreckt wird, dann bildet sich eine Narbe, und durch solch eine Narbe entstehen gepanzerte Menschen. Und diese gepanzerten Menschen (wie wir sie zum Beispiel bei Klaus Theweleit oder auch bei Jonathan Littell beschrieben finden) haben immer noch einen subjektiven Anteil, der hervortritt, wenn sie aus der Zeitgeschichte fallen, die an ihnen vorbeigezogen ist. Sie sind Rentner der Unmenschlichkeit. Die subjektiven Anteile, die sie auch während ihrer Taten hatten, kommen zum Vorschein. Hier gibt es heute eine neue Erscheinungsform bei der Genese der Gewaltsamkeit: Ein Mensch kann zu einem Geschoß werden. Durch Nichtspezialisierung unserer Gefühle bleibt das aber unerzählbar; denn weder weiß ich, wie Homer das beschreiben würde, noch wie ich diese Eruption von Gewalt bei einem Amoktäter mit den Mitteln der literarischen Moderne schildern könnte.

Ähnlichkeiten zeigen sich zu der Geschichte »Eine Episode in der Schlacht um Stalingrad« (→ S. 249), wo es um ein Ereignis am Rande des Kriegsgeschehens geht.

Diese Episode steht in Spannung zu einer anderen Geschichte (→ »›Brennstoff der Freiheit‹«, Chronik der Gefühle I, S. 720-721). Dort geht es um Kannibalismus in Stalingrad. Diese Geschichte ist extrem kurz erzählt. Ich fände einen Autor unverschämt, wenn er mit Empathie, mit einer Taschenlampe, so eine Situation durchleuchtet.

Ich sage nicht, daß es für mich unmöglich ist, sie zu beschreiben, sondern, daß ich nicht auf »du« mit einer so schrecklichen Situation stehe, der ich, Gott sei Dank, durch »Glückliche Umstände, leihweise« nicht ausgesetzt bin. Die Kürze der einen Geschichte und die »Episode«, nach der Sie fragen, stehen in einem Verhältnis zueinander, das Behutsamkeit fordert. Behutsam heißt, daß man die Authentizität von den Rändern her sucht. Eine solche Geschichte am Rande ist die »Episode«. Ein anderes Beispiel finden Sie in der Geschichte »Massensterben in Venedig« (→ Chronik der Gefühle II, S. 461-463). Dieser Text, auf der Folie von Thomas Manns »Tod in Venedig« erzählt, handelt (obwohl er faktisch 1969 spielt) in einem übertragenen Sinn von Massenmord im Jahr 1942. Der Dezember 1941, der in »Tür an Tür mit einem anderen Leben« ein ganzes Kapitel ausmacht, hat seinen Kern in dem Ereignis, daß die Wannsee-Konferenz (wegen der Überfülle von Zeitgeschichte) vom 8. Dezember auf den 20. Januar verlegt werden muß. Dies ist genau der Detailpunkt, von dem man direkt berichten kann. Und das geschieht von der Peripherie her, und die große Frage ist nun, ob der Rand nicht das Zentrum ist. Das Einvernehmen in der Wannseevilla in allen Ressorts des Reiches schafft die Eckwerte für die anschließenden Bahntransporte, für die Vernichtungsaktionen. Das ist zentral. Da schwingen sehr viele Geschichten mit, die ich gar nicht geschrieben habe, die ich vielleicht noch schreiben werde.

Wenn Sie nun von den Texten sprechen, die Sie vielleicht noch schreiben werden, erinnert das an Xaver Holtzmanns »imaginären Opernführer« (→ S. 182).

Die Geschichten, die ich, wenn ich sterbe, nicht geschrieben habe, sind gravitativ mit tätig gewesen. So, wie die Toten in Form der toten Arbeit das Leben durchaus mitregieren, so gehören die ungeschriebenen Geschichten zur Authentizität der geschriebenen Geschichten.

Könnten Sie sich denn nicht wie Holtzmann überlegen, welche Geschichten noch geschrieben werden müssen? Manchmal habe ich den Plan einer Geschichte, die ich gar nicht schreiben kann. Und umgekehrt habe ich eine Geschichte nicht geschrieben, obwohl sie mich die ganze Zeit beeinflußt hat. Oft gerät diese Idee dann in eine andere Geschichte hinein. Ich will es mal in das Beispiel des Kollegen Einar Schleef kleiden, weil es auch mir pausenlos so geht. Schleef hatte den Auftrag, für die Oper Nürnberg den »Parsifal« zu inszenieren. Er verstritt sich nach der dritten Probe, wurde entlassen und inszenierte nun im Berliner Ensemble »Herr Puntila und sein Knecht Matti« von Bertolt Brecht nach dem Schema von »Parsifal«. Die Männer von Parsifal und der Held selber sind jetzt Freikorps-Kämpfer im Baltikum, und Herr Puntila ist der Chef davon. Statt Kundry hat er seine Tochter. Dem Stück sieht man genau an, daß es eigentlich Parsifal in allen seinen Elementen ist, und gleichzeitig trägt es den Text von Brecht. Das ist ein echtes »cross-mapping«. Zwei Programme (was in der Musik ja ohne weiteres zulässig ist und in den Künsten ohnehin dauernd vorkommt) überlagern sich und geben eine dritte Information. Das ist Epiphanie.

Das Kapitel »In Gefahr und größter Not« enthält zu einem größeren Teil Geschichten aus dem Krieg. Sie haben mal gesagt, daß die »schärfste Herausforderung für das Gefühl« der Krieg sei. Wie ist das gemeint? Krieg ist nicht die schärfste Herausforderung. Die Frage, was ich liebe, was ich hasse, ist die größere. Und Sigmund Freud steht 1917 vor der Psychoanalytischen Gesellschaft in Budapest und sagt: Wir alle sind Militärärzte, wir können die Wunden heilen, die auf den Schlachtfeldern gerissen werden, weil wir wissen, daß die Wunden, die auf dem Schlachtfeld der Liebe und des Hasses geschlagen werden, die schlimmeren sind (→ »Psychoanalytischer Kongreß 1917«, Die Lücke, die der Teufel läßt, S. 635-636). Die Scheidung meiner Eltern hat mich stärker getroffen als der wenige Monate darauf folgende Luftangriff. Der trifft mich im Moment nur, weil ich später das Echo davon verstehe, wie es nämlich mit Menschen gemeint ist, was für ein vertracktes Produktionsverhältnis zwischen oben und unten im Bombenkrieg versteckt ist: Nie ist ein Tyrann so bitter gegen die Bevölkerung gewesen wie ein Luftgeschwader gegenüber den Leuten, die es bombardiert (→ »Der Luftangriff auf Halberstadt am 8. April 1945«, Chronik der Gefühle II, S. 27-82, erweiterte Ausgabe mit neueren Texten und Materialien 2008).

Was hat Sie denn an dem »Projektemacher« Heinrich von Kleist interessiert, der nach Frankreich reist, um die Franzosen von Kant zu überzeugen (→ »Kleists Reise«, S. 164)?

Die Robustheit. Ich mag eine Reihe von Menschen, die Philosophen sind. Wenn ich mich mit den Gedanken von Kant in eine konkrete Situation versetze, dann ergibt sich eine Dissonanz. Und die richtet sich nicht gegen Kant. »Begriff ohne Anschauung ist leer, Anschauung ohne Begriffe ist blind.« Diesen Satz von Immanuel Kant nimmt Kleist wörtlich, und er reist zu Pferde mit seiner Schwester (ich habe auch eine Schwester). Und er reitet dorthin, wo die Weltpolitik einen »Knotenpunkt« hat. Heute würde ich in die Fifth Avenue nach New York fahren, wo das Trottoir an einer bestimmten Straßenecke fast flachgetreten ist, ähnlich wie in Rom Treppen abgeschabt sind, weil sie von den Gläubigen geküßt wurden. Hier in Boulogne, wo sich das Heer Napoleons versammelt, ist nun ein Kreuzungspunkt der Weltgeschichte. Dahin trägt er

Skripte von Kant. Jetzt beobachte ich das Verhalten als naiv, gleichzeitig als ungemein direkt und in einer unübertrefflichen Weise gutwillig.

Es ist eine Form des ›plumpen Denkens‹.

Ja, eine Form des ›plumpen Denkens‹ wie bei Leibniz, bei dem diese Formulierung ein rhetorisch gelungenes Kompliment darstellt. Ich liebe diesen Mann und finde genau diese Robustheit, mit der er die Mühlen in den Harz setzt, damit zwischen Mittelmeer und Harz eine Direktverbindung entsteht, großartig: Das ist gesellschaftlicher Gartenbau (→ »Lob der Plumpheit«, Chronik der Gefühle I, S. 442-444). Und Heinrich von Kleist handelt hier ähnlich engagiert.

Eine wahnwitzige Tat. Sie hätten ihn doch vorher gewarnt?

Ich hätte ihn nicht gewarnt: »Und setzest Du nicht das Leben ein, so wird es dir nicht gewonnen sein.« Solch einen Satz muß man ernst nehmen. Kleist tut das und nimmt Wagnisse entgegen der vermuteten Wahrscheinlichkeit hin. Die Geschichte zeigt hier eine recht exakte Messung von der Rolle der Philosophie auf unserem blauen Planeten. Die Forderung nach dem Weltbürger ist ja recht unanschaulich. Wir entwickeln das Weltbürgertum im Moment auch überhaupt nicht. Dennoch ist es richtig, dies zu verlangen. Und dieses Nichtreduzierbare in dem Verhalten von Kleist bezaubert mich. Der Satz von Adorno, daß es kein richtiges Leben im falschen gibt, würde sich in der Praxis – wenn Sie leben oder wenn Sie Texte schreiben – darin erweisen, daß die authentische Darstellung von gutem Willen unter wirklichen Verhältnissen eine Verzerrung erlebt; es verhält sich ähnlich wie unter gravitativen Verhältnissen, wenn ein Körper an der Sonne vorbeizieht, wenn er durch Veränderung von Raum und Zeit seine Bahn ändert.

Sie haben einmal das Moment der Mündlichkeit be-
tont. Wäre es möglich, daß Sie Ihre Geschichten, so wie
Homer, mündlich vortragen?

Das wäre die natürlichste Form. Diese Form würde dann
aber voraussetzen, daß man sie mit einem Geschichtener-
zähler gemeinsam erzählt. Wenn man die Gespräche mit
Heiner Müller nimmt, dann merkt man recht schnell, daß
wir beide uns etwas erzählen und dabei selbstvergessen
arbeiten.

Wie wichtig ist Ihnen dann die Schriftlichkeit, also die
Möglichkeit, den Text zu archivieren? Wenn Sie die Ge-
schichten nur mündlich erzählen würden, wären sie
weg!

Die mündliche Überlieferung empfinde ich als etwas sehr
Generöses; sie entspricht aber nicht meinem Temperament.
Da bin ich zu sehr geschult von meiner Mutter.
Mein Vater, ein Arzt, wäre darin großzügiger. Wenn etwas verlorengeht, würde er sagen, dann geht es eben verloren. Hauptsache man behandelt den Patienten richtig.
Die Familie meiner Mutter aber kommt aus Manchester,
eine Kaufmanns- und Produzentenfamilie. Diese Englän-
der würden meinen, daß es doch schade wäre, etwas zu
verschwenden. Man sollte es lieber aufsammeln. Die würden auch auf einem Müllplatz irgendeinen rostigen Nagel
mitnehmen. Die Tätigkeit des Sammelns hat zwei Impulse: Zum einen sortiert man etwas so wie bei einem Ma-
gneten, der über Eisenspäne hinweggeht, und anschließend ergibt sich eine Struktur. Das Hirn macht das
dauernd von selbst. Und der zweite Impuls liegt im Aufbewahren, Archivieren, Aufzeichnen. Bei mir ist auch dieses
Moment ausgebildet. Beide Eigenschaften haben aber
eine verschiedene Wurzel. Die Stimme meiner Mutter
würde mir sagen: »Das mag alles Quatsch sein, was du da
machst, aber vielleicht findet irgendein anderer einen

Wert darin, und deswegen mußt du es aufschreiben.« Sie hat mir das Interesse für das Aufbewahren mitgegeben. Ein Glas nach russischer Manier auszutrinken und nach hinten zu schmeißen, so etwas würde mein Vater tun, aber meine Mutter würde das barbarisch finden. Und ich schmeiße Manuskripte nicht ohne Not weg.

Bis zu einem bestimmten Grad können Sie sich, sagten Sie, in die Figuren hineinversetzen. Aber ist Ihnen »Der Betthase« (→ S. 142) Minguel Ozmann, ein echter Gauner, denn sympathisch?

Selbstverständlich. Ozmann ist ein Cousin des jungen Mexikaners, der unbezahlt die Unterlagen des Kaisers Maximilian von Mexiko nach Wien bringt, weil er, der ein Dieb ist, von dem Hofverantwortlichen verwechselt worden ist. Ihm wird zugetraut, daß er ehrlich sei, und er macht nun etwas umsonst, das kein Ehrlicher möglicherweise gegen Lohn geschafft hätte.

Er verhält sich redlich, was seine Arbeit anbelangt.

Wie ein Handwerker. Wenn einer an seinem Lebenslauf zimmert, könnte er es nicht sorgfältiger tun als Ozmann. Und der lebende Baum, an dem Odysseus arbeitet (→ »Das unverrückbare Bett des Odysseus«, Die Lücke, die der Teufel läßt, S. 100-102), und das Leben, in dem Ozmann, dieser Frauenbetreuer, in einer etwas schrägen Lage, in der er seine Dienste anbringt, hier seine Pflicht tut, sind absolut vergleichbar. In den »Artisten in der Zirkuskuppel: ratlos« heißt es: »Sich Mühe geben allein nützt gar nichts.« Es heißt aber auch: »Wer sich Mühe gibt, hat Glück gehabt.« Die selbstvergessene Hingabe an eine Sache ist etwas, das Menschen vermögen, was in der zweiten Natur ihre liebenswürdige tierische Natur ausmacht: Das ist das Fell, wenn Sie so wollen, der guten Eigenschaften. Und dieses Fell zeigt sich bei Ozmann.

Das Kapitel »Glückssucher« behandelt zwischen-
menschliche Verhältnisse. Ökonomisches Vokabular
wenden Sie häufig auf den Bereich der Liebesbeziehun-
gen an.

Die Ökonomie handelt von gesellschaftlichen Schicksalen
und ist nicht sachlicher Natur. Max Weber hat uns beschrieben, daß die kleinen Flämmchen des Glaubens im
Herzen der Menschen umgemünzt werden (hundert Jahre
später) in Bilanzgenauigkeit. Der moderne Mensch entsteht aus einem religiös erregten Menschen. Die Religiö-
sität, die im Kapitalprozeß steckt, »beleuchtet« die Ökonomie, macht den Menschen derart irrtumsfähig und
versieht ihn mit einem Kurzzeitgedächtnis, so daß der
Mensch in der Weltwirtschaftskrise von 1929 dumm
wirkt, wenig vorausschauend, später wenig Konsequenzen ziehend. Gleichzeitig bewegt ihn etwas, das subjekti-
ver Natur ist. Und er wirft dieses Subjektive nun in die
Ökonomie hinein. Die Seele ist sehr viel sachlicher, als
man denkt. Die Ratio ist viel stärker in ihr angelegt. Gefühl und Empfindung dürfen nicht sentimental verstanden werden, meine ich.

Die Beziehungen, die Sie in Ihren Geschichten beschrei-
ben, möchte man nicht durchleben.

Ich kann Ihnen antworten, daß Sie sich das nicht aussuchen können. Deswegen dürfen Sie sich nicht nur mit den
sonntäglichen Erfahrungen der Ruhezeiten befassen, sondern mit der Erfahrung der Krise. Und durch die Krise lernen wir unsere Gefühle und unsere Unterscheidungsvermögen, das sind ja Gefühle, überhaupt erst kennen. Sie
fragten vorhin, warum mich Krieg interessiert: Nicht weil
es die stärkste Macht, sondern weil es die stärkste Herausforderung für unsere eingesponnene Gefühlswelt ist. Der
Krieg ist unsentimental bis in die Knochen. Der Rückfall
in den barbarischen Rohzustand wird durch den Krieg ge-

spiegelt. Wichtig ist für uns, für das Überleben unserer Kinder, daß man sich damit befaßt. Je höher die Stufe der Zivilisation, desto schärfer der Rückfall in die Barbarei. Diese Tatsache ist für unsere Sinnlichkeit, unsere Erzählkunst herausfordernd.

Oft wird in Ihren Liebesgeschichten bilanziert nach dem Motto: Welchen Wert hat Zuneigung für mich, und was bekomme ich dafür. Ein Liebespaar würde das nie so aussprechen.

Die Liebesökonomie ist elementar. Man kann eine Enttäuschung durch den Liebespartner nicht verzeihen. Das stört die Bilanz – ob ich es ausspreche oder nicht. Ich liebe nicht die Dichtungen Petrarcas, sondern den Roman der Madame de Lafayette. In der »Prinzessin von Clèves« spricht sie vom »sens propre«, der »assesiveness« des Menschen. Wie verbinde ich Vertragstreue in Liebesdingen mit der Tatsache, daß jeder nur an sich denken kann und die einzelnen Sinne noch egozentrischer sind, als es ein Mensch je sein kann? Die Prinzessin von Clèves sagt am Ende: Für etwas so Unabdingbares und Lebensnotwendiges wie meine Liebe ist das Zölibat noch die beste Form, sie zu bewahren. – Sie geht also in dem Moment ins Kloster, in dem sie ihren Liebsten, den Herzog von Nemours, heiraten könnte, weil ihr Mann tot ist. Das hat die Härte und Sachlichkeit, die Sie meinen Geschichten vorwerfen (→ »Kommentar zu *Princesse de Clèves*«, Chronik der Gefühle I, S. 939-943).

Das letzte Kapitel heißt » Wer immer hofft, stirbt singend«. Wie würden Sie den Titel interpretieren?

Ohne daß man angeben kann, woher es kommt, sind nur die Menschen übriggeblieben in der gesellschaftlichen Evolution (und vorher in der biologischen), die ein Urvertrauen als Pfund in sich fühlen und ein Leben lang von diesem Pfund zehren. Ein Mensch könnte sich ohne Hoffnung nicht mehr bewegen. Adorno spricht von der Hoffnung im Blick eines Tieres. Er meint, daß das Tier erwartet, daß ihm nichts geschähe. In der Natur ist so etwas selten. Es handelt sich um einen Irrtum, ein »notwendig falsches Bewußtsein«, welches das Leben überhaupt erst ermöglicht. Diese in die Natur eingepflanzte positive Erwartung bleibt unerklärt. Auch den Titel »Wer immer hofft, stirbt singend« kann ich nicht ausreichend erklären. Titel sind eigentlich blind. Sie sind der Name für eine Geschichte. Der Titel »In Gefahr und größter Not bringt der Mittelweg den Tod« war ein Fund in einem Keller während einer Häuserräumung. Da hatten Menschen diesen Satz hingeschrieben, und der fiel uns auf. Später erfahren wir, daß das ein Satz von Friedrich von Logau ist, der hier im Keller aber anders gemeint war.

In den Geschichten »Blechernes Glück« (→ S. 308) oder auch »Absichtsloses Glück« (→ S. 309) spielt das Urvertrauen eine besondere Rolle.

Das Urvertrauen steckt in fast allen meinen Geschichten. Aber nicht, weil ich ein Glaubensbekenntnis habe, das für Hoffnung spricht. Vielmehr besitzen wir Menschen eine Mitgift, die eine Grundbedingung unserer Erfahrung darstellt. Und so kommen wir auf die Zellen zu sprechen, die mehr wissen als der ganze Körper. In dem Programm der Zellen steckt dieses Urvertrauen bereits, sonst würden sie gar nicht leben. Und der Text über die »Van der Waalsschen Kräfte« (→ S. 51) ist ein Platzhalter für alle Geschichten, die man schreiben sollte, wenn es darüber Geschichten zu erzählen gäbe. Zum Beispiel wäre eine Geschichte denkbar über die Erfindung des Elektronenmikroskops durch einen Schweizer und einen sehr jungen Frankfurter Wissenschaftler. Zum ersten Mal konnten diese beiden die Oberfläche von Atomen wirklich sehen. Wie die Sonne Protuberanzen hat, haben die Atome Bewegungen an ihrer Oberfläche, die nicht durch die Elementarkräfte erklärbar sind. Oberhalb der Bahnen der Elektronen zeigt sich noch etwas anderes: Das hat Rhythmus, hat Gewalt, hat Kraft. Und wenn Sie genau hinschauen, ist es nicht mehr da. Das sind die Van der Waalsschen Kräfte, die den Unterschied zwischen toter und lebender Materie ausmachen. Eine Nervosität der Materie, eine Fluktuation, die eigentlich nicht sein sollte, aber da ist. Und die verhält sich so wie eine Schulklasse auf einem Schulhof, die, wenn auf dem Nachbarschulhof etwas passiert, neugierig an den Zaun drängt. So ähnlich arbeiten diese Kräfte miteinander zusammen. Lebendigkeit ist Geselligkeit der Materie.

Wie soll denn der Leser mit den Geschichten umgehen, der plötzlich an der Redlichkeit, an der faktischen Wahrheit des Erzählten zweifelt?

Er soll Vertrauen haben, wenn er meine Bücher liest. Es geht um den Erfahrungsgehalt, der authentisch sein muß. Ob dies mit den Mitteln der Fiktion oder der Dokumentation geschieht, ist eine Frage des Einzelfalls. Ich gehöre zur »Kritischen Theorie« und werde den Leser nicht betrügen. Die Verwaltung der Authentizität darf er mir überlassen.

Mit welchen Mitteln verwalten Sie denn die Authentizität?

Ich denke gerade an einen Vorgang in Stalingrad, der von mehreren Zeugen geschildert wurde: Es geht um Soldaten, die in einer Straßenbahn sitzen, sich besaufen, Lieder aus dem Jahre 1936 absingen, fröhlich sind. Und das geschieht mitten am Tag vor der Kapitulation, bei der sie nicht wissen, ob sie umkommen oder nicht. So etwas nennt man Galgenhumor, es entspricht einer Erfahrung. Wenn die Leute im Führerhauptquartier ihr Ende erwarten und in der Kantine großer Schwof herrscht mit Tango, dann handelt es sich um das gleiche Phänomen. Das muß man authentisch ausdrücken können. »So lange die Notenblätter reichen« (→ Chronik der Gefühle I, S. 133-134) ist eine Geschichte zum gleichen Kontext aus Anlaß des Untergangs der Titanic. Sie löst die vorgefertigte Orientierung auf, die mit Stalingrad oder der letzten Woche des Dritten Reichs (oder einer beliebigen anderen historischen Versteinerung) verbunden ist. Diese Geschichte steht in unmittelbaren Textzusammenhang mit dem Schwarzen Freitag, der auch ein Untergang ist. Der Dampfer versinkt, und in einer Luftblase erhält sich für kurze Zeit ein Lebensraum. Man könnte sagen: Das ist eine Fiktion! Es ist aber die Wiedergabe einer Erfahrung. Für die Musiker ist es leichter weiterzuspielen, weil sie durch das Aufhören wahrnehmen würden, wie es mit ihnen zu Ende geht und sie auf dem Meeresgrund enden. Daß die Hoffnung bis zuletzt Kapriolen schlägt im Menschen, findet man hier ebenso wie in dem Wort Urvertrauen. Dieses Urvertrauen zieht zunächst einmal einen Kokon über die reale Erfahrung des Augenblicks, und in diesem Kokon hält sich noch ein letzter Rest Leben unter unwahrscheinlichen Bedingungen. So etwas gehört zum Menschen. Und die Metapher muß nicht aus Dokumenten bestehen. Bereits 1912 tritt mit dem Untergang der Titanic ein Menetekel in Erscheinung, welches das Scheitern des Jahrhunderts im Jahr 1914 vorhersagt.

Nachwort

Wenn Alexander Kluge über seine Literatur spricht, dann erklingt häufig der Ausdruck »cross-mapping«. Das literarische Prinzip, auf das er dabei anspielt, ist so simpel wie einleuchtend: »Man legt Karten aufeinander und an den Differenzen merkt man, worauf man achten sollte.« Der Autor erwähnt dabei nicht, daß sich der Reiz für den Leser durch die Unterschiedlichkeit, durch die Verschiedenartigkeit der Karten erhöht. Die aus dieser Divergenz resultierenden Verzerrungen machen Kluges Literatur aus. Hier kollidiert die Himmelsmechanik mit den Gesetzen der Ökonomie von Karl Marx, hier verhindern Darmzotten die Bombardierung einer Hochzeitsgesellschaft. Handelt es sich um bloße Übertreibungen? Ist die Realität nicht vielmehr voller Verzerrungen?

Kluge betrachtet die wirklichen Verhältnisse mit den Augen des distanzierten Beobachters. Er respektiert die Wucht der realen Ereignisse, die ihn zum Chronisten werden läßt. Zwar beschreibt er mit seinen Worten, was er gehört, was er gelesen oder woran er selbst teilgenommen hat, aber diese Worte stehen immer im Dienst des Geschehens. So wird in seiner Prosa die unmittelbare Verschränkung von Erfahrung und Ausdruck deutlich. In den Geschichten zeigt sich eine enge Verwandtschaft zwischen den Wörtern und den Gegenständen, auf die sich diese Wörter in der Welt beziehen. Dadurch wirkt Kluges Sprache authentisch. Die Nähe von Zeichen und Bezeichnetem resultiert vor allem aus der Tatsache, daß der Autor die Sprache oftmals so verwendet, wie sie ihm im Alltag begegnet. In dieser Redeweise drückt sich Vertrauen in die von den Menschen geschaffenen sprachlichen Übereinkünfte aus. Gleichzeitig hinterfragt Kluge aber auch die

Redewendungen, mit denen wir uns täglich fast sorglos verständigen. Dabei führt er Metaphern auf ihre wörtliche Bedeutung zurück oder – in umgekehrter Richtung – transponiert Begriffe in Bildvorstellungen.

Bei der Lektüre der Geschichten von Alexander Kluge gewinnt man den Eindruck, daß der Autor sich hinter den Schilderungen von Beziehungskrisen, Feuerstürmen oder Opernprojekten versteckt hält, daß er seine Aufgabe nicht in der Darstellung und Ausfaltung der eigenen Persönlichkeit erblickt, sondern sich vielmehr als Medium nimmt, in dem Wirklichkeit in den verschiedensten Ausformungen sich brechen kann. Die Person Alexander Kluge tritt deshalb nur am Rande in Erscheinung: »Ohne von anderen Gestirnen beleuchtet zu werden, leuchtet mein Mond nicht«, antwortet er auf die Frage, warum es nur wenige Texte gibt, in denen er selbst im Zentrum steht. Autobiographische Geschichten handeln meist von Familienmitgliedern des Autors, wie das Kapitel »Was ein Mensch ist« in diesem Lesebuch zeigt.

Kluges Schreibweise mit der ästhetischen Kategorie des Stils noch zu erfassen fällt schwer; an vielen Stellen hält er Erfahrungen protokollhaft-nüchtern fest, erzählt in bestürzender Kürze Abläufe nach, die so oder so ähnlich stattgefunden haben könnten. Dieses Auffinden und Zusammensetzen von Realitätspartikeln ist die eigentliche Tätigkeit des Schriftstellers Alexander Kluge. »Das Poetische heißt sammeln« – so lautet das Motto der Geschichte »Heiner Müller und das Projekt Quellwasser«, das als poetologisches Statement die Erzählkunst des Autors beleuchtet. Diese archivarische Tätigkeit ist ihm bereits von seiner Mutter in die Wiege gelegt worden, wie er im Interview anekdotisch konstatiert. Kluge bedient sich also des vorgefundenen, des authentischen Materials, soweit sich damit Wirklichkeit überhaupt erfassen läßt. Weil die Interessen dieses Schriftstellers aber gerade auch für Gebiete gelten, für die kein dokumentarisches Material vorliegt, darf der Leser, wie Kluge augenzwinkernd anmerkt, die »Verwaltung der Authentizität« getrost dem Autor überlassen.

In den Geschichten dieses Lesebuches wird das Zusammenspiel zwischen Auffinden und Erfinden deutlich. Kluge interpoliert in die faktischen Bezugsfelder spekulatives Gedankengut; er gleicht darin W. G. Sebald, der in seinen Arbeiten ebenfalls die Grenzen zwischen Tatsachen und Erfindungen aufweichte. Xaver Holtzmanns »imaginärer Opernführer« aber ist ein Produkt der Phantasie – kein Händler wird dieses Buch jemals verkaufen. Der Leser sollte deshalb nicht traurig sein, sondern vielmehr beglückt über die Möglichkeit eines reizvollen Gedankenspiels: Welche Opernstoffe harren noch ihrer Umsetzung? Warum hat die Oper auf wichtige Themen bislang keine Antwort gefunden? Die Geschichte um Xaver Holtzmann ruft die Phantasie der Lesenden zur Tätigkeit auf. Zwischen Autor und Rezipient werden so die Grenzen durchlässig. Und der Text wirkt durch den versteckten Imperativ, der die Imagination des Leser aktivieren möchte, auf eine sanfte Weise pädagogisch.

Bei der Verfertigung seiner Geschichten bedient sich Kluge weniger aus dem großen Reservoir des bereits Verfaßten (obwohl er sich zum Beispiel mit Autoren wie Immanuel Kant oder Heinrich von Kleist im Zwiegespräch befindet). Vielmehr folgt er den wirren Verzweigungen des Lebens, geht der Logik der wirklichen Verhältnisse konsequent nach. Wenn hier aber von einer Logik der realen Ereignisse die Rede ist, dann nicht im Sinne einer verbindlichen Anerkennung gesellschaftlicher Konventionen. Kluge bewegt sich wie selbstverständlich im unwirtlichen Gelände ›seiner‹ Realität; und seine Sichtweise gehorcht dabei dem Standpunkt der »Antirhetorik«. Dies ist der Grund, warum der Leser überhäuft wird von unerwarteten Ereignissen. Der »Liebesversuch« enttäuscht die Experimentierenden. Eine Frau fällt vom Mailänder Dom und überlebt. Der »Taucher« will die schöne Frau beeindrucken und entleert seinen Darm vor ihren Augen. Es handelt sich um Beispiele für eine Literatur der Verzweigungen und Umkehrungen – um »Antirhetorik« eben.

Wenn sich in den Geschichten von Alexander Kluge die Handlung in eine unvermutete, vom Leser nicht antizipierbare Richtung bewegt, dann entsteht dabei eine Pointe, die in vielen Fällen für Komik sorgt. Dieser häufig mithilfe der Überlagerung von Karten, des »cross-mappings«, erzeugte Humor läßt sich mit dem Adjektiv ›grotesk‹ näher beschreiben. Das Groteske in den Texten basiert auf der Annahme, daß selbst die gegensätzlichsten Elemente in der Welt noch eine Anziehung aufeinander ausüben können und daß die Aufdeckung dieser Gravitation eine wichtige Aufgabe der Literatur ist. Die humoristische Zuspitzung ist dabei häufig personal bedingt, das heißt, die Eigenwilligkeit (der Eigensinn des Menschen) wird durch die Konfrontation mit den wirklichen Verhältnissen auf die Probe gestellt. In der Reise von Heinrich von Kleist mit seiner Schwester nach Frankreich, bei der er die Franzosen von Immanuel Kant überzeugen möchte, wird dieses Phänomen besonders deutlich. Komik in Form grotesker Verzerrungen entsteht hier durch die Kluft zwischen Realität und Eigensinn.

Das Lesebuch *Glückliche Umstände, leihweise* stellt eine programmatische und repräsentative Auswahl aus dem vielgestaltigen Werk von Alexander Kluge dar. Was Personen sich in den Kopf gesetzt haben »entgegen der vermuteten Wahrscheinlichkeit«, spielt in dieser Sammlung von Texten eine wichtige Rolle. Kluge sieht den Menschen als Glückssucher und Hoffnungsträger, als ein Wesen, das mit einem Vorschuß an positiver Energie, dem Urvertrauen, von der Natur ausgestattet wurde. In diesem Buch geht es also um die verschiedenen Möglichkeiten, wie Subjekte mit diesem Kredit an Zuversicht umgehen, wie sie sich verhalten in Liebesbeziehungen, wie sie Projekte schmieden, wie sie in Situationen großer Gefahr sich versuchen zu behaupten. »Ein Mensch könnte sich ohne Hoffnung nicht mehr bewegen«, sagt Alexander Kluge. Aber gleichzeitig verweist er auf den fundamentalen Irrtum, den das Urvertrauen darstellt. Denn für die Subjekte gibt es offensichtlich gar keinen Anlaß, der Wirklichkeit zu vertrauen. Und so kämpft der Mensch mit einer Welt, die ihm seine Hoffnungen, Träume und Ideen streitig machen will. Dieses Thema hält Alexander Kluge seit langer Zeit in Atem; es findet sich bereits in seinem erstem literarischen Buch, den *Lebensläufen* von 1962. Seitdem hat er über 2000 Geschichten verfaßt, mit denen er sensibel auf die Zeit reagiert, in der er lebt. Aber auch der Blick zurück in die Antike, auf den Rußlandfeldzug Napoleons von 1812 oder die Schlacht von Stalingrad stellt eine Perspektive dar, die immer durch das Interesse an aktuellen Geschehnissen gelenkt wird.

Bielefeld, April 2008   Thomas Combrink

Quellenverzeichnis

Die in dieser Auswahl abgedruckten Geschichten sind den folgenden im Suhrkamp Verlag erschienenen Büchern von Alexander Kluge entnommen (dem Doppelpunkt nach der Quellenangabe folgt die Seitenzahl des Textbeginns im Lesebuch):

Chronik der Gefühle (Frankfurt am Main 2000), Band I: 98, 130, 135, 138, 167, 175, 178, 182, 193, 258, 266, 284, 286, 291, 298, 306, 317, 319, 322, 327

Chronik der Gefühle (Frankfurt am Main 2000), Band II: 13, 66, 81, 102, 116, 142, 149, 155, 161, 171, 185, 188, 204, 282, 288, 328

Die Lücke, die der Teufel läßt (Frankfurt am Main 2003): 25, 27, 29, 31, 47, 53, 97, 100, 114, 117, 131, 132, 133, 134, 164, 202, 234, 239, 249, 251, 253, 301, 308, 309, 312, 316

Die Kunst, Unterschiede zu machen (Frankfurt am Main 2003): 51, 279, 296

Tür an Tür mit einem anderen Leben (Frankfurt am Main 2006): 21, 34, 55, 58, 60, 61, 62, 67, 70, 71, 73, 82, 209, 213, 219, 245, 271, 273, 280

Geschichten vom Kino (Frankfurt am Main 2007): 36, 41, 191

Alexander Kluge
im Suhrkamp Verlag

NF 341/1/9.08

filmedition suhrkamp

Das erste Programm

»Der Suhrkamp Verlag verlegt keine Bücher, sondern Autoren.« *Siegfried Unseld*

Allerdings waren und sind nicht alle Suhrkamp-Autoren »nur« Schriftsteller: Bert Brecht schuf 1932 mit *Kuhle Wampe* oder *Wem gehört die Welt?* einen Meilenstein des politischen Kinos. Peter Handke schrieb das Drehbuch zu Wim Wenders' *Der Himmel über Berlin* und führte selbst bei einer Reihe von Spielfilmen Regie. Und Alexander Kluge ist als Filmemacher ohnehin mindestens so berühmt wie als Schriftsteller.

Mit der filmedition suhrkamp haben nun auch diese Arbeiten unserer Autoren einen Ort im Verlag. Neben Verfilmungen und Inszenierungen erscheinen Interviews und Porträts von Philosophen und Wissenschaftlern. Den DVDs liegen umfangreiche, reich bebilderte Booklets bei, die Informationen zur Entstehung der Filme bieten. Sie können als eigene Bücher gelesen werden und schließen damit den Kreis zur edition suhrkamp. Kooperationspartner der filmedition ist der Filmverlag absolut MEDIEN, der mit seinen Klassikereditionen sowie mit Porträts von Künstlern und Denkern seit Jahren Akzente setzt.

Alexander Kluge. Nachrichten aus der ideologischen Antike. Eisensteins Kapital. Drei DVDs mit einem Essay von Alexander Kluge. Etwa 300 Minuten. Farbe. fes 1.

Bertolt Brecht/Slatan Dudow. Kuhle Wampe oder Wem gehört die Welt? DVD mit einem Essay. Etwa 80 Minuten mit Extras. S/w. fes 2.

NF 697/1/9.08

Samuel Beckett. He Joe, Quadrat I und II, Nacht und Träume, Schatten, Geistertrio, Nur noch Gewölk, Was, wo. Filme für den SDR. DVD mit einem Essay von Gilles Deleuze. Etwa 180 Minuten. Farbe und s/w. fes 3.

Krista Fleischmann. Monologe auf Mallorca + Die Ursache bin ich selbst. Die großen Interviews mit Thomas Bernhard. DVD mit einem Essay von Raimund Fellinger.
Etwa 94 Minuten. Farbe. fes 4.

Pierre Carles. Soziologie ist ein Kampfsport. Pierre Bourdieu im Porträt. DVD mit einem Essay. Französische Originalfassung mit deutschen Untertiteln. Etwa 140 Minuten. Farbe. fes 5.

Michael Knof. Jugend ohne Gott. Nach dem Roman von Ödön von Horvath. DVD mit einem Essay von Reiner Niehoff. Etwa 107 Minuten. Farbe. fes 6.